新・観光立国論

モノづくり国家を超えて

寺島実郎 *Terashima Jitsuro*

資料編：(一財)日本総合研究所

NHK出版

新・観光立国論——モノづくり国家を超えて　目次

資料編

データ・情報から読み解く観光立国

1　アジアダイナミズムを見つめて
――アジアにおける日本の位置

2015年、私は台湾の台北市にある台北101という、高さ509メートルの超高層ビルから打ち上がる花火を見つめながら新年を迎えた。思えば、前年の2014年は香港の空に打ち上がる花火を見つめながら新年を迎え、その前の2013年は新年早々にシンガポールに出かけ、ユーラシア大陸最南端の碑が立つセントーサ島の沿岸から、マラッカ海峡を通り沖を行くタンカー群を眺めたものだった。

中国はシンガポール、香港、台湾などを含めた華人・華僑圏の資本と技術を取り込み、「大中華圏」という産業連携体として発展しているというネットワーク型世界観から捉えるべきだという論点は、既刊の『大中華圏』（NHK出版、2012年）で述べたとおり、私が重視したい視座である。思えば、3年にわたって、大中華圏を形成する基点であるシンガポール、香港、台湾という華人・華僑圏で新年を迎えたことになる。

国民経済における豊かさの指標とも言える1人あたりGDPに注目してみよう。大中華圏のなかでも最もシンボリックな存在と言えるシンガポールは、2014年には1人あたりGDPが5万631

序章

創造的観光立国を求めて

——基軸とすべき視座

9ドルで、アジアでトップだった。日本は香港、ブルネイに次ぐ4位で3万6332ドルだった。香港について言えば、2013年には3万8060ドルで、日本と実質的に肩を並べたと言ってよい位置まで迫っていた。2014年には香港は3万9871ドルと4万ドルに迫り、その一方で、日本は異次元の金融緩和で大きく円安へと反転させたため、3万6000ドル台に圧縮された。つまり、ドル建てベースで見ると、2014年には日本は香港にも抜かれ、アジアのなかで4位になった。

台湾の1人あたりGDPは2014年には2万2598ドルになり、2015年以降にはほぼ2万5000ドル水準に迫るだろう。2万5000ドルと言われてもなかなか実感が伴わないかもしれないが、日本の1人あたりGDPが2万5000ドルだったのは1990年のこと。のちにバブル経済のピークと言われた年である。つまり、1人あたりGDPベースで考えたとき、台湾は現在、日本がバブルの絶頂期だったころと同じレベルの経済的な豊かさに迫っていると言えるのである。

さらには中国、タイなどが1万ドルのゾーンに迫ってきている。日本の1人あたりGDPが1万ドルを超えたのは1981年で、高度経済成長の1960年代、70年代を過ぎ、安定的豊かさを確立した時点である。

まず事実認識として、私たちはもはや日本がアジアの先頭を走る豊かな国ではないことを、しっかりと理解しなければいけない。台湾が日本の1990年代にさしかかるころの豊かさを実現し、さらに先頭を走っているシンガポールや香港は日本よりも1人あたりGDPが高い地域になってしまった。大中華圏の一翼を担う地域は、日本をはるかに凌駕するか、あるいは日本に迫る豊かさをすでに手にしているのである。

しかもこれは、単に数字比べの話だけではない。なぜ、シンガポールや香港がここまで１人あたりＧＤＰを増やすことができたのかと問い直してみるべきである。ＧＤＰはその国が創出する付加価値の総和と考えることができるが、それを踏まえて言い換えると、シンガポールや香港はいったいどうやって付加価値を高め、１人あたりＧＤＰで日本を凌駕していったのかということなのである。それは小さな国や地域だからできることなのか。それだけではなくて、日本に対して何か大きな方向性を提起しているのではないだろうか。

シンガポールや香港も、日本がこれまで歩んできたような工業生産力を高めて付加価値を増やしていくという方法を選んではいない。金融・物流センターとしての機能のみならず、広い意味でのサービス産業、つまり目に見えない財で付加価値を生み出していく方法にチャレンジしていると言える。シンガポール、香港には日本が今後目指すべき「脱工業生産力モデル」のヒントとなるような、サービス、技術、ソフトウェア、システムなど、さまざまな先行的な実験、挑戦が垣間見えるのである。本編で詳しく検討していくことになるが、ここではまずそうした問題意識を持つことが大事だと指摘をしておきたい。

再考するならば、日本人としては複雑な思いがよぎる。アジア太平洋戦争が終結して70年。70年前を振り返るならば、シンガポール、香港、台湾は、いずれも日本が領有、支配していた国や地域である。それが、今や日本に迫るか凌駕するような豊かさを実現するようになったのである。

戦後70年、これらの国や地域はそれぞれの事情を背負いながら豊かさを求めて戦い、苦しみ抜いてきた。２０１４年も台湾では学生や市民による立法院占拠や大きなデモが起きた。香港では民主化を求める学生たちのデモで混乱が続いた。いまだにその苦闘のなかにあるとも言えよう。しかし、少なくとも経済的な豊かさにおいては、これらの国々の人たちも豊かさを探求し、すでに一定のレベルを実現しているのである。私は台北の空に打ち上がる花火を眺めつつ、ある種の感慨を覚えると同時に、これらの地域に生きる人々の幸福を祈るような気持ちで、新年を迎えたのである。

そういえば台湾に旅立つ直前の２０１４年末には、日本への外国人来訪者が１３００万人を突破したというニュースが流れていた。１０００万人を超えたのは、その前年の２０１３年で１０３６万人。わずか1年で一気に3割伸びて、最終的には１３４１万人という数字が発表された。その内訳を見ると、8割はアジアからの来訪者であり、国別で最も多いのは台湾で２８３万人、さらに韓国の２７６万人、中国の２４１万人、香港の93万人、アメリカの89万人と続き、シンガポールは23万人だった。大中華圏つまり中国、シンガポール、香港、台湾を合計すると６４０万人になり、実に外国人来訪者全体の48％を占めていることになる。さらに韓国を加えると９１６万人で全体の68％となり、大中華圏や韓国の人たちによって、日本の観光が支えられている姿が見えてくる。

現在、日本政府は観光庁を中心に訪日外国人を３０００万人とするプログラムを推進している。観光立国を目指し、海外からの来訪者を２０２０年には２０００万人に、２０３０年には３０００万人にまで増やそうというのである。ただし、実体的には、そのうちの二千数百万人はアジアからの来訪者を期待することを意味し、その中核は大中華圏と韓国からの来訪者ということになる。したがって、新しい観光立国には、アジアのダイナミズムをいかに日本に取り込み、これからの日本を支えていくのかという観点が欠かせないものになってくるはずである。

図表1　日本の貿易相手国（経済圏）のシェア（2014年）

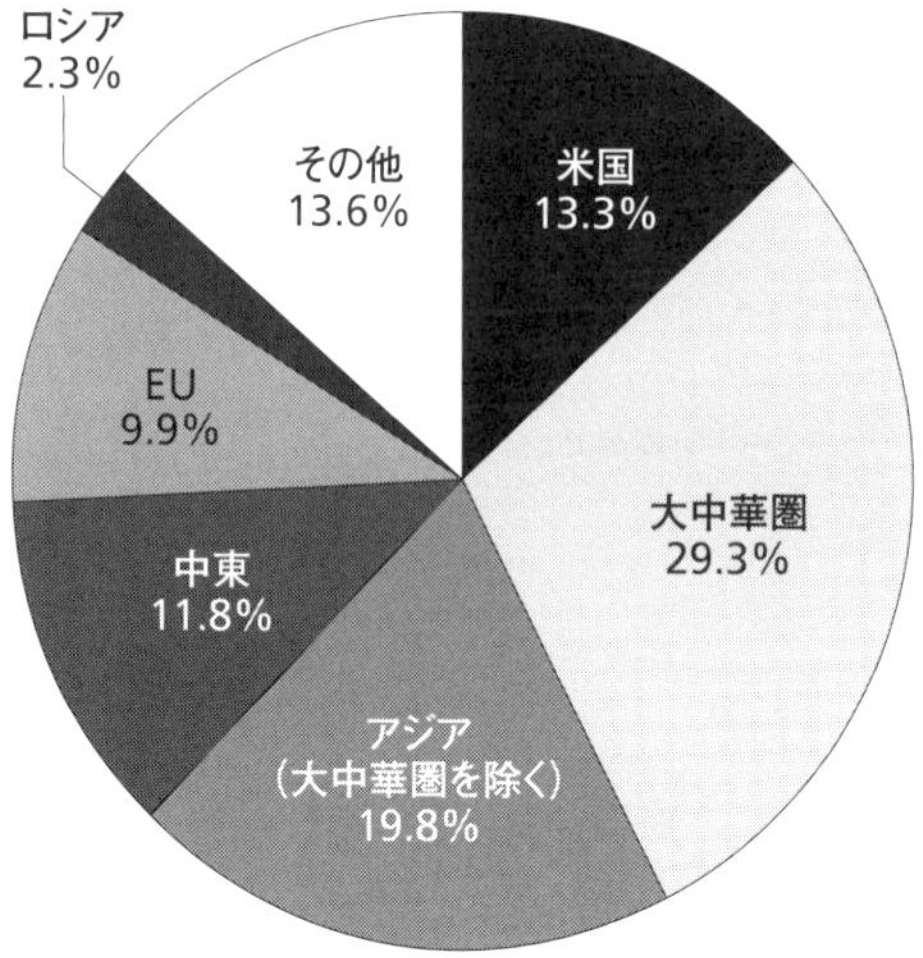

出典：財務省「貿易統計」

世界全体のＧＤＰのなかでアジアの占める割合を見てみると、十数年前には2割ほどだったものが、今や3割に迫ってきている。２０４０年までには5割を超すとも予測されている。こうしたなかで、日本の貿易はアジアとますます密接にならざるを得ないだろう。

そこで日本の貿易総額に占める貿易相手国のシェアを見てみると、２０１４年で大中華圏との貿易が全体の29・3％、アジア全体との貿易が49・1％である（図表1）。このシェアはさらに大きくなるだろう。

　貿易は物の動きを表したものだが、物の動きと人の動きは相関している。訪日外国人の統計には、日本の自然や文化を訪ねる典型的な観光客だけでなく、何らかのビジネス目的も絡めて訪れる人たちも2割ほど含まれている。特にリピーターにはビジネス目的の人が多いのも事実である。アジアとの日本の貿易はこれから確実に増えていくはずであり、同時に物の交流と相関する形での人の交流も一層深まっていくと考えるべきだろう。

　一方で現在、日本と中国、韓国との間には政治的問題を抱え、関係は緊張含みで、決して良好な状態にあるとは言えないのも事実である。「政冷経熱」という現実は率直に認めざるを得ない。これから訪日観光客を増やし、それを将来の日本経済の発展に役立てようと考えるのなら、中国を含む大中華圏、韓国との新たな関係をどう構築していくのかという構想とビジョンが大切になることは間違いない。それを視野に入れながら、私たちはある種の覚悟をもって、観光立国というテーマに向き合うべきであろう。

　訪日観光客を２０２０年に２０００万人、２０３０年に３０００万人受け入れようとすると、ホテルなどの施設をどのようにしていくかといったハードの問題もある。しかし、それ以上にアジアの国々との文化摩擦を避け、より多くの訪日観光客の満足感を高めて、いかにリピート客へとつなげていくかという質の問題を考えねばならない。あとでも触れるように、観光は納得感、満足感といった心の問題とも深くつながっていることを認識しておく必要がある。移動と交流の深まりは、必ず相互理解の裾野を広げ、新しい国際関係を築く基盤になることを心に置いておきたい。

2 日本の人口構造の成熟化と産業構造の行き詰まり
——観光立国を必要とする背景

現在、どうして日本の観光立国が急がれるのか、その理由を改めて考えてみよう。日本の人口が1億人を超えたのは1966年のことである。奇しくもこの年に日本の1人あたりGDPが1000ドルを突破している。途上国段階を超えたということである。東京オリンピックの2年後、1966年は日本にとっては大変大きなエポックとなる年だったのである。

その後の日本はまさに右肩上がりの時代に入り、急激な経済成長を続け、1981年には1人あたりGDPが1万ドルを超えた。つまり、1966年からの15年間で、日本は1人あたりGDPをドルベースで10倍にしてみせたのである。

一方、人口も右肩上がりを続け、2008年には1億2800万人となり、ピークとなった。この間、四十数年で日本は人口を２８００万人増やしたということになる。

２００８年以降は人口が減少し始め、研究機関によってさまざまな予想が出ているが、このままでは２０４０年代後半には1億人を切るのはほぼ間違いなさそうである。例えば、極端な規模の移民政策でも行わない限り、このトレンドは変えられないだろうと言われている。現在、日本はこれから30年強で人口が２８００万人ほど減るというメガトレンドのなかを走っていくことになる。

数字の上では、1億人だった人口が1億２８００万人になり、再び元の1億人に戻るだけのことだが、現実には総人口数の変化だけでは捉えきれない要素がある。それは人口構造の高齢化で、1億人を超えたときと1億人を割るときとでは、人口構成がまったく異なるのである。1億人を超えた１９６６年には65歳以上の人口は６４２万人で、比重はわずか６・５％だった。２０４０年代後半に1億人を割るときには人口に占める65歳以上の比重は4割と推計されている。つまり、1億人のうち４０００万人が65歳以上の高齢者によって占められるのである。

一方で、世界に目を転じると、人口は今後、爆発的に増加していくことが予想されていることも視界に入れておかねばならない。１９００年に16億人だった地球全体の人口は、約１００年後の１９９８年には60億人になり、２０１１年に70億人を突破した。２０１５年は73億人程度であり、さらに国連の予想では２０５０年には96億人になるとされている。つまり、これから35年で23億人が増えるというのである。しかも地域で見ると、その中心となるのはアジアであり、まさに爆発的な人口拡大が予想される。２０２０年代後半には、インドの人口が中国の人口を抜くのは間違いないだろう。ＡＳＥＡＮ（東南アジア諸国連合）のなかではすでにインドネシアが2億５０００万人、フィリピンが1億人を超え、あと10年ほどでベトナムが1億人に到達すると思われる。しかも、人口が増加するのは農村部ではなく主に都市部であり、都市化と産業化のなかで経済的に豊かな層が次々と生まれていくはずである。

日本の人口が減るからといって、あるいは人口構造が高齢化するからといって、それが国の衰亡につながるとは必ずしも言いきれない。しかし、人口はその国の勢いを象徴しているのも事実であり、日本はこれからよほどの知恵を出さない限り、人口構造の成熟化が進み、それがひいては国の衰亡につながりかねない危険をはらんでいることは間違いない。そこで人口減少が衰亡につながらないような戦略の１つとして考えられるのが、アジアの成長エネルギーを取り込む形で訪日外国人を増やし、活性化を図ることである。２０１４年に、１３４１万人まで増えた海外からの訪問客を３０００万人にまで増やすことによって、観光産業を日本の成長戦略の柱の１つにしていこうというわけである。単純化して言えば、約３０００万人の人口が減る国に海外から年間３０００万人来てもらうことで、なんとか日本経済の活力を保てないかという試みとも言える。もちろん、３０００万人の中身を充実、吟味させながらの話だが、この視点がこれからの観光立国論を支える重要な論点になるはずである。

日本は戦後長い間、貿易立国を目指して歩んできた。敗戦直後の日本は物不足に悩まされたが、それでも少しずつ海外に売れるものを製造し始めた。ところが、輸出によって国内で景気の好循環が生まれたかと思うとすぐに輸入が増加し、なかなか貿易黒字を伸ばすことができなかった。国際収支がなかなか好転しない状態を当時、「国際収支の天井」と呼んだのである。しかし、技術力を高め、海外から原材料を購入して、それに付加価値をつけて国際競争力のある製品をつくって海外へ輸出できるようになると、安定的に外貨を稼ぐことができるようになった。貿易黒字を積み上げることで国民を豊かにするという、いわば「通商国家モデルの優等生」として戦後の日本は歩んできたのである。

ところがここにきて、そのパターンが通用しなくなっている。あとでも議論するように、貿易収支は2011年以降、4年連続で赤字である。しかも、アベノミクスが始まった2013年は11兆5000億円、2014年は12兆8000億円と過去最大規模の赤字にまで拡大した。これまでのように、国際収支の天井を押し上げて、外貨を稼いで、国民を豊かにするというパターンだけでは立ち行かないという局面に日本は来ているのではないか、という深刻な問題意識が湧いてくるのである。

しかも21世紀に入ってから、日本では急速に「貧困化」が進んでいるという現実がある。一般のサラリーマン家庭が実際に使える所得、つまり給料から税金や年金をはじめ社会保険料などを納めたあとに残るお金を「勤労者世帯可処分所得」と呼ぶ。この勤労者世帯可処分所得の月額の平均を調べてみると、2000年に47・3万円だったものが2014年には42・4万円となっている。月額で4・

9万円、年額で58・8万円も実際に手元で使えるお金が減少しているのである。驚くのは、異次元の金融緩和によって通貨供給量をジャブジャブに増やしたにもかかわらず、アベノミクス以前の2012年の42・5万円よりもむしろ減少していることである。

なぜこのようなサラリーマン家庭の貧困化が起きたかというと、就業人口の構造が変わったからである。2000年から2012年までの期間に、製造業で225万人、建設業で128万人の雇用が減り、サービス業で471万人の雇用が増えている。サービス業で雇用が増えているため、全体の失業率で見ると、2000年の4・7%から2012年の4・3%へと減り、むしろ改善しているが、平均雇用者報酬を見ると、製造業が521万円、建設業が495万円、サービス業は328万円であり、モノづくり産業の製造業、建設業からサービス業へと雇用が移ることで、勤労者世帯可処分所得を減らしたと言うことができる。サービス業で雇用を増やしたといっても、具体的には介護、ガードマン、タクシー運転手などの分野であり、きつい労働の割に報酬が低い分野なのである。

観光立国が目指すのは、「サービス産業の高度化」である。観光業の雇用は、運輸サービス、宿泊、さらには飲食、土産物などの小売といったものまで含めると、現状はおおよそ400万人といったところだろう。観光立国と言うのであれば、観光を支える安定した雇用として800万人を目指し、同時に平均年収は今よりも100万～200万円多くすることを目指すべきだろう。サービス産業をより高度化し、収入の高い安定した雇用を増やすことで、就業人口構造の変化が貧困化に結びつくことのないようにする必要がある。

「サービス産業の高度化」に関し、確認しておくべきことがある。日本の就業人口構造変化の中で2013年時点で就業人口6311万人中4445万人、つまり約70％が第3次産業就業者である。あえていえば「モノをつくらない人」、広義のサービス産業従事者である。もちろん、観光関連産業の従事者も入るのだが、このところ金融関係の就業者の増大が目立つ。「金融・保険業」に属する人は165万人程度で第3次産業従事者の4％弱にすぎないのだが、マネーゲーム肥大化の傾向の中で金融派生型の職業で飯を食う人、例えばネット株取引を職業とするデイトレーダー、金融コンサルタントや投資顧問など、金融を取り巻く職種で働く人の数は推定500万人は下らないだろう。

2013年の経済活動別国内総生産総額480・1兆円のうち、金融・保険業の創出生産額は21・5兆円だが、私は決して「金融」という分野を軽視するものではないが、株価だけを誘導するような金融主導型経済が、国民を幸福にするとは思わない。濡れ手に粟のマネーゲームに傾斜するのではなく、額に汗するサービス産業の付加価値を高め、雇用と経済生活を安定させるべきだと思う。そして、その目玉が「観光」であると考えるのである。

観光庁の資料によると、2014年の訪日外国人は1341万人。旅行消費額は2兆0278億円である。つまり、訪日外国人は日本で1人あたり平均15万円ほどを使っている計算になる。仮にこのまま訪日外国人が増えて、2030年に3000万人になり、1人あたり15万円使うとすると、4兆

5000億円である。ばく大な額のように思われるかもしれないが、2014年に日本が海外から買った食料は6兆7000億円である。エネルギーの鉱物性燃料（石炭・石油などのいわゆる化石燃料）が27兆7000億円で、合計すると34兆4000億円である。これが2割円安に振れるだけで、日本から海外への支払い額は黙っていても6兆8800億円も増える計算になる。こう考えると、1人あたり15万円を日本で消費する訪日外国人を増やしたところでむなしい結果のように思えるかもしれない。

つまり、「2泊3日で3万円」レベルのツアー客を3000万人に増やしても日本の経済の活力を高めるような、決定的要素にはならないのである。訪日外国人を3000万人にするだけでなく、ハイエンドのリピーターを引きつけて日本で充実した旅行体験を提供することによって、現在の15万円の旅行消費額を倍増させることを目指していくべきだろう。つまり、2014年に2兆0278億円だった旅行消費額を2030年には4兆5000億円ではなく、9兆円にするという戦略シナリオである。この規模を1つのターゲットゾーンとして、観光立国のシナリオを描いていくべきだろう。

もちろん、その前の2020年には東京オリンピック・パラリンピックが開催される。ファーストステップとして、この時点で2000万人で平均20万円、総額で4兆円を消費するような高付加価値のサービスを創造することである。そしてその後、10年をかけて年間3000万人が訪れ、平均30万円を消費するようになれば、9兆円という規模に到達する。観光を産業化して、日本の成長戦略の柱にしていくためには、せめてそれぐらいの規模をイメージしないと将来戦略を描ききれないだろう。

3 観光立国、基盤インフラとしての総合交通体系の整備
――「相模原モデル」という着眼

アジアのダイナミズムを吸収し、日本を少子高齢化によって衰亡させないためにも、新たな観光立国を構想するときに、基本要素として視界に入れておくべきは基盤たる交通インフラだろう。

神奈川県相模原市は人口72万人を擁する政令指定都市である。神奈川県の内陸部にあり、西は丹沢山地で山梨県と隣接するが、東は東京都町田市、南は神奈川県の座間市、厚木市、大和市、北は東京都八王子市などと接している。こうして隣接する市の名前を並べると、相模原市もこれらの市と同様に首都圏の西部にある1都市のように思えるかもしれない。しかし、これから30年、40年の単位で考えると、ここがどうなるかで日本のパラダイムがどう変わるかが見える重要な「場」であることを語っておきたい。

まず、視界に入れるべきは、リニア中央新幹線の開業である。２０２７年には東京・名古屋間の開業が予定され、東京と名古屋が約40分でつながる。同時に、リニア中央新幹線のための新駅が現在の

ＪＲ橋本駅付近にできることが決まっている。ＪＲ橋本駅は横浜線の駅で、南は新横浜駅を通って東神奈川駅へと至る。そこで京浜東北線を介して横浜方面とつながっている。また、北は横浜線の終点の八王子駅で中央本線を介して東京西部とつながっている。また橋本駅は相模線の終点でもあり、南は東海道本線の茅ヶ崎駅とつながっている。

国土交通省がリニア中央新幹線を認可し、ひとたび工事が動き出すと、ほぼ間違いなく予定どおり12年後には完成すると考えてよいだろう。すると、橋本駅付近にできる新駅は、リニア中央新幹線の甲府、飯田、中津川、名古屋の各駅とも連絡することになる。さらに、リニア中央新幹線は２０４５年に名古屋・大阪間が開業する予定である。

リニア中央新幹線ができると相模原から品川までわずか十数分になるが、同時に山梨県の甲府にも十数分で行けるようになる。さらに言うならば、名古屋の人にとっては、これまで甲府に行くのに、一度長野県の松本まで出て中央線に乗り換えて行くか、迂回して東海道新幹線で一度東京に出てから中央線に乗り換えて行くしかなかった。どちらもゆうに4時間はかかるコースである。ところがリニア中央新幹線が開業すると名古屋から甲府まで30分程度で行けることになる。甲府からすると名古屋にも品川にも30分程度で行けることになる。人の動きや産業の活性化という意味では大変、大きな変化である。東京・名古屋が40分というだけの話ではないのだ。

では、従来の新幹線鉄道網の整備状況がどうなっているか見てみると、２０１５年3月には北陸新幹線が金沢まで開通したが、２０１５年度中には北海道新幹線の新青森・新函館北斗間が開業する。さらに新函館北斗・札幌間も開通の前倒しが決まり、２０３０年度に開業されることになった。また、東京から鹿児島まで新幹線がすでにつながっている時代になっている。現在、日本では新幹線による交通インフラが急速に整備され、新たな観光立国にとっても基盤が整いつつある。

一方では、格安航空会社（ＬＣＣ）が路線を増やしつつあり、全国各地の地方空港には想像以上に数多くのＬＣＣが運航するようになっている。新幹線もＬＣＣも、観光という形でアジアのダイナミズムを取り込んだり、日本人の国内の移動を活性化したりするためには非常に重要な要素である。総合交通体系が急速に変わっていくことを視界に入れて、私たちは観光立国を議論する必要があることをここで確認しておきたい。

加えて、相模原モデルが注目されるもう1つの理由は、圏央道の完成である。私は長年、国土交通省の国土幹線道路部会の部会長を務めてきたので特に思い入れが強いのだが、首都圏の道路交通の骨格として、「圏央道（首都圏中央連絡自動車道）」、「外環道（東京外かく環状道路）」、「中央環状線（首都高速道路中央環状線）」の三環状道路（外環三道）が、これから5年以内に一気に整備されてくる局面にある。このことはこれからの日本の物流と人流にとって重要である。

圏央道は都心から半径40～60キロメートルと、首都圏三環状のなかでも最も外側を走る環状道路だが、工事中だった区間が相次いで完成し、２０１５年度には東名高速道路から関越道、東北道、さらには常磐道までがつながることになる（千葉県内の大栄・松尾横芝間、かずさインターチェンジを除いて、ほかの区間は２０２０年度までに開通予定）。

ちなみに、外環道は都心から約15キロメートルの環状道路で、常磐道と東京湾岸道路を結ぶ区間が２０１７年度に完成予定である。また、１番内側を走る中央環状線は２０１５年３月に全線開通したばかりである。

日本は高度経済成長期に東京を基点に高速道路をすべて放射線状につくったため、どこへ行くにも東京の中心部を走る首都高速を経由することになり、その結果、首都高が常に渋滞する原因となっていた。それが、ここにきて放射線状の高速道路をつなぐループがこの5年以内に3つも完成し、「三環状九放射」と呼ばれるクモの巣状のネットワークがほぼ整うことになる。これによって、東名高速を走ってきた車両は厚木ＩＣから圏央道を使えば、首都高に入らなくても、北に向かって関越道、東北道へと抜けていけるのである。

それだけでなく、今後、日本がアジアのダイナミズムを迎え撃つときに必要になってくるのは、日本海物流をどう位置づけるかという問題意識である。日本海側の港湾と太平洋側の港湾とを結び、その間に存在するモノづくりなどの産業の基点、ロジスティックス（物流）の基点をどう効率的につなぎ、機能させ、活性化させるかが非常に重要である。日本海側と太平洋側を戦略的につなぐという視点から考えたとき、関越道の新潟と東京湾内の港湾を橋渡しする交通インフラとして圏央道が果たす役割はきわめて大きい。日本海側と太平洋側を「対流させる」視点が、国土計画においても重要になるのである。

その問題意識の集約点が「相模原モデル」なのである。リニア中央新幹線と圏央道という総合交通体系の整備で、相模原は交通結節点としてきわめて重要な役割を果たすと予想され、今後、アジアのダイナミズムを吸収し、日本を少子高齢化によって衰亡させないために新しい産業のあり方を考える場合にも、シンボリックな存在になるはずである。

ちなみに現在、神奈川県内では横浜圏の西側の駅として、東海道新幹線の新横浜と小田原の間に新しく寒川駅をつくる運動が起きている。寒川駅は相模線の駅でもあり、1つには北の相模原市にリニア中央新幹線の新駅ができることを見越した動きだとも言える。相模原市が交通結節点となることで交通インフラが整い、首都圏の西部地区が劇的に変わろうとしているのである。

相模原とその近接地域に住む人たちに、これは何をもたらすだろうか。品川に十数分、甲府にも十数分ということの意味は、この地域が都市と農村の両方に容易にアクセスできるということである。相模原市を通る国道16号線は通称「東京環状」と呼ばれ、まさに東京をリング状に取り巻いているが、その外側には、多摩ニュータウンや草加、春日部など、数多くの団地が広がっている。そこから毎日1時間以上かけて都心に通勤しながら、サラリーマン生活を送った人たちがこれから次々と定年退職の時期を迎えるのである。

時間に余裕のできた人たちは、リニア中央新幹線に乗ったり、高速道路を利用したりして、最初は各地域でとれる新鮮な食材を利用したおいしい料理を食べ歩いたりするかもしれない。そのうち、1か月のうち何日かでも農村部で過ごしながら、趣味で野菜づくりを行ったり、あるいは地元の農業従事者たちと交流を深めて農作物の生産の一部を手助けしたりといった活動を始めることもあるだろう。ここには、新しい参画型の食と農のツーリズムの可能性が広がっている。

これは今の日本が置かれた状況から考えると、とても重要な方向性である。これまで日本は貿易立国論に立って、輸出産業を育てて外貨を稼ぐという形で進んできたが、ここにきて貿易赤字が連続するようになり、必ずしもうまくいかなくなってきたのはすでに触れたとおりである。

食料とエネルギー資源を海外に依存し、産業構造が腰高になっているのがその理由の1つである。日本の食料自給率は低く、2013年にはカロリーベースで39%にまで落ちてしまっている。そのことが将来にわたる日本の社会や産業構造が不安視される一因にもなっている。先に挙げたとおり、日本は2014年時点で、1年間に6兆7000億円分の食べ物を海外から輸入している。その一方で、農産物の海外輸出も増えつつあり、5000億円の規模になってきた。輸入する食料を1兆円ほど減らし、海外に輸出する食料をあと5000億円ほど増やせたら、成長戦略を考えるときに日本の農業や産業構造を安定的に考えることも可能になってくる。

今後、少子高齢化社会に向かっていく日本において、多くの人がさまざまなコミュニティに参画すとはいえ、スリルと危険は別ものである。日本は安全で治安がよく、安心感があるとも言われる。フランスはすでに観光立国として先行する国で、国の人口よりも1年間の外国からの訪問客のほうが多いが、イスラム原理主義者やテロリストたちによる事件が起こると、観光を自粛する人も出てくるだろう。安全で清潔で、万が一、その国で病気やケガをしても安心していられるという環境を実現しないと観光立国へとつながっていかない。

最近の宗教的対立やテロ事件などを見て感じる人も多いかもしれないが、日本には宗教的な寛容性、多様性があることも重要である。仏教徒もキリスト教徒もムスリムも、日本で暮らすことに大きな苦痛、危険を感じないはずである。一方的な宗教的価値観の押しつけはなく、宗教が異なるからといって、襲われたりすることもないからである。特にアメリカで起きた9・11以降、中東の人たちはアメリカやヨーロッパに行くと入国審査のときから非常に不愉快な思いをすることが多いという。そのため、彼らは東南アジアのシンガポール、マレーシア、インドネシアに行く機会が増えている。これらの国々はイスラム教の影響が強く、ムスリムに寛容なので、観光に訪れても快適だというのである。

日本人の宗教観がよく表れているのは、初詣は神道で、結婚式はキリスト教で、葬式は仏教でというところだろう。これは多様性とも言えるし、同時にいいかげんさとも言えるかもしれないが、宗教的寛容さは間違いなく日本文化のなかに息づいている。そのことについて私たちは日頃あまり気がついていないが、観光立国を進めていく場合に、日本のこうした特徴は間違いなく長所にもなるだろう。

明治以降、日本を訪れる外国人が増えた。当時つくられた日本のイメージは「富士山、芸者ガール、温泉」といったステレオタイプ化されたもので、いまだにそうしたイメージは残っている。その一方で、日本にやってきた外国人に何をしに来たのかを尋ねるテレビ番組などを観てもわかるように、外国人が日本に求めるものは大きく変わってきている。銀座などでのショッピングもあれば、原宿、代官山などのファッション、あるいは秋葉原などでのマンガ、アニメ文化を求めての観光もある。また、まさにアメリカ型の観光のモデルと言えるディズニーランドやユニバーサル・スタジオ・ジャパンで遊びたくて訪日する人たちもいる。時代とともに、観光地としての日本の魅力は実に多様化してきていると言える。

対比の意味で、例えば香港に観光で行くことを考えてみよう。そこで何をしてみたいかである。安価にショッピングできると言われたのは過去のことで、為替の変化で円安となり、今ではさほど安さを感じることはない。かつては定番とされたタイガーバームガーデンなども今はなくなっている。香港にはディズニーランドがあるといっても、日本にもディズニーランドはすでにあるし、2016年には上海にも開園するとなれば、魅力は半減する。ハイエンドな人を意識しつつ、本当の意味でまた行ってみたい、行くとまた新たな発見があると思える創造的な時間、空間がそこにあるか、つまり新ろう。例えば、地方から都会に出てきて、刺激を受けて、再び故郷に戻るというのは、人間を格段に賢くする。世界を旅してくると、自分が生まれ育った国である日本に対して、考えを新たにする。異なる自然に触れて季節の変化を感じ取る力を身につけ、自分が出会った人の心や言葉から受け取ったメッセージに対して考えを巡らせてみる。自分たちがいかに恵まれていたかに気づき、また、自分の知らないことが世界にはたくさんあることに気づく。そうした気づきのなかから人間は賢くなっていく。

私自身も航空機や新幹線に乗っている間に、すぐ前に自分が会ってきた人や見てきたものを思い出し、頭のなかで整理して、じっくりと考える習慣がある。そういう営みのなかで人間は刺激を受けて、知恵がついてきたことを実感するのである。観光立国というのは、観光産業を発展させて将来の日本を支えていこうといった経済の話にとどまるのではなく、移動と交流を深めることによって、日本人の一人ひとりが自分を磨き、眼を開き、世界観を進化させることにもつながっていく。ここで、移動と交流という思想をぜひ共有しておきたいのである。

海外から外国人がやってきたり、日本人が海外に行ったりすることを観光立国論と言いがちだが、日本国内における移動も日本人一人ひとりが知恵を磨き、賢くなっていくためには重要である。このとき、単に物見遊山に走り回って移動していればそれでよいというものではない。キーワードとしては二地域居住論、もしくは多地域居住論（マルチハビテーション）と呼んでもよいが、いずれにしても2つ以上の地域に居住してその間を移動することは人間を賢くし、ひいては経済に活力を与えることにつながるはずである。だからこそ、二地域居住が重要になってくるのである。

先ほど触れた「食と農のツーリズム」で言えば、サラリーマンを定年退職したらすぐに鍬を持って農業を始めよう、という意味ではない。そんな話は絵空事で、農業はそれほど安易なものではないだろう。しかし、今、地方で少しずつ動き始めている農業生産法人や新しいスタイルの農家が、リタイアした人たちの多様な受け皿となっていくことが考えられる。長年、会社で経理を担当していた人が、どこかの農業生産法人の経理を支えたり、商社マンだった人が農業生産法人のマーケティングを手伝うということもあり得る話である。

田舎に移り住んで専従で農業に関わるのではなく、例えば1週間から10日間だけでも手伝えばよいというのであれば、十分に現実味のある話だろう。長野県、山梨県でも埼玉県、群馬県でもよいが、農業生産法人がそうした能力を持つ人たちが1週間でも参加できるようにし、同時に地方公共団体などが生活できる共有スペースをつくって提供し、二地域居住ができる態勢を整えるのである。そうすると、都心のマンションや団地に住んでいる人のなかには1か月のうち1週間程度、田舎に行って自分のやれる範囲で農業生産法人の手伝いをしてみようという人も出てくるに違いない。そうした参画型農業で食料の増産も構想できるはずで、実際すでに一部は現実に動き始めているのである。

二地域居住というと、別荘住まいを想像しがちで、金持ちの生活のように思われるかもしれない。

しかし物見遊山的な観光ではなく、田舎の食や農業を支える営みに参画して、生産的な意味のある形で移動する試みと捉えると、観光が持つ移動と交流の意味が深まるはずである。つまり、目的として意味のある移動をシンボリックに表現したものが、二地域居住なのである。都心回帰が進んで都心のマンションなどに住む人が増え、高齢者が増えるほど、逆に地方回帰、田舎志向、自然回帰の願望が高まるだろう。その両方を満たしていく二地域居住を軸に、日本国内の人の移動と交流が描けるなら、ツアー観光客を増やすのとはまた異なる、社会的にも大変意味のあることが見えてくるはずである。

しかも、移動をすれば人間は必ず消費する。自分自身の行動を考えてもわかるが、新幹線でどこかに行くとき、たいていは飲み物やお菓子、ときには駅弁の1つも買うのが人間の習性だろう。二地域居住が始まると最初のうちは月に1回、1週間ほど共同生活するために泊めてもらうという形で済むかもしれない。しかし、そのうち腰を据え、その地域に自分の活動拠点を確保するようになると、テレビなど家電製品を買ったり、ソファを置いたり、センスのよいカーテンをつけたりという形で、必ず消費活動につながっていく。

移動をすれば人間は消費する、というのは事実である。日本の消費を分析したデータはたくさんあるが、そこに特徴があるとすると、それは日本人の消費行動はスペースに制約されていることだろう。つまり、都会の狭苦しい3畳1間に住んでいる人にこれ以上買えと言っても、スペースがないために制約を受けるのである。多少なりとも貯蓄があって余裕のある生活をしている人でも、押し入れを開けたらなかにぎっしりと物が詰め込まれ、ガラガラと落ちてきそうな住環境にある人には、これ以上何かを買わせようとしても無理である。二地域居住はスペース制約を取り除くためにも、きわめて賢い消費を高める方法だと言える。移動と交流が消費を高めて経済に活力を与える理由の1つがここにある。

5 創造的観光という視界
――日本に引きつける魅力はあるか

ここまで、日本がこれから観光立国の道を歩むことの重要性を語ってきた。冷静に考えてみると、海外から日本へ年間3000万人の観光客を呼び寄せて、経済の活力を高めるには、海外の人たちを引きつけるだけの魅力が日本になければならないということになる。別の言葉で言うと、日本を訪れることがおもしろそうだと思わせる何かがなければ、現実問題として来訪者を増やすことはできないだろう。そうした日本の魅力は何にあるのだろうか。

もしかすると、私たち日本人が考える日本のおもしろさと、外国の人たちが考える日本のおもしろ

しい観光立国では創造的な観光ができるかどうかが問われてくるのである。

それでも忘れてはならないのは、香港には中国本土から年間５０００万人もの観光客が訪れることである。自由化が進んでいるとはいえ、海外に簡単に渡航できるわけではない、半ば閉ざされた国である中国の人たちからすると、香港は世界に対して開かれた窓であり、そこでショッピングを楽しむことを通じて、世界の動きとも触れ合うことができるのである。皮肉にも、香港がかつて大英帝国の植民地であったことがプラスに働き、中国語圏（広東語圏）でありながら同時に英語圏であり、現在でも大英帝国の文化の香りがあちこちに残っている。つまり、香港は中国、シンガポール、台湾とともに大中華圏のネットワークの一角を占めているだけでなく、ロンドン、ドバイ、インドのバンガロール、シンガポール、シドニーとほぼ一直線上につながる大英帝国の「ユニオンジャックの矢」ともリンクしていることが、香港独特の魅力をつくり出しているのである。これは私たち日本人をも引きつける大きな要因となっていることは間違いない。

日本はおもしろいと言う外国人に、日本に引き寄せられる要素は何かを聞いていくと、いくつかの共通点があるように思われる。１つ目は、早稲田大学校歌に「東西古今の文化の潮、一つに渦巻く大島国の」という一節があるが、まさにそのとおりで、日本の姿に東西古今の文化の混合のおもしろさを見いだしている人が多い。日本には明治以降、アジアのなかでもいち早く国づくりに西洋モデルを導入し、「近代化」を成功させてきた歴史がある。外国人からすると、京都や奈良といったクラシックな日本と、東京のビル群やトヨタの自動車工場や四日市市、富士市などの工場群など、モダンな日本が混ざり合っているのは、不思議な印象を受けるらしい。それはコントラストであり、ハーモニーでもあり、えもいわれぬ混在があるというのである。もちろん、アジアの多くの国も西洋モデルを取り入れて国づくりをしてきたが、例えば、シンガポールや香港などと比較しても、日本はその歴史における変わるものと変わらざるものの重層性が違うと言える。古今東西のものが1つにうずまくように混在している。そこに日本の際立った特色があるというのである。しかも、混在のなかから独自の文化の芽が吹き出し、「クールジャパン」と表現されるような映像、音楽、ファッションなどの新しいゾーンが魅力を放ち始めているのである。

クラシックな日本は京都や奈良に象徴される。単に日本の古都というだけでなく、世界史のなかに置くと、仏教伝来のプロセスに象徴されるユーラシア、インド大陸を越えてきた文化の到達点がここにあるというイマジネーションを抱きながら、日本を訪ねることもできよう。東西の文化交流という点では、日本の京都や奈良はローマから唐へつながるシルクロードの到達点と言うこともできる。仏教の伝来を考えるとインドから中央アジア、中国を通り、東へ向かった終着点だと見ることも可能である。外国人にとってはそれらの街を日本の昔の都としてだけでなく、世界史の立体的な相関のなかで位置づけたときにこそ、発見が多いと思われる。歴史意識を広げる旅である。

他方、モダンな日本も大きな魅力を持つ。19世紀以降の近代史において、日本はアジアのなかで先行して近代化の実験に取り組んできた。そのすべてが成功したわけではないが、その歴史は大変興味深く、蓄積がたくさんある。例えば、すでに世界遺産にも登録された群馬県の富岡製糸場である。当時のフランスの技術を導入した官営模範工場で、１８７２年に操業を開始した。これによって、絹産業が飛躍的に発展し、近代化に重要な役割を果たした、日本にとっては第一次産業革命のシンボルとも言える存在である。

神奈川県横須賀市に残る横須賀海軍工廠《こうしょう》は同じくフランスの支援でつくられたもので、明治時代から戦前にかけて軍艦を建造した造船所であり、日本の重工業化のシンボルと言える。一方、北海道の日本製鋼所室蘭製作所は戦前にドイツの技術でできあがったものだが、世界の原子力発電所の格納容器などの生産を主力とし、今やこの分野のシェアの8割を占めるほどになっている。日本がこうした形で世界の原子力発電所を支えているのは、世界のハイエンドな産業人にとっては衝撃的な事実かもしれないが、これもまた日本の産業史の厚みだと言える。これから発展が考えられる観光の１つとして、産業に関係する現場を歩くインダストリアルツーリズムがあるが、日本の近代化を象徴する産業資産を訪ねるツーリズムも、先端的な技術やプロジェクトを訪ねるツーリズムも合わせて構想することができるだろう。こうした場所は観光としても大きなポテンシャルを持っているのである。

さらに、現代的な日本の価値を発見するような、まったく新しいツーリズムも考えられる。いわば地域の幸福探求ツーリズムである。

私が率いる（一財）日本総合研究所では『全47都道府県幸福度ランキング』を発表しているが、例えば、そのランキングの上位に入っている北陸信越地方の福井県、富山県、石川県、長野県を実際に訪ねて、なぜこれらの県が日本で最も幸福な地域とされるのかを探求するのである。この『全47都道府県幸福度ランキング』はあくまでも参考指標ではあるが、それでも日本のなかで幸福度ランキングの上位になった県というだけで、アジアの産業人やリーダーたちにとっては大変興味深いことだろう。いかなる指標が地域に生きる人間にとって幸福とされるのか、その理由を世界にはっきり示すことができると、それは観光としても大きなポテンシャルとなるはずである。

こうしたことを言うのも、デンマークのことが気になるからである。本書では観光立国の1つの有力なモデルとして、シンガポールの事例を検討するが、それは日本もシンガポールのやり方を真似すればよいということではない。実際、シンガポール・モデルをそのまま実現したところで、日本人が幸福と感じるかどうかはわからない。ここであえて未来型の幸福探求ツーリズムといったものを構想するのも、より創造的な観光を考えたいからである。

世界の幸福度ランキングにはさまざまなものがあるが、その上位に必ずと言ってよいほど入っているのがデンマークである。世界的な調査機関のワールドバリューズサーベイの世界幸福度ランキング（2008年）では、デンマークは1位で、日本は43位。またイギリスの世界幸福地図（2006年）ではデンマークはやはり1位で、日本は90位。さらに国連のWorld Happiness Report 2013でもデンマークは1位で、日本は43位である。興味深いことに、シンガポール、香港、台湾などの大中華圏は上位には登場してこない。

問題は、なぜデンマークは幸福度ランキングの上位にあるのかである。実際、それを知りたいと望む人たちが大勢、デンマークを訪れている。

『世界で最もクリエイティブな国　デンマークに学ぶ　発想力の鍛え方』（クリスチャン・ステーディル、リーネ・タンゴー著、クロスメディア・パブリッシング刊）では、「フォーブス」誌に掲載された記事を1つのエピソードとして紹介している。デンマークに滞在中の女性が乗馬に行ったところ、馬場では現金でしか支払いを受けつけていなかったという。そこで、近くに銀行のATMはないかと係に尋ねたところ、支払いは乗馬を楽しんだあとでよいと言われたというのである。この女性は、デンマークの人たちは互いに信頼しているだけでなく、よその国から来た見知らぬ人のことも信用してくれていると感じた。デンマーク人が幸福だと言われる理由は、互いに人間を信頼していることにあるのではないかと感じたというのである。

現在、世界一のレストランと呼ばれている「noma」はデンマークで誕生したものである。ミシュランで高評価を得ているほかのレストランとは異なり、気取ったフュージョン料理ではなく、いわゆる北欧食であり、地元の素材を使って地元の味つけをした気取らない庶民的な料理で人気を博している。和食の国際化を考えるときに、大変参考になる事例かもしれない。

また、創造的観光とは何かを考えるときにヒントになるのは、デンマークの首都コペンハーゲンにあるチボリ公園である。１８４３年に開園した遊園地で、のちにディズニーランドのモデルとなった、いわば世界のエンターテインメントパークの原形である。実際に行ってみると、面積は驚くほど狭く、東京の後楽園よりも小さいぐらいである。

まさに見る人を選ぶ公園である。人によっては、古くてまどろっこしい、見るものも少ないつまらない公園だと感じるかもしれない。また人によっては、そこそこ楽しく、手作り感があって、人間の表情をした心地よい公園だと感じるかもしれない。歩いてみても、現代的な絶叫マシンや派手な３Ｄアトラクションなどはない代わりに、ステージショーや屋台があったりと、訪れる人の心をほっとさせるようなところがある。園内にはハイエンドなレストランがあり、北欧料理が食べられたりもする。

１つのキーワードは、ここが市民の生活に密着した参加型の公園であることである。市民が年会費で支えていて、特定の企業が営利目的で運営しているわけではない。朝早く行くと、老人が杖をつきながら散歩したり、ベンチに座っておしゃべりをしていたりする。

創造的な観光という視点で見ると、それぞれの地域に宿っている可能性を探求し、イノベーションと創造力を駆使して、それらを統合し、人を引きつけることが必要になる。またそのための構想力が問われるのである。それには住民・市民の参加型であることは非常に重要である。このチボリ公園の例でもわかるように、男性・女性、そして若者から高齢者まで参加することで、観光の目玉をつくっていく。また、その楽しさが周囲の人々や海外の人たちに伝わり、興味を抱かせ、引き寄せる魅力となっていく。

それには、観光に値する魅力をはっきりとわかりやすく示すことである。何をやっているかがわからないと人は集まってこない。地域の可能性を結集して、創造的な物語を描き出す必要がある。創造力は個人の能力や特性ではない。人と場所とテーマの相関であり、それをスパークさせるきっかけとなれば、観光は成功への筋道が見えてくるだろう。

6 真のIR（統合型リゾート）戦略とは何か
――問われる創造力と統合力

現在、ＩＲ（統合型リゾート）の議論が盛んだが、カジノにのみ焦点が当てられる風潮がある。確かに、世界の観光立国の成功モデルとされるケースには、カジノを軸とした観光戦略が人を引きつけているものもある。カジノを観光戦略の目玉の1つとする地域があってもよい。しかし、観光立国にとっては、カジノというコンテンツに飛びつく前に、地域特性を熟考して本当の意味での統合型リゾートを描き出す知恵がこれから重要になるということを強調しておきたい。

「特定複合観光施設区域の整備の推進に関する法律案」（ＩＲ推進法案）が２０１３年に国会に提出され、審議された。２０１４年末の衆議院の解散とともに廃案になったが、再提出され「カジノ解禁」をもたらす法案として、さまざまな立場の人たちによって、「カジノ」をめぐる議論が熱を帯びてきている。

「カジノを観光の起爆力に」という思いで動き始めている地域も多く、これまで観光振興に情熱を注いできた人ほど、「引きつける力」の限界を噛みしめ、なんとか起爆力のある事業を中心に据えたいと思う気持ちも理解できる。しかし、ここはもう一度、観光による地域振興、産業振興とは何かを広い視界の中で問い詰め、大きな構想のなかでそれぞれの地域の特色あるプロジェクトを探求し、その過程でカジノを位置づけてみるべき時だろう。

「カジノ解禁に賛成か反対か」という次元での議論を超えて、日本の産業が直面する課題を直視して、「観光」を体系的に真剣に考え抜き、力強い産業としての観光業の創成を目指し、そのなかの選択肢としてカジノを的確に位置づけるべき局面に来ていると考えるからである。「カジノありき」の観光立国論ではなく、これまでの工業国家型の国づくりへの視界を超えて、日本が新たなる成長と発展のパラダイムを築くためには、これまで述べてきたように「移動と交流」による産業の活性化、すなわち観光立国への戦略シナリオを明確に描くべきだと確信している。そのシナリオ選択の際に、

「この地域にはカジノが不可欠」とその地域の人たちが主体的に考えるのであれば、初めてカジノの議論も現実性と正当性を得るのである。

ところで、カジノについて言えば、私自身は決して否定論者ではない。アメリカ東海岸で仕事をした10年間、ニューヨークやワシントンから車で2時間弱をかけてアトランティックシティに何度となく足を運んだし、ラスベガスにもこれまで数多く訪れてきた。ＶＩＰルームに案内されるレベルの「ハイローラー」と言えるほどのギャンブラーではないが、さまざまなゲームを楽しませてもらった。勝ち負けを超えて、日常性から離れたカジノという非日常空間がなぜか創造性を刺激することに魅力を感じたものである。そして、アメリカのカジノが殺気立った賭場ではなく、子どもまで含めて老若男女、家族・友人それぞれの楽しみ方で参加できるようにつくられた「エンターテインメントパーク」としてシステム設計された場所であることに気づき始めた。

今ではカジノでの賭け事が訪問目的ではなくなり、カジノを軸にした複合型の施設で行われる一流アーティストによるショーやスポーツイベント、さらにはさまざまな国際的見本市などに引き寄せられての訪問になっている。そして、この非日常的空間がいかなるプロセスで形成され、今日に至ったのか、どのように管理運営されているのかに興味を引かれ始めた。多くの関係者にも知己を得て、「砂漠のラスベガスを世界一のエンターテインメント空間にした」ことを胸張って語るエンジニアリング会社の専門家と議論するうちに、マフィアなど裏社会との確執を経て、新しいＩＲ（統合型リゾート）のひな形とも言うべきラスベガスが壮大なプロジェクト・エンジニアリングの実験場として今日に至ったことを知った。ラスベガスを訪れて、シルク・ドゥ・ソレイユの「Ｏ（オー）」という幻想的な水中ショーに感動した人も少なくないはずだが、さまざまな専門的技能や才能を持った人たちを登場させるエンターテインメント・ビジネスの舞台を創造し、提供する場としてのラスベガスにも心を動かされた。文化、芸能、スポーツにおける「創造的挑戦」ということに興味を抱く人ならば、ラスベガスやアトランティックシティの挑戦と現在直面する状況は示唆的である。

アメリカでの生活を通じ、私を刺激したもう1つの観光スポットがフロリダのディズニー・ワールドであった。家族が安心して楽しめる統合型リゾートの代表格がフロリダ州オーランドであり、その中核がディズニー・ワールドである。私は１９９０年代から10年連続で年末のクリスマスから正月にかけてのシーズンをディズニー・ワールドで過ごしたことがあり、おそらく20回以上も訪れて、この巨大プロジェクトの発展を目撃してきたことになる。後日、ディズニー社のＣＥＯに会う機会があって、このことを話したら、「ディズニーの役員にもそんなクレージーな人はいないよ」とからかわれた。

東京の山手線内側の面積の１・５倍に相当するスペースに、「マジック・キングダム」、「エプコット」、「ディズニー・ハリウッド・スタジオ」、「アニマル・キングダム」などのアトラクションパークを次々と展開し、趣向をこらしたホテル群を配置し、１週間滞在しても体験し尽くせない施設が展開されている。また、ディズニー以外にも、周辺にはユニバーサル・スタジオやシー・ワールド（海洋アトラクションパーク）といった大型アトラクション施設が集積しており、私はオーランドを中心とする地域こそ、アメリカにおける統合型リゾートの成功事例だと考えている。

１９８０年代から90年代にかけて、日本でもアトラクションパークの導入ブームがあり、例えば北九州の新日本製鐵のスペースワールドや大阪のユニバーサル・スタジオ・ジャパンの導入に関して、当時勤務していた三井物産が協力要請を受けていたこともあって、全米のアトラクションパークは単に訪れるだけではなく、その関係者、特に絶叫マシンなどの施設を開発している当事者と面談する機会があった。印象深かったのは、どうやって感動体験を与えるかに技術関係者がすさまじい情熱を傾けていたことであり、最先端の３ＤやＩＴ技術を投入して臨場感あふれる疑似体験をさせるアトラクションの開発がどのようになされているかに、新鮮な驚きを覚えたものである。まさに舌を巻くようなプロの世界であった。

「アメリカはネズミを英雄にした国だ」という表現があるが、考えてみれば、ミッキーマウスというアニメ映画のネズミのキャラクターを軸に、映画ビジネスだけでなく、カリフォルニアにディズニーランドというアトラクションパークをつくり、それをフロリダのディズニー・ワールド、さらに東京、フランス、香港でのプロジェクトに展開するところへもっていった。ディズニーは巨大な総合メディア・エンターテインメント産業となっており、このプロセスが統合型リゾートを考える者にとっては示唆的である。

国としての統合型リゾートの先行モデルとして取り上げられるべきはシンガポールである。この国がマレーシア連邦から追放される形で独立国家になった１９６５年以来、この国を率いた首相リー・クアンユーの戦略に興味を引かれ、これまで50回以上も波状的に足を運んできた。そして、実験国家とでも言うべき新たな挑戦がこの国を変えていく経過を観察してきた。

人口も５４０万人程度、国土も東京23区程度にすぎず、さしたる工業生産力もないこの都市国家をリー・クアンユーがいかなる国にするのかを50年間にわたり観察してきたが、知恵を付加価値に変えて国づくりをするモデルとしてこの国は注目されるべきだろう。「その手があったのか」と唸るようなことに着眼して、それをしたたかに実行し、国民の豊かさにつなげていく。「シンガポール・モデル」という言い方がなされるが、ＡＳＥＡＮ（東南アジア諸国連合）のなかでもインドネシア、マレーシアという大国に囲まれた豆粒のような国が、国民の安全を確保し、技術、情報、システム、ソフトウェア、サービスなどの目に見えない財を蓄積して、活かしきることによって見事な成果を挙げているのである。

すでに触れたように、驚くべきことに２０１４年のシンガポールの１人あたりＧＤＰは５万６０００ドルを超え、日本の３万６０００ドルをはるかに凌駕するアジア１の豊かさになっている。そして、このシンガポールの豊かさをもたらした謎を解く鍵こそ、人口の３倍もの来訪者を呼び寄せ、それを国の付加価値に結びつける「観光立国」への構想力であり、その柱となる戦略が統合型リゾートであることに気づくのである。

２０１５年３月に91歳で亡くなったリー・クアンユーは、当初はカジノに慎重だったようだが、熟慮の上、セントーサ島とマリーナベイに２つのカジノ建設を決断した。ただ、カジノがシンガポール観光戦略の中心だと考えるのは間違いである。カジノも観光客を引きつける装置として機能しているが、必ずしもカジノが観光産業の中心ではなく、さまざまな形でシンガポールに世界の人を呼び込めるシステムが工夫されており、まさに統合型リゾートの実験場的様相を呈しているのである。例えば「メディカルツーリズム」という形で医療目的の来訪者を引きつけ、高等教育を産業として育てて留学生を引き寄せ、さらにはアジアの金融センターとして世界の金融機関を引きつけるなど、さまざまな魅力的なプロジェクトを創造し、世界中の人の「移動と交流」を触発して、シンガポールに向かわせることで国を豊かにする壮大な試みに挑戦しているのである。

観光産業を成長産業とするために、統合型リゾートの実現に向けて知恵を絞ろうというのが本書の狙いでもあるのだが、ＩＲ推進でさまざまな立場の人と議論をしていると、「統合型の大型カジノ施設をつくればＩＲ戦略なれり」とする議論があまりにも幅を利かせていることに愕然とする。「カジノありき」の観光立国論は間違いである。さまざまな形のリゾートを熟慮の上、地域の優位性やシナジーを賢明に配慮して、柔らかく体系的な戦略構想を地域経済の担い手が主体的に描き出すべきであって、すでにカジノを抱える世界中の観光地が示していたように、カジノを中核とする複合施設が観光立国を成功に導くものではない。

以上のような問題意識を胸に、２０１３年以来、私は「ＩＲ（統合型リゾート）推進協議会設立準備委員会」の議長を引き受けて、「統合型リゾート」導入への論点整理の役割を果たしてきた。観光に並々ならぬ情熱を注ぐ畏友・溝畑宏氏に突き上げられながらの準備委員会運営であったが、２０１５年４月にはいよいよ本格的なＩＲ推進協議会が、より多くの参画者を得て起動した。私も共同代表という立場であるべきＩＲを軌道に乗せるべく、（一財）日本総合研究所の本件に関わる研究員とともに一定の役割を果たしたいと思っている。

貧困な発想の呪縛から逃れ、躍動感ある発想と最適な要素の組み合わせで、たくましい観光産業を描き出せるか、そしてそれを具体的プロジェクトとして実行できるかが、「成功の鍵」であることは間違いない。まずは読者にはこの序章に引き続き、本編を読んで問題意識を共有してもらいたい。さらに、自らの地域やケースにあてはまる創造的観光を戦略的に考えようとする人は「資料編」に盛り込まれたデータを参照しながら、構想を練るヒントにしてもらいたいと思う。

第1章　日本経済が直面する4つの課題

——真剣に観光立国を考えざるを得ない現実

創造的観光とは何か、そして真の統合型リゾート（ＩＲ）とは何かを考えるにあたって、まずその前提となる問題意識を掘り下げておきたい。現在、日本が直面する課題が４つある。以下、統計に基づいた事実を挙げていくが、いずれも日本が真剣に向き合って考えるべき課題が象徴的に表れている。この４つの課題への問題意識の深掘りが、私たちが真剣に観光立国を構想せざるを得ない方向性を明示するのである。

第１の課題　再び直面し始めた「国際収支の天井」——貿易収支４年連続赤字

まず注目したいのは日本の貿易収支である。２０１１年から４年連続で赤字になった。２０１１年に日本の貿易収支は31年ぶりの赤字に転落。２兆６０００億円の赤字を記録した。東日本大震災が起きた年で、この赤字は一過性のものかと思われたが、そうではなく、２０１２年は６兆９０００億円、２０１３年は11兆５０００億円にまで赤字幅が拡大した。そして、２０１４年は史上最大の12兆８０００億円の赤字となってしまった。

２０１１年までの議論では、日本経済は円高の圧力に苦しめられて、輸出が伸び悩んでいるとされてきた。円安に反転させなければ、自動車産業をはじめとする外貨を稼ぐ基幹産業が国際競争力を失ってしまうとも言われてきた。実際、そうした議論のなかで、金融政策によって意図的にインフレ・円安を誘導すべきだとする「調整インフレ論（リフレ経済学）」が力を得ていった経緯がある。つまり、大胆な金融緩和によってインフレを誘導し、円安にすることが日本の産業を救う効果的な方策だと思い込んでいたのである。

通貨には基本的にその国の経済力が反映されている。そもそも、日本が「円」という通貨を採用したのは明治4年（1871年）のことである。明治政府になって新貨条例を制定し、「1ドル＝1円」としてスタートしたのである。その後、日本が日清戦争に突入する明治27年（1894年）には公定レートで1ドル＝2円だった。19世紀後半には国際的な金本位制が確立したものの、20世紀に入り、大恐慌後は各国が金本位制から離脱するなどの出来事があり、ドルと円の為替レートも動いた。太平洋戦争に突入する直前の昭和15年（1940年）には1ドルは公式には2円だったが、実勢は約4円だったという。

敗戦後はGHQによる占領下での金融政策、いわゆるドッジラインで1ドル＝360円とレートが決められた。1ドル＝2円（公定レート）だったものが敗戦によって360円となり、日本の通貨の国際社会での価値は180分の1に大きく失われたと言える。戦後日本は1ドル＝360円からスタートし、輸出産業を育てて国際収支を好転させ、円の潜在的評価を高め、やがて日本円は安すぎるという外圧を受けるほどにまでなっていった。

敗戦から1960年代前半までは、「売る物がないから買う物も買えない」という、いわゆる「国際収支の天井」があり、なかなか貿易収支は改善しなかった時期である。国内経済が回復し景気がよくなると、輸入が増えて国際収支が赤字になるため、景気の引き締め策をとらざるを得ないという状況を「国際収支の天井」と言ったのである。輸入が増えても、それを上回る輸出が実現できればよいが、当時はまさに海外に売る物がなく、買いたい物も買えない状態だった。海外で外貨を稼ぐ産業がまだ育っていなかったのである。国際収支の天井がとれて、日本の貿易収支が安定的に黒字化してきたのは、１９６０年代末から70年代に入ってからのことである。

１９７１年にはニクソンショック（ドルと金の交換停止を宣言）があり、円が切り上げられ、１ドル＝３０８円になった。戦後生まれの私としては、為替とは動くものだということを改めて実感し、衝撃を受けた思い出がある。固定レートの１ドル＝３６０円は１９４５年の敗戦から約四半世紀も続き、日本人の多くは為替は動かないものだという意識になっていたのである。

１９７３年には、日本は変動相場制へと移行した。徐々に円高へと動き始めて、しばらく１ドル＝２００円台にとどまっていたが、１９８５年のプラザ合意によって本格的に１００円台に突入した。円高ドル安政策をとったクリントン政権下の１９９５年には、一時１ドル＝80円を切り、歴史的な円高を記録した。

２０００年代はおおむね１ドル＝１２０円台だったが、２００８年のリーマンショック後、急速に円が買われて円高になり、２０１１年10月には最高値で１ドル＝75円78銭を記録し、その後も80円台で推移した。日本の製造業はグローバル競争下の円高圧力に苦しみ、「円安待望論」が語られていた。

ところが、2012年末に第2次安倍政権が誕生し、いわゆるアベノミクスの3本の矢の1つとして、日本銀行が異次元の金融緩和に踏み込んだことで、わずか半年で1ドル＝80円台から一挙に100円台へと円安に反転した。その結果、貿易収支は改善されたかというと、むしろ輸入額が輸入インフレで大幅に増える結果になった。アベノミクスが始まった2013年は11兆5000億円、2014年は12兆8000億円と過去最大規模の赤字にまで拡大した。輸入額の増加を補って余りあるほど伸びると期待されていた輸出額はさほど伸びず、貿易収支が大きく赤字に転落したのである。

貿易収支が赤字になっても、サービス収支や所得収支などと合計した最終的な経常収支が黒字である限り、日本経済は大丈夫だという議論も確かに存在する。実際、貿易収支の赤字を海外投資の利子や配当などの所得収支が主にカバーする形で、経常収支は黒字を保っていたが、その頼みの経常収支も2013年10月から2014年1月までの4か月連続で赤字になった。2月はようやく黒字になったものの、2014年通期の経常収支は前年比18・8％減の2兆6266億円の黒字と過去最少の値となった（図表2）。

現在、金融政策によって1ドル＝120円前後の円安にシフトさせている状況である。円高になると他国との競争力が落ちて輸出は苦しくなるため、円安に反転させようと異次元の金融緩和をして、通貨量を増やし、円安に誘導している。背景には、日本の産業は輸出主導型で円安ほど有利だという

図表2　経常収支と貿易収支の推移

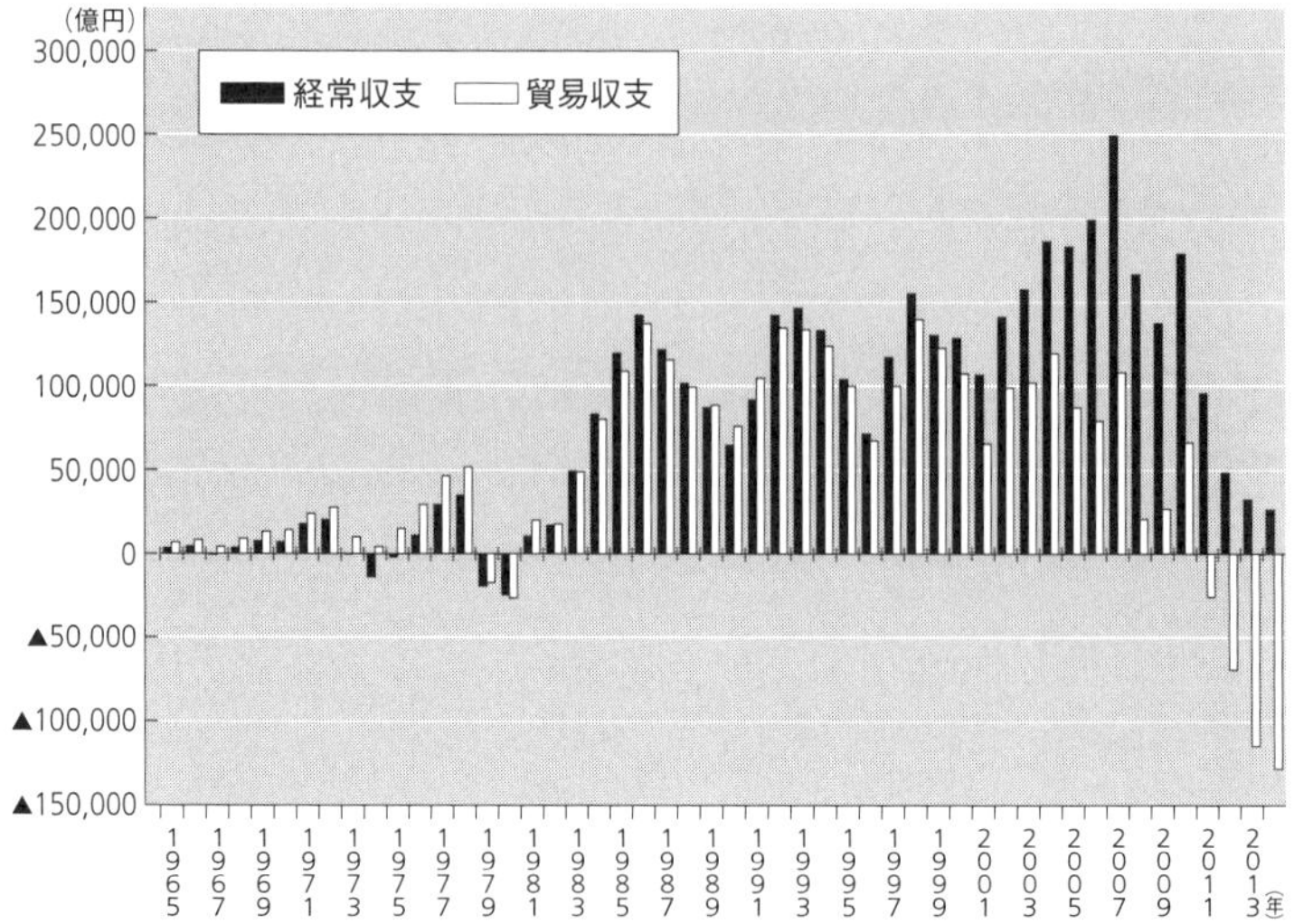

出典：財務省「国際収支統計」「貿易統計」

認識がある。しかし、基本的には自国の通貨の価値が国際社会のなかで評価されて高くなっていくほうが望ましい。先の議論で言えば、仮に1ドル＝100円だとしても、戦後日本が1ドル＝360円でスタートしたことを考えれば、日本の円の交換価値は3倍以上にはね上がってきたとも言える。

国際的に見て通貨が高いと、相対的にそれだけ購買力があるということである。円高が70円台にまで進んだときに私が盛んに言っていたことは「円高の戦略的活用」である。円高を利用して、海外企業へのM&Aなどの戦略的投資によって次なる産業構造の礎をつくったり、資源の確保を図ったりするなど、打つべき手があったはずである。当時の1ドル＝80円の状況で、戦略的にM&Aや資源の確保などを行っていれば、現在より少なくとも2割安く買えたとも言える。事実、一部の企業はそうした動きを加速させていた。

円安になれば輸出競争力が高まるから有利だという考え方は、その前提に日本は輸出で外貨を稼ぐ国だという固定観念にも近い自己認識がある。しかし裏表の話だが、実際には円安に反転させると、今度は輸入インフレによって、海外から購入する資源エネルギーや食料などの価格が割高になってしまう。日本経済にとっての大きな苦悩は、エネルギーと食料の外部依存なのである。

図表3は過去約25年間における、日本の輸出入の上位品目である。１９９０年と２０００年、２０１３年を比較すると、輸出では自動車、自動車部品、半導体等電子部品、鉄鋼などが上位を占め、順位に若干の変動があるものの、その顔ぶれはほとんど変わっていない。輸入では、原油および粗油、液化天然ガス、石炭といった化石燃料と食料がかなりの部分を占めている点でも同じである。食べ物と資源エネルギーを輸入し、自動車や鉄鋼、エレクトロニクスなどで外貨を稼ぐという産業構造がずっと続いていることがわかる。ここに日本の産業基盤の力強さがあると同時に、進化できていない限界も現れていると見ることができるだろう。

図表４に掲げたのは原油の入着価格（ＷＴＩ）である。国際社会ではニューヨーク先物市場の原油価格がよく話題にされるが、現実に日本の港にいくらでたどり着いているのかのほうが重要である。２０１２年平均では１バーレルが１１４ドル45セントで、円ドルレートの平均は79円81銭である。つ

図表3　日本の輸出入上位品目

	輸出					
	1990年		2000年		2013年	
1	自動車	17.8%	自動車	13.4%	自動車	14.9%
2	事務用機器	7.2%	半導体等電子部品	8.9%	鉄鋼	5.4%
3	半導体等電子部品	4.7%	事務用機器	6.0%	半導体等電子部品	5.1%
4	映像機器	4.5%	科学光学機器	5.1%	自動車部品	5.0%
5	鉄鋼	4.4%	自動車部品	3.6%	有機化合物	3.6%
6	科学光学機器	4.0%	原動機	3.2%	原動機	3.6%
7	自動車部品	3.8%	鉄鋼	3.1%	プラスチック	3.2%
8	原動機	2.7%	映像機器	2.7%	科学光学機器	3.2%
9	音響機器	2.3%	有機化合物	2.3%	電機回路等の機器	2.5%
10	通信機	2.1%	プラスチック	2.0%	鉱物性燃料	2.2%
	輸入					
	1990年		2000年		2013年	
1	原油及び粗油	13.2%	原油及び粗油	11.8%	原油及び粗油	17.5%
2	魚介類	4.5%	事務用機器	7.1%	液化天然ガス	8.7%
3	石油製品	4.1%	半導体等電子部品	5.2%	衣類・同付属品	4.0%
4	衣類・同付属品	3.7%	衣類・同付属品	5.2%	石油製品	3.3%
5	木材	3.2%	魚介類	4.0%	通信機	3.3%
6	液化天然ガス	2.8%	液化天然ガス	3.4%	半導体等電子部品	3.0%
7	自動車	2.7%	科学光学機器	2.3%	石炭	2.8%
8	石炭	2.6%	石油製品	2.3%	医薬品	2.6%
9	事務用機器	2.2%	肉類	2.3%	電算機類（含周辺機器）	2.4%
10	肉類	2.1%	音響映像機器	2.1%	鉄鉱石	2.1%

（注）2005年1月に貿易統計の品目変更があり、事務用機器は電算機器類などに細分化されたため、現在は品目として存在しない。

出典：財務省「貿易統計」

まり、この年は1バーレルの石油を9142円払って入手していたことがわかる。2014年平均を見ると、ドル建てベースの原油価格は104ドル66セントと下がっている。ところが、1ドル＝105円85銭にまで円安にもっていったため、2000円近くも高い1万1025円を払って1バーレルの石油を買っていることになる。原油価格が2014年以降、急速に下落し、それは日本の経済の追い風要素なのだが、その効果を円安が相殺しているのである

る。

プラザ合意以降の円高のトレンドを、あえて金融緩和政策をとることによって、円安に反転させてみたところ、伸びると思っていた輸出は伸びない。しかも輸入インフレが起きて、輸入額はぐんとふくらんだ。それゆえに、貿易赤字は解消するどころか、逆に大きくなってしまった。日本は「国際収支の天井」という構造的課題に再び直面し始めたのである。

図表4　原油入着価格

	ドル/バーレル	円・ドルレート	円/バーレル
2012年1月	113.86ドル	76.97円	8,764円
2月	114.40ドル	78.45円	8,975円
3月	119.39ドル	82.43円	9,841円
4月	128.31ドル	81.49円	10,456円
5月	125.68ドル	79.70円	10,016円
6月	115.31ドル	79.32円	9,147円
7月	102.92ドル	79.02円	8,133円
8月	102.89ドル	78.66円	8,093円
9月	112.04ドル	78.17円	8,758円
10月	114.60ドル	78.97円	9,050円
11月	112.46ドル	80.87円	9,094円
12月	111.28ドル	83.64円	9,308円
2012年平均	114.45ドル	79.81円	9,142円
2013年1月	109.34ドル	89.18円	9,751円
2月	111.14ドル	93.21円	10,359円
3月	114.83ドル	94.75円	10,880円
4月	109.24ドル	97.71円	10,674円
5月	104.73ドル	101.08円	10,586円
6月	107.30ドル	97.43円	10,455円
7月	103.70ドル	99.71円	10,340円
8月	107.81ドル	97.87円	10,552円
9月	110.55ドル	99.24円	10,971円
10月	114.02ドル	97.85円	11,157円
11月	110.98ドル	100.03円	11,101円
12月	110.56ドル	103.46円	11,438円
2013年平均	109.60ドル	97.63円	10,696円
2014年1月	114.17ドル	103.94円	11,866円
2月	111.65ドル	102.13円	11,403円
3月	110.21ドル	102.27円	11,272円
4月	109.29ドル	102.56円	11,209円
5月	109.52ドル	101.79円	11,148円
6月	109.93ドル	102.05円	11,218円
7月	111.64ドル	101.72円	11,356円
8月	109.71ドル	102.96円	11,296円
9月	104.01ドル	107.09円	11,139円
10月	100.95ドル	108.06円	10,908円
11月	87.04ドル	116.22円	10,115円
12月	78.51ドル	119.40円	9,374円
2014年平均	104.66ドル	105.85円	11,025円

日本は長年、円安待望論に浸ってきたが、現実には円安に反転させても、簡単に輸出を増やせるような産業構造になっていないことに、改めて気がつき始めているところである。過去10年ほど、日本の輸出産業は円高に苦しめられ、グローバル化の流れのなかで、生産の基盤を海外に求めてきた。その結果、今や海外に1つでも生産工場を持っている企業の海外生産比率は4割に迫る勢いである。自動車産業にいたっては、国内で生産する車の3倍以上の台数を海外で生産する時代なのである。それゆえ、単に円高を円安に反転させただけでは貿易収支が改善しないのは当然のことだったと言える。

これらの事実は、日本の産業構造が根底から大きく変化してきていることを示している。歴史的にどのような構造の変化があったのか、またその変化がなぜ起きたのかは大きなテーマである。戦後の日本は工業生産力を高めることで、外貨を稼ぎ、より豊かにしてきたが、そのあり方を、もう一度検討するべき時期にきていることを予感させるのである。工業社会に過剰に依存した構造からの脱却、つまり、いかにして脱工業社会は可能かという問題意識である。それは、1つには外貨を稼げる新しいリーディング産業を育てることであり、もう1つは食、エネルギーの外部依存の割合を下げることにつながっていかねばならない。

第2の課題　日本はすでにアジアのトップランナーではないという現実

――工業生産力で国を豊かにするモデルの限界

２つ目の課題は世界経済における日本の位置の相対的低下である。これは私たちが直視すべき現実でもある。日本はアジアのトップランナーとして君臨しているというイメージを持つ人が今なお多いようである。しかし、円安に反転したこともあって、日本のＧＤＰは大きく目減りしている。国際通貨基金（ＩＭＦ）の統計によると、２０１４年の日本のＧＤＰ、つまりトータルとしての創出付加価値の規模は４兆６０００億ドルである。２０１０年にはＧＤＰで日本は中国に追い抜かれたと話題になったが、２０１４年の中国のＧＤＰは10兆ドルに達し、日本の2倍を上回り、大きく離されてしまった。

中国は人口が日本の10倍以上だから、ＧＤＰ総額で日本が抜かれてしまっても仕方ないと思う人は、同じＩＭＦの統計で１人あたりＧＤＰを比べてみるとよい。２０１４年の日本の１人あたりＧＤＰは３万６０００ドル。アジアの国々の１人あたりＧＤＰを見ると、シンガポールが５万６０００ドル、香港が４万ドル、ブルネイが３万７０００ドル、それに次いで日本は４番目である。

ＧＤＰが創出付加価値の総和だとすると、１人あたりＧＤＰは１人あたりの創出する付加価値のことであり、国民の豊かさを示すこの指標においてアジアの先頭を走っていることを日本は長年誇りとしてきた。ところが、それが今やアジアで4位に転落してしまった。ブルネイは石油と天然ガスの産出という特殊な要素があるため、1人あたりGDPが高い。ところがシンガポールは人口約540万人で東京23区ほどの面積しかなく、特に外貨を稼げる天然資源があるわけでもなく、工業生産力も小さい。そのシンガポールに1人あたりGDPで日本は大きく離されているのである。

しかも衝撃的なのは、気がつけば2014年の香港の1人あたりGDPは4万ドルで、為替の変化もあり、日本は香港にも抜かれてしまったことである。これはおそらく一般の日本人の感覚としても、以前にはとても考えられなかったことだろう。もはや日本はアジアのトップを走っているという認識は、謙虚に捨てなければならないところにきているのである。

さらに、韓国は2万8101ドル、台湾は2万2598ドルで、日本を徐々に追い上げてきている。マレーシアは1万0804ドル、中国は7589ドル、タイは5445ドルである。

世界に目を転じると、2014年の日本の1人あたりGDPは27位である。脱工業化社会のモデルとしてあとでも触れるデンマークは6万0564ドル、スイスは8万7475ドルである。

日本は欧米先進国を上に見つつ、いわば「坂の上の雲」を追いかけてがんばってきた。さらなる先進国を目指していくのか、それとも別に目指すべきものがあるのか。すでに日本はアジアのトップではないという現実を踏まえ、もう一度、日本の経済・産業構造を見直す時期に来ているのではないか。

そこで改めて戦後日本の発展を振り返ってみることにする。１９６０年の１人あたりＧＤＰは４７８ドルで、まだ５００ドルに達していなかった。東京オリンピックが開催された１９６４年には８４７ドルで、１９６６年にようやく１０００ドルを超えた。１０００ドルはしばしば、発展途上国の段階を脱したと評される値である。

１万ドルを超したのは１９８１年である。１９７０年には大阪万国博覧会があり、73年の第１次石油危機、79年の第２次石油危機を超えて、80年代に入ったところで１万ドルになったのである。ちょうど、その１万ドルを今マレーシアが超え、中国、さらにタイが次第に迫りつつある。より生活の実体に近いとされる購買力平価ベース（ＰＰＰ）で比較してみると、２０１４年の時点で、すでに中国は１万２８８０ドル、タイは１万４３５４ドルと１万ドルのゾーンに入ってきている。

こう考えると、１０００ドルから１万ドルになった１９６６年から81年までの15年間の、その間に「奇跡の70年代」をはさんだ、高度経済成長の時期が重要な鍵を握っていると言える。この15年間にターゲットインダストリー、つまり外貨を稼げる基幹産業がつくられたのである。

１９６０年代から、工業生産力を重視して外貨を稼げる産業をつくっていこうという流れのなかで、生産性の低い農業分野から工業分野に人口をシフトさせた。それによって、国民の収入を増やし、生活を豊かにした。農業を抑え込み、工業を主力にして、増えた収入で食料は海外から買うから、というわけである。その結果、奇跡の15年の間に、日本の１人あたりＧＤＰは10倍になったが、食料自給率は50％を割るところまで落ち込んだ。

実際、その間の統計を見ると、第1次産業の就業人口比率は下がり続けている。1965年には24％で、4人に1人は農林水産業に就いていた。1980年になると一気に減少し、10％にまで落ち込んだ。つまり、日本は15年の間に第1次産業の就業人口が10人に1人になり、残りの9人はそれ以外で働くという形になったのである。現在、第1次産業の就業率はわずか4％で、100人のうち96人は、それ以外の産業で働いている。

その結果、食料は海外から買うことが常態になった。例えば、日本の食料自給率をカロリーベースで見ると、1965年は73％で、全体の4分の3は海外から買わなくても日本で賄えていた。それが1980年には53％と約半分にまで一気に下がり、2010年には39％になっている。先進国のなかで食料自給率がここまで低い国はない。次に低いのはイギリスだが、統計によってばらつきがあるものの、最低でも60％以上の自給率を保っている。

1960年に安保闘争が終わって池田勇人内閣が成立し、国民所得倍増計画を発表したときには、だれもが実現不可能だと思ったものだった。しかし、それは生産性の低い農業分野から、より生産性の高い工業分野に人口をシフトすることによって成し遂げられた。国民の一人ひとりにとって、地方で農業を営むよりも、都会に出て、より高い収入が得られる工業分野で働くことで、所得を大幅に伸ばすことができた。こうして、成功体験としての工業生産力モデルが日本人の心のなかに埋め込まれたのである。

日本はアジアで断トツの先進国であり、今なお先頭を走っているというイメージを持つ人も多いかもしれないが、これまで述べたとおり、アジアにおける構図はすでに大きく変わっている。先進国に追いつけ追い越せという発想ならば、日本は一時、GDPが世界第2位になったという話に酔いしれ、1人あたりGDPでも世界のトップに肩を並べるところまできたと喜んでいればよかったかもしれない。しかし、大国とは言えないが、中堅の国で独特の付加価値の創出を行っている国が出てきているという点が重要なのである。私がシンガポールやデンマーク、スイスなどの国に関心を向ける理由でもある。

例えば、自分がシンガポールの首相を務めたリー・クアンユーだったら、どうやって、ないないづくしの国で付加価値を創出するのか、考えてみてほしい。シンガポールは東京23区程度の面積しかなく、540万人ほどの人口しかない。石油、天然ガスなどのエネルギー資源もない。そんな東南アジアに取り残されたような小さな国をどうすれば豊かにできるのかと、リー・クアンユーは考えに考え抜いたことだろう。土地の制限もあり、工業生産力モデルで日本を追いかけて大型の工場をつくるようなこともできない。だからこそ、シンガポールは現在、こんな手もあるのかと思うような知恵を出して付加価値の創出へつなげ、人々を豊かにしていこうとしているのである。

アジアの成長国でも、台湾や韓国があまり気にならないのは、これらの国がこれまで日本がとってきた工業生産力モデルのフォロワーだからである。マレーシアも同様で、かつて首相のマハティールが言っていたように、「ルックイースト」で日本を追いかけて工業生産力モデルでがんばろうとしている。そうした国の1人あたりGDPが伸びてきて、少しずつ豊かになってきていること自体に、さほど驚きはない。

かつて経済発展について「雁行形態論」と呼ばれる理論があった。それは雁の群れが空を渡っていくように、先頭に立った日本を手本としてアジアの中進工業国が日本の技術をベースにしながら生産拠点となることで次々と離陸し、経済的に発展して豊かになっていくというものである。実際、その理論のとおり、韓国、台湾などは工業生産力モデルの日本の後ろをついてきていると言える。中国は十分すぎるほどの人口と土地があり、世界の工場として海外からの資本を取り込んで工業化し、国を豊かにしていこうとしているが、その意味においては、工業生産力モデルの追随者《エピゴーネン》にすぎないとも言える。

そして、アジアの国々はすべてそうだろうと思っていたら、それにあてはまらない例が出てきた。シンガポールは工業生産力モデルとは明らかに違うのである。日本を見習って工場を次々に建設しているかというと、まったくそういうことはない。異なるやり方で豊かさを創出しているのである。シンガポールの存在が気になるのは、1人あたりGDPがアジアで1位になったという量的な意味だけでなく、質的に新しいやり方でトップランナーに躍り出てきたからである。それはデンマークしかりで、なぜアンデルセンの童話のようなのどかな国が1人あたりＧＤＰで日本を上回るほど豊かであり得るのか。そこには工業生産力モデルとは異なる歩み方をしている国の知恵がある。

第3の課題　21世紀に入り進む日本の貧困化とその構造

次にどうしても取り上げておきたいのは、今の日本のなかで急速に貧困化が進みつつあるということである。『21世紀の資本』が話題になったトマ・ピケティが言う格差は、ひと握りの富裕層が何千万ドルというばく大な収入を得ることで富が独占され、格差が広がるというアメリカ型をモデルにしているが、日本の格差は中間層の没落であり、貧困化であるところに特徴がある。かつて日本には「1億総中流」と言っていた時代があったが、気がつくと格差が広がり、中間層が薄くなってきているのである。

序章でも触れたが、中間層の没落がよく表れているのが、勤労者世帯可処分所得の低下である。勤労者世帯可処分所得は一般のサラリーマン家庭が毎月使える所得のことで、給料から税金や年金をはじめ社会保険料などを納めたあと手元に残るお金であり、各世帯が自由に使えるお金である。その平均が２０００年は47・３万円だったが、２０１４年には42・４万円にまで下がった。つまり、21世紀に入ってからの14年間で、各世帯は月額４・９万円、年額58・８万円が使えなくなったということである。アベノミクス以前の2012年の42・5万円よりも2014年はむしろ減少していることにも注目したい。異次元の金融緩和は国民を豊かにしていないのである。

貧困化が進んだ背景には就業人口構造の変化がある。序章でも触れたとおり、統計上は2000年から2012年までの期間に、雇用は製造業、建設業で減り、サービス業で増えている。ところが、産業別雇用者所得を見ると、製造業が521万円、建設業が495万円、サービス業は328万円であり、平均年収が百数十万円落ちる結果になっている。失業率は2000年の4・7%から2012年の4・3%へとわずかながら下がっているので、世帯主は失業しないで家族を食べさせることはできているものの、産業間の就業者移動によって、全体としては年収が下がり、日本人の生活のレベルが劣化しているのである。これが、高付加価値なサービス産業の創出を目指した新しい観光立国論が必要とされる背景的理由の1つでもある。

では、所得の変化が実際どのように消費に影響を与えているかを見ておこう。全国全世帯(単身者を除く2人以上の世帯。農家を含む)の消費支出は2000年から2013年の間に、月額2・7万円が減少している。消費支出の変化を見ると、全体の支出が減ったなかでも自動車関連費、通信費、健康・医療関係費などの項目が増えている。この自動車関連費にはガソリン代も含まれるが、自動車が奢侈品《しゃし》ではなく「生活車」となり、特に地方では車なしに生活ができない社会になりつつあることを反映している。通信費の増加は電話代の単価は下がっても、携帯電話と高速通信の普及に伴い、一家全員がケータイやスマホに依存する生活に変わってきたことが大きいだろう。健康・医療関係費の増加は高齢化の影響もあるが、自分の健康に関わることには出費を厭わない傾向が現れている。所得が減り、全体の支出も抑えながら、なんとかやりくりをしつつ、これらの項目に重点的にお金を費やしているのである。

一方、消費支出の減少が目につくのは、こづかい、交際費といった項目であり、交通費、外食費などの減少からも、日本人が悲しいほど行動的でなくなったことがうかがえる。またこれらがいずれも観光と関係のある項目であることも気になる。さらには、仕送り金、授業料、教育娯楽費、書籍費などの減少は日本人が学びへの余裕さえも失いつつあることを示している。

21世紀に入ってからの13年の間に、日本人はアクティブではなくなり、学ばなくなったという姿が浮かび上がってくる。国民1人あたりの1年間の旅行平均回数を見ると、２００４年から２０１２年の間に、宿泊旅行の回数は2・82回から2・47回へ12・４％減少し、日帰り旅行は3・05回から2・33回へ23・６％減少した。国内観光消費金額もその間に、２８３億円から２０８億円へと26・５％減少している。

では、余裕がなくなったから、旅行どころではなくなったかというと必ずしもそうではない。圧縮する消費のなかで旅行会社も必死の思いで市場を開拓しているのである。「安い、近い、短い」といった言葉で形容されるような国内バス旅行などが増えているのである。新聞広告などでよく目にするように、5000～1万円の日帰り、もしくは1泊2日ツアーで名所を巡り、カニ食べ放題などでおいしいものを食べて帰ってくるといったものであり、いわばデフレ経済下での旅行である。

また、外食産業もデフレでふるわないかというと必ずしもそうではなく、そのなかで台頭してきたビジネスモデルがある。ファストフードのマクドナルドなどのハンバーガーショップのように、単品ではなくセットとしてパッケージで売ることで利益を上げている。ファッションも高級ブランドには手を出しづらくなったが、一方でユニクロなどは技術開発と海外拠点での大量生産により、価格は安いが消費者が納得のいく質の高い商品をつくり出している。観光業界も同様で、このデフレ経済下を生き延びる方法を模索しているのである。観光立国を考えるときに、海外からの訪問客だけを想定するのではなく、国内にも目を向け、今起きている日本人のツーリズムの変化も捉えておくべきだろう。

第4の課題　異次元の少子高齢化の進行

日本が直面する4つ目の課題は人口減少と少子高齢化である。国土交通省の「国土のグランドデザイン2050」という有識者懇談会に私も加わったが、そこで発表された衝撃的な数字がある。日本の国土を1キロメートル四方のメッシュで分析したところ、2050年に無居住化する地域が国土の

19％、人口が実に5割以上も減る地域が44％という結果となった。合計すると、2050年には日本の国土の63％の地点で人口が半分以下に減少するという「地域消滅の危機」にさらされているのである。

日本の人口全体を見ると、1億人を突破したのは1966年から67年にかけてである。1966年はすでに触れたとおり、まさに1人あたりGDPが1000ドルを突破した年である。さらに日本の人口は増え続け、ピークは2008年の1億2800万人である。つまり、約40年間で人口が2800万人拡大してきたということである。新たに増えた人たちが食に困らず、一定の水準で生活ができたのも、基幹産業で外貨を稼ぎ、日本を支えてきたからである。将来の発展が見込めるからこそ、人々は安心して家庭をつくり、子どもを設け、その結果として人口が増えたと言うこともできる。

安倍政権もアベノミクスのなかで国民所得倍増計画を語っている。しかし、1960年当時と今で決定的に違うのは、60年代は就業人口の第1次産業から第2次産業への移動であったのに対し、現在、日本が向かっているのは就業人口の第2次産業から第3次産業への移動だという点である。

国立社会保障・人口問題研究所の「日本の将来推計人口」（2012年1月）によると、日本の人口は2008年をピークに減り続け、2048年には1億人を割って9913万1000人となる。2060年には8673万7000人、2100年には4959万1000人にまで減少するという。

この予測には、2011年の東日本大震災のあとの人口急減が盛り込まれていないため、人口減少がさらに速く進むと考えるのが順当だろう。政府は2050年に1億人を守るために政策を打つと言っているが、それは容易なことではない。

先ほどの言い方を踏襲すると、日本の人口は1966年に1億人を突破して、42年をかけて2008年には1億2800万人になった。それから減少に転じて、また40年ほどをかけて2040年代後半には1億人を割るのである。

重要なのは、現在生きているほとんどの日本人が、約40年で人口が2800万人増えるというトレンドのなかで生きてきたということである。2008年を境として、すでに人口が減るというトレンドに転じている。企業経営者がよく言う「われわれは発想の転換をして環境の変化に立ち向かわなければならない」といった発言に従うならば、これまで約40年で2800万人のペースで人口が増えることを前提にしてきたビジネスモデルを、約40年で2800万人のペースで人口が減っていくことを前提にしたビジネスモデルに組み立て直さねばならないということである。企業経営者だけでなく、そのモデルのなかで生きているサラリーマンやその家族、あるいは行政も含め、すべての人が考えるべき課題である。これはものすごく難しいことで、だからこそ、日本には戦略的な知恵が求められるのである。

しかも、これを単純に人口減少という言葉で片づけてしまうと、何も見えなくなってしまう。つまり、数字だけを見ると、2800万人増えてきたトレンドが2800万人減るトレンドに入、ただけで、２０５０年の日本は１９６６年ごろの日本に戻ると考えがちである。しかし、そのありようは大きく異なっている。そこに少子高齢化の本当の意味があると言ってもよい。

１億人を超えた１９６６年に、高齢者と呼ばれる65歳以上の人の比率はわずか６・５％で10人に１人にも満たない程度だった。ところが、これから迎える２０５０年は65歳以上が38・８％で、おおよそ10人に４人である。65歳以上が10人に１人もいない１億人と、65歳以上が10人に４人の１億人とでは、社会の姿は大きく異なるだろう。現在、日本の人口に占める65歳以上の比重は約25％で、４人に１人である。それが40年後には10人に４人という状況になろうとしている。これを私は「異次元の高齢化」と呼んでいるが、今までだれもイメージしたことのない次元の違う高齢化が近くに迫ってきているのである。日本の将来を考えるにあたって、このことを必ず視界に入れておかなければならない。

もっと深刻なのは、75歳以上の割合である。私自身が含まれる団塊の世代も10年後には75歳以上になっていく。その後も75歳以上の割合がどんどん多くなっていくことは容易に想像がつく。人口が１億人になる２０５０年ごろには、65歳以上が40％になるだけでなく、75歳以上が25％になると予想されている。実数で言うと２３８５万人である。２０１１年の65歳以上の比率は23・３％だが、ほぼ同じ割合が75歳以上ということになる。

しかも、高齢化は地方と都市圏では異なるゆがんだ形で進行していく。地域ごとに見ると、地方圏の高齢者数は２０２５年にピークアウトするのに対し、大阪圏では２０４０年、名古屋圏では２０４５年、東京圏では２０５０年ごろにピークを迎える。戦後の高度成長期に、東京、名古屋、大阪などの大都市圏に人口を集中させる形で日本は成長してきた。そこで膨らんだ人口は、都市中間層を形成してきた。わかりやすく言うと、両親やきょうだいを田舎に置いて東京に出て大学を卒業し、東京の会社に入ってサラリーマンとしてがんばって働いてきた人たちが、現在、高齢者に差しかかっているのである。彼らは働きながら、結婚をして子どもをつくり、都市郊外型の東京圏でいうと国道16号線沿いにある東京都の多摩地区から神奈川県、埼玉県の草加、春日部などに、ニュータウンだ、団地だ、一戸建てだという形で住まいを持ち、会社まで1時間くらいかけて通勤しながら生活してきた。こうした人たちが定年退職して、この16号線沿いに散らばっているのである。

地方の高齢者と都市郊外型の高齢者は、決定的に違う。地方の高齢者は、自分の家が代々引き継いできた家業や生業としての農業などを基盤に持つ人が多い。年をとっても元気であればトラクターを運転しているかもしれない。また、トラクターが運転できなくなっても、作物の種をまいたり、落ち穂拾いをしたりすることはできるかもしれない。地方であれば、自分も社会に参画して貢献し、評価されてがんばっていることが実感しやすい。

ところが、都市郊外型の高齢者はその多くが元サラリーマンである。東京都心の会社に勤めていた人は退職とともに帰属していた組織を失い、団地などの地域社会に放り出される。都市中間層が高齢者となって都市郊外に配置されると、つながるものが失われて孤立した心理に陥りやすい。しかも、これらの層は高学歴者が多く、自己主張も強い。毎日する仕事もない。ぶらぶらして家にいてもいやがられるから、用もないのにどこかへ出ていかなければいけないといった形で、精神的にも所属不明の存在が生まれてくる。こうした人たちをどう支えるか、どのように社会に参画させるのかが、今後重要な問題になってくるだろう。

先ほど触れた「国土のグランドデザイン２０５０」という報告書では、今後日本が進むべき国土政策の方向性として「コンパクト＋ネットワーク」というキーワードを挙げている。人口が5割以上減る地点が国土の63％という状態は、極端に言うと東京首都圏だけに人口が集積し、ほかの地域は人があまり住まない場所になっていくというイメージだろう。そうならないようにするには、人口10万〜30万人ほどの集約化しコンパクトになった地域同士をネットワークで効率的に結びつけることで、快適な生活ができるようにしなければならない。例えば、行政、教育、医療や介護などのサービス施設、それから最近は買い物難民という言葉さえ出てきているが、日常生活に必要なものが買える商店、あるいは娯楽施設などを、ネットワークのなかで適正に配置するのである。人口が減るからといって、国全体が衰亡するわけではない。しかし、衰亡させないためには知恵と戦略と構想が必要なのである。

そこで、「移動と交流」が今後のキーワードとなる。もちろん女性が子どもを産み育てやすい社会をつくることも重要で、大いに努力を傾ける必要もある。その一方で、それでも起こる人口減少と少子高齢化に対しては、移動と交流による活性化を視界に入れていかざるを得ないのである。

将来の若者が創造力を発揮できる新しい創造のプラットホームを

ここまで、日本の4年連続の貿易赤字、1人あたりGDPで見たアジアにおける地位の低下、急速に進む家計の貧困化、人口減少と高齢化の4つの事実を指摘してきた。貿易赤字と1人あたりGDPの低下は、世界のなかで日本の相対的な貧困化が進んでいるということであり、そのなかで急速な人口減少と高齢化に対応した社会をつくっていかねばならないことがわかる。現在、日本が将来、今以上に成長・発展していくために、長期的な視野に立った新しい構想が求められていることだけは事実なのである。

ここで、改めてじっくりと自分自身に問いかけてみるべきことは、この「成長・発展」についてである。日本がこのままゆっくりと衰亡していってどこが悪いのかという人もいる。名もなく貧しく美しく、自然に還りながら緩慢なる衰亡のなかで日本は生きていくという将来像である。

日本の人口は2100年には4959万1000人になるが、過去にさかのぼるとその規模の人口だったのは1907年ごろである。日露戦争が終結して2年後であり、ちょうど司馬遼太郎の『坂の上の雲』が舞台として描いていた時代である。日本はこれから産業力も衰え、国際社会のなかで先進国というカテゴリーからはずれても、あの『坂の上の雲』の時代に戻って、もう1回、名もなく貧しく美しくというところから、絆と連帯で思いやりのある社会をつくっていけばよいというイメージで未来を描こうとする人もいるかもしれない。

しかし、その時点の若者たちが将来に希望が持てるかというと、話はそれほど簡単ではない。確かに人口だけで見ると、『坂の上の雲』の時代の日本に戻ることになるが、１９０７年ごろの65歳以上の人口比率は５％であり、それが４割を超えるという２１００年とは、社会のあり方自体が大きく異なる。

これはいかに大変な社会か、想像してみるとすぐにわかる。65歳以上の人口比率が４割を超すということは、20歳以上の有権者人口に対して65歳以上の占める比率は5割を超す。若い世代はほかの世代と比べて、相対的に投票に行かない人が多いことを考えると、投票の過半数を65歳以上の人が占めることになる。つまり、高齢者の高齢者による高齢者のための社会をつくっていくことになりかねない。若い世代が新しいことに挑戦しようにも社会的には実現しづらいという、閉塞感に満ち満ちた国になる可能性がある。

私たちが今するべきことは、このまま著しく貧困化して、名もなく貧しく美しく、緩慢なる衰亡の時を迎えるといった未来像を描くことではなく、現在、日本人が享受している一定の豊かさを、次の子どもたちの世代にも伝えつつ、若者がより創造力を発揮できて、さらに新たな付加価値を生み出すことができるようなプラットホームを準備することではないか。これ以上の豊かさはいらないという人はいるかもしれないが、実際には日本はそれほど豊かではなく、むしろ徐々に貧困化しているというのが、最初の問題意識である。

私が自分自身に問いかけても、社会の４割をも占める高齢者が、数の少ない若者たちにすがって、年金を手にして生活する社会がよいとはとても思えない。新たなプラットホームは若者だけでなく、高齢者自身も創造力を発揮して社会参画をしながら、社会を支えられるようなものであることも大事である。すでに議論になっているように、高齢者は65歳以上ではなく75歳以上として、65歳で社会から引退するのではなく、75歳までは社会に積極的に参画して支える側に回ることができるような設計図がやはり正しいと思われる。

若者に新たな創造のための可能性を与えて、高齢者は若者に重い傘の雪としてのしかかるのではなく、自らも創造し社会を引っ張る役割が与えられるようなプラットホームをつくるべきである。これは私が新・観光立国の議論を行うときの基本思想になっていることも付け加えておきたい。

第2章

脱工業生産力モデルへの挑戦としての観光立国の試み

——「移動と交流」が救う日本の未来

外貨を稼げるターゲット産業が生まれた時代の終焉
――「工業生産力モデル」＝通商国家の優等生として生きた日本

ここでは日本産業が新たに進むべき方向感を示しておきたい。まず、着眼点としての脱工業生産力モデルについて視界を整理したい。「モノづくり国家・日本」という幻想から抜け出ること。つまり、工業生産力モデルの成功体験から一歩前に踏み出るべき時だという認識である。

述べておかなければならないのは、これまでのモノづくり国家・日本を否定しようとしているのではないことである。モノづくりや技術に対するこだわりは日本の基盤となっているだけでなく、それをより付加価値の高いモノづくりができるように変えていこうとする考え方はこれからも重要である。そういう意味では、今まで工業生産力モデルを探求し、その優等生として付加価値の高い工業生産品を世界に送り出すことで日本は豊かになってきた、という事実はしっかり踏まえるべきである。

戦後日本が工業生産力モデルに向かうことを可能にした国際環境が存在したことを認識すべきであろう。戦後の国際社会では、それぞれの国が得意とする生産を行い、不得意とするものはほかの国にゆだねるのがよいといった「比較優位」という考え方が一般的になった。その上で、国家間での貿易を通じて発展していくのが、最も効率的だというわけである。

戦後、世界は東西冷戦となり、社会主義国家と自由主義国家が角を突き合わせてイデオロギーの対立を繰り返していたが、同時に西側社会ではＩＭＦ・ＧＡＴＴ体制と言われたように、第一次世界大戦後のブロック経済化が第二次世界大戦へ行き着いたという反省もあって、自由貿易によって世界貿易の拡大を目指して市場開放を行っていく流れにあった。さらに、冷戦終結後の１９９５年には、ＧＡＴＴが発展してＷＴＯ（世界貿易機関）となり、貿易を通じた繁栄がいよいよ世界の常識になっていった。その間、半世紀にわたるイデオロギーの対立は確かにあり、政治的には東西の壁がそびえ立っているように見えたときもある。しかし、イデオロギーで対立のなかにあった日中関係においても、国交が回復した１９７２年以前の１９６２年に廖《りょう》承《しょう》志《し》と高碕達之助の間に覚え書きが交わされて、いわゆる「ＬＴ貿易」が始まっていた。このように、戦後の世界には国際分業論を軸にした国際的な相互利益を実現していこうという背景があったからこそ、工業生産力モデルを基軸にして日本は発展を享受できたとも言える。

　そのなかで日本は先進国に追いつき追い越せという形で走ってきた。第二次世界大戦での敗戦を、「物量による敗戦」と総括した日本は、アメリカをモデルにし、その物質的な豊かさに憧れて、外貨を稼げるターゲット産業を次々と育成してきた。

　一時、日本人は海外で「トランジスタラジオのセールスマン」とまで言われていた。いち早く、ソニーというブランドがトランジスタラジオをシンボルにし、外貨を稼ぐ戦いに出た。次に白黒テレビ、カラーテレビ、ＶＴＲ、デジタルカメラと外貨を稼げる花形の電気製品が続いた。それが時が経つにつれて、徐々に海外へ技術と生産拠点が移転していき、やがて輸出よりも輸入が多くなってきたのが現在である。この流れを「プロダクトサイクル」と言う。

工業生産力モデルの優等生となって、そのことによって外貨を稼いで、経済の規模を拡大することで国民を豊かにしていく。その思想を象徴するコンセプトが、松下電器の創業者である松下幸之助のＰＨＰである。ＰＨＰとは「Peace and Happiness through Prosperity（繁栄によって平和と幸福を）」の頭文字をとったもので、松下電器がエレクトロニクス産業のフロントランナーになっていくためのキャッチフレーズがＰＨＰだったのである。これほどその時代を象徴している言葉はないだろう。ここで言う繁栄とは、国際分業論にのっとって、日本が工業製品を生産・販売することである。ノンフィクション作家・石川好の小説を原作にした映画『ストロベリー・ロード』があるが、そのなかに松下電器の社員が１９６０年代のカリフォルニアの日系人社会のなかで、旗を立てて「明るいナショナル」の音楽を流して電気釜を売り歩くシーンが出てくる。やがて松下電器は国内向けのブランドだったナショナルの名をパナソニックに変えて、世界へと本格展開する。

一方、着実に力をつけてきたのが自動車産業である。工業生産力モデルでの日本の発展がこの自動車産業に現れていると言ってもよい。最初にアメリカに輸出されたスバル３６０はアメリカの高速道路を走っただけで火を噴き、「バンパーでスイカも割れない」と揶揄《やゆ》されることもあった。日産は当初、脱兎のごとく速い自動車というイメージでダットサンというブランドをつくったが、１９５０年代の終わりごろからアメリカなどの世界に乗用車を輸出し始めることになると、ダットサンという言葉は英語での響きがまずいと言われ、やがてニッサンというブランドに切り替えた。

トヨタのアメリカへの自動車の輸出は１９５７年からである。それから12年後の１９６９年にはすでに世界への輸出累計１００万台を達成している。ホンダはまず二輪車（オートバイ）の販売でアメリカに上陸。１９７０年からは四輪車の販売も開始した。１９７３年のオイルショックを経て、燃費のよい日本の小型車に注目が集まり、故障の少なさでも信用を得た。ホンダは低公害エンジンを搭載したシビックで大きく評価された。日本車はシェアを拡大し、１９８０年代には日米の貿易摩擦の象徴としてやり玉に挙げられるようになった。その後は現地生産化を進めつつ、日本の自動車産業はアメリカのビッグスリーをしのぐシェアを占めるほどになり、世界の自動車産業のリーディングヒッターになるところまで成長したのである。このことはもちろん日本産業の誇りであり、強みであるが、裏を返せば日本の産業構造全体が自動車産業に対して過剰なまでに依存するという弱みにつながっていることも事実である。

自動車産業とともに、日本の工業生産力モデルで中心的な役割を担ったのは鉄鋼業である。素材に近い鋼板から、今日では新しい付加価値の高い鉄鋼製品の開発に成功してきた。例えば、シームレスパイプは文字どおり、継ぎ目のない鋼管で、接合部がなく均一であるためにひびなどが入りにくく、石油や天然ガスの採掘の現場で使われている。この分野では長年日本のメーカーがリードしてきたが、近年、北米で起きているシェールガス革命でも欠かせないものとして、新日鐵住金やＪＦＥスチールなどの日本の技術が改めて注目され、急速に需要を伸ばしている。また、自動車用の鋼板では、高い剛性を持たせると同時に軽量化を図るための高度な技術革新が進んでおり、この分野でも日本のメーカーはトップに立っている。しかし、日本の鉄鋼業の成長にも限界はあり、粗鋼生産量で見ると、中国は２００３年に２億２０００万トンだったものが２０１３年には８億２０００万トンにまで拡大しているが、日本はこの10年ほど、ほぼ１億トン強の生産量にとどまったままである。日本の鉄鋼業は量で勝負するのではなく、付加価値を高めることで、生き残りを図っている状態なのである。

工業生産力モデルに限界があることを認識しつつも、さらなる探求が必要なことは間違いない。これまで日本の企業が研究開発で培った技術をベースに、現在の工業生産力モデルをさらに進化させていかねばならない。もちろん、モノづくり国家・日本として、自動車、鉄鋼、エレクトロニクスも重要だが、それらだけに過剰依存しないで、新しいプロダクトサイクルを創出していくことも必要になってくる。高い技術が求められ、付加価値が高い産業の候補としては、航空機産業、ロボット産業などが考えられる。また同時に、システム輸出にも力を入れていく必要がある。例えば新幹線だが、これは車両だけでなく、管理・運営を含む交通システム、インフラストラクチャーなど、高度なシステムをパッケージとして輸出していくのである。日本が外貨を稼ごうと思うなら、そうしたシステム型の輸出に移行せざるを得ない。

モノづくり産業の高度化には、それを支える人材の育成が鍵となる。いくら日本がモノづくりで勝負するといっても、これからを担う若い人たちに対して、企業という枠組みのなかで従来型のこつこつとモノをつくる現場を支える職工になってくれることを期待するのには疑問を呈したい。やる気のある若者ほど、同じモノづくりといっても、その技術を発展させ、応用させることで、どんな新しいものが生み出せて、どのように世界を変えていけるのかに興味を抱くはずである。工業高等専門学校の生徒たちが、目を輝かせながらロボットの大会に出場し、世界の若者とその技術を競い合うのが当たり前の時代である。新しい産業は高付加価値を生むだけでなく、夢のあるものでなければならないだろう。

工業生産力モデルからの脱却に向けて

前章において、日本産業が抱える4つの課題を論じてきた。従来の発想で工業生産力だけに依存して、この国をより豊かで国民が安定した経済生活を送りうる国にすることは限界があるだろう。日本人のなかには、もはやこれ以上の豊かさはいらないという考えの人も存在する。物的豊かさが幸福をもたらすという時代は終わったかもしれない。

実際、日本経済は1人あたりGDPが1000ドルだった1966年から、2014年には3万6

000ドルにまで発展した。これで十分ではないかという考え方である。しかし、何度も述べたように、日本はアジアのなかでももはや先頭ではなく、4位にまで落ち、アジアトップのシンガポールには2万ドルも差をつけられてしまっている。世界では27位である。新しい形で豊かさを探求すべき局面に来ていると言えるだろう。また、勤労者世帯可処分所得の低下に表れているように、日本では中間層が没落し、貧困化が進んでいる。中間層を底上げする産業面での戦略が求められていることは事実なのである。

戦後日本は工業生産力の向上に照準を合わせ、通商国家モデルの優等生として走ってきた。私自身の歩みを振り返ってみても、商社に籍を置くことで日本の貿易戦線の先頭を走り、効率的な原材料資源の輸入とそれを加工した製品の輸出という形でとにかく外貨を稼げる産業を育てて、「国際収支の天井」を上げることを至上命題と信じて生きてきた。「国際収支の天井」とは『経済白書』が使ってきた言葉で、外貨を稼ぐ輸出品目がないから、買いたい物も買えない、輸入したくても輸入できないというジレンマを表現したものである。つまり、敗戦国だった日本が1956年の『経済白書』で「もはや戦後ではない」と表現したあと、1970年代に至るまで、「国際収支の天井」を上げることは日本の国家的命題の1つだったのである。

私が三井物産に入社したのは1973年である。自分よりも10~20歳くらい上の先輩たちは商社マンとして、1950年代から60年代半ばぐらいまでにかけて、つまり、1人あたりGDPが1000

ドルを超すまでの時期に、日本の貿易戦線の先頭を走った世代である。そうした先輩たちが私たちによく言っていたのは、「お前たちは贅沢になり、商社マンとしてはだめになってきた」ということだった。「俺たちはな」という思い出話のなかに描かれる商社マンは、確かに自分たちの時代とはまるで違う役割を果たしていたことに気づかされ、私は身震いを覚えることもあった。

例えば、ニューヨーク駐在と言っていても、先輩たちがやっていた仕事の中身はその後の日本の商社マンが担った仕事とは大違いである。１９５１年に締結されたサンフランシスコ講和条約で日本が独立国として認知されるまでの間、日本からの輸出品にはMade in Occupied Japan、つまり「占領下の日本製」と刻印されていた。その輸出品とは、例えばブリキのおもちゃ、三条燕の洋食器といったものである。現在、アメリカのアンティークショップでMade in Occupied Japanと入っているものを見つけたら買っておけというほどのレア物になってきていて、私も見つけて、いくつか買ったこともある。別の言い方をすると、日本はその程度のものしか売るものがなかったのである。

先輩たちはボストンバッグのなかにクリスマスツリーのランプや三条燕の洋食器の見本を詰め込んで、敗戦国の人間としてけんもほろろの応対を受けながら、それらを売り歩いた。会社のなかでは物資部門という言葉を使っていたが、主力品目ではないアザーズ、つまり雑貨が主力商材だった。当時はそうした雑貨のたぐいで外貨を稼ぐしか方法がなかったのである。これではいくらがんばっても、エネルギー資源や食料を十分に買うことができない。売る物がないから買いたくても買えない、それを「国際収支の天井」と言ったのである。

日本は電気製品、自動車、鉄鋼など、より付加価値の高い工業生産力を身につけることで、「国際収支の天井」を超えて、今日まで豊かになってきた。今後も航空機産業、ロボット産業など、付加価値を高めるモノづくり分野の成長は大いにありうる。

しかし、世界を見渡すとそれとても必ずしも日本の独壇場とは言えない。近隣のアジアの国々もそうだが、日本の先端技術を急速に吸収し、苛立つぐらいあっという間に追いついてしまう。例えば、台湾は日本の技術によってＯＥＭ（相手先ブランドによる生産）を行う島だと見下して考えていたら大間違いで、今や台湾企業のほうが力をつけて、日本の技術を吸収しながら、「技術を持った日本企業の買収」といった次なる展開に進み始めた時代である。ほかの国は遠く後ろにいると思っていても、どんどん追い上げてくるのである。

これはモノづくり国家の宿命とも言える。現代のようなネットワーク社会、情報化社会では、日本だけがモノづくり国家において繁栄することはあり得ない。日本も常に前に出る努力をしなければならないのは当然である。そのシンボリックなターゲットとなっているのが、例えば、中央リニア新幹線の超電導リニアといった鉄道技術であり、航空機産業であればＭＲＪなどの中型ジェット旅客機の国産化であり、高度組み立て産業の先にあるロボット産業などである。さらにシステム輸出、パッケージ輸出という形でモノづくりを基盤にした輸出産業の高度化も真剣に模索されねばならない。

しかし、こうした技術開発に力を入れ、日本が世界をリードするというシナリオを描いても、例えば航空機産業では中国のほうが日本のＭＲＪよりも先行して１００人前後乗りの中型ジェット旅客機をすでに完成させ、ロシアも3年以内に投入する予定で、現実問題としては激しい競争にさらされている。日本のＭＲＪは現在、世界各国から４０７機の受注があるが、１０００機の規模になってこそ、ようやく産業として第一歩を踏み出したと言えるだろう。

工業生産力モデルは大切であるが、それだけを生真面目に探求していればよい、というわけではない。工業生産力モデルや通商国家モデルの優等生として酔いしれているだけではだめなのである。成功体験は必ず落とし穴を生む。おじいさんの自慢話を聞かせているうちに孫が食うや食わずになっていくのは、この世界ではよくあることである。そういう意味で、現在、工業生産力モデルだけではなく、脱工業生産力モデルという方向感が求められていることをしっかりと押さえておきたい。

「移動と交流」は地域の活性化のキーワード

脱工業生産力モデルを志向するキーワードは「移動と交流」である。一国自己完結型では、グローバル化時代には活力を保つことはできない。つまり、シンガポールやデンマーク、スイスといった1人あたりＧＤＰで日本を凌駕する豊かな国々を見ると、自国だけで囲い込んだ内向きな国ではなく、開かれた国として、国際社会との移動と交流によってネットワークを形成し、豊かになっていることに気づかされる。別の言い方をすると、グローバル化のなかで移動と交流によって国を豊かにしていくという発想が今後、きわめて重要になってくるということでもある。

移動は活力をもたらし、人間を賢くする。この考え方について、改めて触れておきたい。これは私自身のこだわりであり、確認してきた世界観でもある。

序章でも触れたとおり、20万年前に生まれたホモ・サピエンスは、約6万年前にアフリカからユーラシア大陸へと移動し、「グレートジャーニー」と呼ばれる旅を始めた。人類は移動を通じて環境に適応する知恵を身につけたのである。チンパンジーと人間のＤＮＡの違いである1〜2％は、意思疎通や言語能力といった事柄に関わるものであることが検証されている。そして、この進化の鍵は、移動を通じて驚きを覚える力であるというのである。

「鎖国」と言われた江戸時代の日本でも、長崎・出島を通じて世界の動きが伝わっていた。出島にやってきていたのはほとんどがオランダの商人だったが、なかにはオランダ商館付の医官として、ドイツ人のケンペルやシーボルト、スウェーデン人のツエンベリーといった知的な人物も滞在し、のちにいずれも日本に関する書物を残している。彼ら医官によって、17〜18世紀のオランダのすぐれた医学が日本にもたらされることになった。

江戸時代前半は、医学と言えば、人体を「五臓六腑」という中国伝来の医学で理解することが普通だった。越前小浜藩の藩医の息子として生まれ、漢学や医学を学び、自らも藩医となっていた杉田玄白は、1771年、江戸参府中のオランダ商館長一行から、『ターヘル・アナトミア』を購入する。これを原典に翻訳したのが『解体新書』であり、のちにその経緯を記したのが『蘭学事始』である。鎖国の閉ざされた状況下であっても、わずかに外に開いた長崎・出島を通して、医学だけでなく、さまざまな知見がヨーロッパからもたらされた。交易による外の世界への気づきが、やがて科学技術の導入へとつながり、日本近代化の基盤となっていった。まさに移動と交流が国を変えたのである。

外の世界への気づきはどんな人でも体験することである。旅に出ると、そこになにがしかの気づきがある。季節の変化だったり、地域の文化の差だったり、自分の住み慣れた故郷とは違う部分に気づく。人間の賢さがスパークする瞬間とは、まさしくこの「気づき」なのである。

新幹線で東京から大阪に行くとき、飲まず食わずで行く人はめったにいない。移動の途中で飲もうとキオスクでコーヒーを買ったり、週刊誌などを求めたりすることもある。移動をきっかけに人間は気分が高揚し、変化を求める行動に出ることが多くなる。人間は移動することで、消費が活性化されるのである。

人と人の交流は活力を生む。確かにこのままではこれからの50年ほどで、日本列島から約3000万人の人口が消えることになる。人口減少は避けたほうがよいが、人口が減少したからといってそれが衰亡につながらないための知恵が必要になってくる。それは、人を引きつける力であり、交流なのである。

海外から人を呼び込むだけでなく、国内の移動を活性化させることも大切である。先に示した「二地域居住」は、都会で生活している人が単に休日に観光で地方に行くだけでなく、地方の農業生産法人などの活動に参加する形で、移動にかかるコストにプラスした収入を得ながら、特定の地域のなかで交流を行うといったライフスタイルのことを示している。都会でサラリーマン生活を送った人たちが、退職後にこうした形で動き始めると、必ず消費につながっていく。二地域居住とは、別荘などを持って単に二地域に住まうという話ではなく、居住する地域で人と人とのネットワークをつくり、交流し始めることであり、必ず人は消費に結びつく行動を起こし、それが地域を活性化することにつながっていく。

移動と交流による活性化は、これからの世界を描くときの基本思想になっていくだろう。人の移動と交流によって付加価値を生んで、地域に活力を与え、盛り上げていく。それゆえ、日本活性化のキーワードの1つは観光であり、その先にあるのが観光立国論なのである。

観光立国論を成立させるための装置

ただし、こうした観光立国論にも落とし穴があることにも向き合っておくべきである。日本は海外からの観光客が２０１４年に１３４１万人となったが、政府は２００８年に観光庁をつくり、現在、訪日外国人３０００万人プログラムを進めている。しかし、観光を本当の意味で産業化し、花開かせていくためには、観光に対する深い問題意識が必要だということを言っておきたい。

そもそも「観光」という言葉は、江戸末期に幕府がオランダから蒸気船を贈られ、それに観光丸という名前をつけたところから徐々に使われるようになったことは、序章でも述べたとおりである。中国の『易経』の「観国之光」からとられたものである。一方、英語で観光にあたる言葉はツーリズム（tourism）だが、その定義を調べてみると、そのイメージがよくつかめる。ツーリズムとは報酬を得るための移動ではなく、１年以内の移動で非日常生活を体験・追求することだ、とする考え方がある。もちろん、この定義に対しては、１年以上をかけて移動する場合は観光ではなくなるのかなど、細かい点に異論をはさむときりはないが、観光のイメージとしては、おおむね妥当と言えるだろう。

近代世界で初めてツーリズムが興ったのは１８４１年のこととされている。現在、トラベラーズチェックを発行しているトーマス・クック社の創立者、トーマス・クックがヨーロッパの鉄道パッケージツアーを思いつき、催行したのがこの年である。

観光は「非日常生活を追求すること」だというのは、実際、人間が日常の制約から離れて、知的な欲求を満たすために動き回ることを意味しているからである。その意味において、先に触れたように「移動すると賢くなる」のである。例えば、サラリーマンとして会社のなかで埋没して生きてきた人や、役人として組織でがんじがらめになっている人が移動し、観光を行えば、新たな刺激を受けて賢くなるのは当然のことである。人類は移動による解放感のなかで驚きの発見をしながら進化してきたのだとすると、観光は人間を解放し、可能性を拡大するという大変意義深いムーブメントであることも事実である。

海外から3000万人の観光客を引きつけて日本を元気にしようという考え方は、正しいように見える。しかし、2泊3日で料金3万円の安手のツアーによって、訪日観光客を3000万人に増やせばよいわけではない。「百聞は一見にしかず」で体験した人にとっては意味のあることだが、これでは観光産業を花開かせるには限界がある。観光は双方向であり、訪れる側も受け入れる側も、変わっていかなければならない。

世界の国々で、観光立国で成功している例を見ていくと共通の特徴がある。フランスでは人口6600万人ほどの国に、それを上回る年間8000万人以上の観光客が世界から押し寄せてくる。しかも、フランスを訪れるその8000万人の観光客は、必ずしも2泊3日で3万円のツアー客というわけではないのである。むしろハイエンドな情報欲求を持った人たちが大勢リピーターとなって、フランスに引きつけられていることに気がつくべきなのである。

スイスもしかりで、人口を上回る観光客を呼び寄せて成功している。やはり、ここでも2泊3日で3万円のツアー客ではないことは確かで、情報欲求の高い人を引きつける何らかの装置がないと観光立国にはならないのである。

フランスモデルの中心であるパリを考えてみると、確かにモンマルトルの丘やエッフェル塔に登りたいというツアー客もいることはいる。しかし、それは1回行けばよいもので、リピーターとして何度もパリを訪れる人が多いのは別の魅力があるからだ。第3章でより詳しく触れるが、それは単に文化に引かれてというだけではなく、フランスのパリにも、スイスのジュネーヴにも、国際機関が数多く集まり、日常的に情報の集積が行われる仕組みになっている。それぞれの機関では頻繁に会議やイベントが行われ、世界中から専門家が集まって情報が集積されると同時に交流の場にもなっている。それぞれの分野で良質の情報にアクセスするためには、そこに行かざるを得ないのである。

それにしても、移動と交流はなぜ人を賢くするのだろうか。「賢さ」とはつながりを理解する知性のことだろう。それは歴史のつながりであり、空間のつながりであり、物事のつながりである。今、自分の目の前で起きていることを、時間軸のなかで捉え直し、世界に広がる空間軸のなかで位置づけを行い、それぞれの事象の相関関係、相互依存関係を見いだし、どこまで深く理解できるかが「賢さ」なのである。

昔から「かわいい子には旅をさせよ」という言い方があるが、それは限りなく正しい。私が教えている学生たちには、一度はアジアを旅してくることを勧めている。実際それに従って旅に出た学生たちは、自分が今までいかに日本の恵まれた環境で育ってきたのかに気づき、顔つきが変わって戻ってくる。

鈴木大拙が言い続けた「外は広く、内は深い」という言葉がある。外の世界の広がりや多様性に目覚め、その地で生きる生身の人の心に触れてこそ、民族、宗教を超えた人間の価値に気づくのである。内と外、縦と横の関係を意識するきっかけとして、移動と交流はきわめて大切だと言えよう。

第3章 世界の事例に学ぶ

——統合型リゾートとツーリズムの多様な姿

統合型リゾートの先行モデル、シンガポールに学ぶ

統合型リゾートとは、会議（Meeting）、研修旅行（Incentive Travel/Tour）、国際会議（Convention）、展示会（Exhibition/Event）を目的としたＭＩＣＥ施設、ホテル、ショッピングモール、レストラン、劇場・映画館、アミューズメントパーク、スポーツ施設、カジノなどが一体となった複合的な観光施設を中核とするトータルな観光資源を総合プロデュースする観光戦略の展開を意味する。

なぜ今日本に統合型リゾートが必要なのかについて、さらに議論を深めていこうと思う。まず、これまでの議論を思い出していただきたい。日本産業の課題は「サービス産業の高付加価値化」である。なぜならば、この10年間に４００万人近くの就業人口が製造業と建設業からサービス業へ移動したが、この分野で得られる平均年収は３００万円程度で、製造業や建設業に比べて１５０万円以上低い。サービス産業の就業人口は増えているが、わかりやすく言うと、中身は介護やタクシー運転手、ガードマンといった職種での就業者増が多い。ここの分野をより高収入の得られる環境に変えられるかどうかが、日本をこれ以上豊かにできるかどうかの鍵になっている。

日本を観光立国にすると言っても、２泊３日で3万円のツアー客だけを集めていたのでは限界がある。では、日本の観光産業にはどのような発想が必要になるのか。そこで登場してくるのが、統合型リゾートへの挑戦である。単なるリゾートではなく、さまざまな観光資源を掘り起こして観光施設を

複合化させる統合型リゾートであることがポイントである。

最初に確認しておきたいのは、この統合型リゾートはカジノありきではないということである。なぜそれを強調するのかと言うと、統合型リゾート、あるいはＩＲという言葉を使うと、多くの人が日本もついにカジノを解禁するのかといった議論にだけ傾斜し、賛否いずれかを問わず、興奮し始めるからである。まず行うべきは、観光産業の付加価値を高めるために、カジノも１つのコンテンツとして視界に残しながら、本当の意味での統合型リゾートは何かを考え、構想をしっかりと踏み固めておくことである。

まず、議論をわかりやすくするために、統合型リゾートの成功モデルを眺めてみることにする。最初に検討したいのはシンガポール・モデルである。人口５４０万人程度の国が年間にその３倍ほどの外国人観光客を呼び寄せている。その理由は何かというところがポイントである。

シンガポールは２０１０年に２つのカジノを開設した。ユニバーサル・スタジオ・シンガポールなどが入っているリゾート・ワールド・セントーサと、ダウンタウンに近いマリーナベイ・サンズである。リー・クアンユー首相は当初、「自分の目の黒いうちにはカジノはさせない」とまで発言し、カジノ開設に反対していたが、先を見通す力のある賢い男だから、最終的にはカジノも統合型リゾートに必要とされる人を引きつける装置の一翼を担うものだとして、慎重に条件をつけて開設に踏み切った。このカジノ開設が大きな要因になって、シンガポールを訪れる人が増えたと単純化して理解する向きもあるが、実際にはカジノのインパクトはさほどでもない。統合型リゾートを本当の意味で理解し、シンガポールの活力の源泉を正しく認識しないと、シンガポール・モデルの成功の意味がわからないだろう。

私にとってシンガポールのツーリズムで最も印象的なのは、医療ツーリズムの中心地だということである。シンガポールは情報通信技術（ＩＣＴ）分野に力を入れ、東南アジアにおける情報技術センターの役割も担っている。それと同時に、バイオテクノロジーの研究開発にも力を入れていて、世界の医療関係者、製薬メーカーなどから注目を集めている。２０１４年のシンガポールの１人あたりＧＤＰが５万６０００ドルとアジアで１位なのは、ＩＣＴとバイオテクノロジーの研究に真剣に取り組んで、その上にさらに大きな医療産業が成り立っているからでもある。

実際、シンガポールを訪れた人がすぐに気がつくのは、大規模な病院が数多く存在するということだろう。シンガポールはその成り立ちから、中国本土や華僑ネットワークからなる大中華圏の重要な拠点である。その大中華圏の富裕層がシンガポールの進んだ医療を期待して、検診、治療などの医療目的の観光にやってくる。

その背景には、シンガポールならではの医療関連の規制緩和もある。最先端のバイオテクノロジーや遺伝子治療の研究開発が行いやすいため、世界中から優秀な研究者が集まっている。シンガポールは華僑と印僑が織りなす街という言い方のとおり、人口の74％が華人・華僑とも呼ばれる中国系、

13％がマレー系、9～10％がインド系の人たちである。シンガポールの医療産業の根幹を支えているのは、インド系の医師だと言われる。シンガポールはハイエンドな知的労働者を世界から引きつけて職場を提供し、働かせる仕掛けも持っているのである。

そして、医療目的の最先端の遺伝子解析ができるとか、日本では認可されていない薬剤が使えるといった理由で、検診や入院治療を受けたいという富裕層が、主に大中華圏から吸い寄せられてくる。こうして医療ツーリズムがシンガポールでは1つの産業の基盤になっているのである。

あえて付け加えるなら、私はシンガポールが高付加価値を生み出す原点は教育にあると思っている。その教育システムは驚くべきエリート主義である。小学校4年の修了時に試験が行われ、レベルごとに進むコースが決められる。中学、高校と進学するにしたがって、レベルの上位の者はどんどんすぐれた教育が受けられるようなシステムになっている。シンガポールはエリートのエリートによるエリートのための国家のようなところがあり、ある意味ではそれがシンガポール・モデルの影の部分だとも言える。リー・クアンユーの人間観が、シンガポールの教育を現在のような制度設計にしてしまったと言われている。

人間には才能のある人と才能のない人がいて、才能のない人に国家の資金を投入して育ててもしょうがないと考えるのである。才能に恵まれない人には手に職をつけさせる。優秀な人間には国家のサポートで、海外に留学させたあと、エリート官僚として登用する。彼らは世界中の知恵を吸収して戻ってきているので、さまざまな政策において、シンガポールでなければやれないと思われるような冒険的な試みに、大胆果敢に踏み込んでいく。

例えば現在、日本では自動車社会の未来像として、すべての車両に対するＥＴＣ搭載の義務化が議論されているところである。シンガポールはいち早くＥＴＣを義務化し、搭載していない車は中心部に入ることもできない。このＥＴＣによってトレーサビリティを高め、時間帯によって、通行できる車両を振り分けたり、安く走れる時間帯と高くなる時間帯を設けたりして、交通渋滞の緩和を図っている。極端なケースでは、今日はナンバープレートが偶数番号の車だけしか走れないとするのである。そのため、富裕層は偶数と奇数の車を所有するようになるなど、新たな需要が喚起される効果も生んでいる。

これを日本でやろうとすると、富裕層以外はどうするのか、ＥＴＣを搭載できない人にとっては不平等ではないかという意見が必ず出され、議論しているだけで何年も経ってしまう。その結果、１レーンくらいはＥＴＣを搭載していない車両用に残そうという話になり、そうするとそのために働き手を雇用する必要に迫られ、当初の目的の１つだった合理化、省力化が中途半端な形にとどまることになってしまう。

それに対して、シンガポールはエリートが思いついたことをどんどん実行していく。不平等ではないかといっても、シンガポールはそういう国だということでおしまいである。先にシンガポールはエリートのエリートによるエリートのための国家だと書いたとおり、そのエリートが描いたシナリオを見ているだけだと、非常にすぐれた試みを行う国のように思えるが、当然、影の部分もあるのは事実である。

さて教育機関に目を移すと、シンガポールはＡＳＥＡＮの一大教育センターとなっている感がある。世界の一流大学が設立したシンガポール校には修士課程、博士課程もあり、博士号をシンガポールでとることができる。

身近な話で言うと、早稲田渋谷シンガポール校という教育機関がある。私が学長を務めている多摩大学の経営母体は学校法人田村学園で、その関連学校には進学校としても有名な渋谷教育学園がある。そこがシンガポールに住む日本人の子どものために設立した高校が早稲田渋谷シンガポール校なのである。成績が一定以上であれば、そこから日本の早稲田大学に進学できることもあり、実際にはシンガポールだけでなく、タイ、ベトナム、インドネシア、フィリピンも含め、ＡＳＥＡＮの日本企業で働く社員の子どもたちが数多く集まってくる。これもシンガポールが東南アジアの教育センターになっていることの１つの例である。教育分野でさえ、人を引きつけて付加価値を生み出す装置がシンガポールにはあると言える。

こうした背景があって、シンガポールに統合型リゾートができたのである。マリーナベイ・サンズには、世界的に見ても大規模なコンベンションセンターがあり、その国際会議場は１万１０００人を収容可能で、これを利用したコンベンションが年間に何度も開催されている。日本で古くから国際コンベンションによく使われる国立京都国際会館は、最大で約2000人が収容できるのみである。日本の5000人規模の大きな施設としては、東京国際フォーラムやパシフィコ横浜（横浜国際平和会議場）があるが、世界と比べても、またシンガポールと比べても、国際コンベンションの施設としてはかなり見劣りがする。

シンガポールの医療ツーリズム、各教育機関、さらにはコンベンション機能などを見ていくと、徐々に具体的な統合型リゾートのイメージが浮かび上がってくるだろう。統合型のシステム設計があってこそ、観光によって世界のハイエンドな人たちを呼び寄せられるのである。

シンガポールのカジノ導入についても創意と工夫がある。先ほど触れたとおり、シンガポールはカジノの導入に積極的であったのではなく、むしろ慎重すぎるほど慎重だった。1997年にリー・クアンユー首相は「自分の目の黒いうちにはカジノはさせない」と言っていたが、熟慮の末に導入に踏み切り、2010年になってシンガポール初のカジノを2か所オープンさせたのである。世界にはアメリカやマカオなど、カジノをコンテンツの1つとして含む統合型リゾートの先行事例が多くあるが、日本にとってそのなかでもシンガポールの事例が注目に値するのは、もともとカジノ導入に慎重だったからであり、そうした国が熟慮を重ねて、最終的には導入へと舵を切った興味深い事例だからである。

特に注目すべき点は3つある。まず、カジノ運営には専門的な知識が必要とされるため、すでにノウハウを積み上げてきている外国資本の存在を無視するわけにはいかない。しかし、外国資本を優遇すると当然のことながら、現地資本との間であつれきが生じることになる。カジノによる波及効果も含めて、さまざまな利益を外国資本の都合がよいように利用されてしまうおそれもある。そこで、シンガポール政府はカジノを認可するにあたって、外国資本と現地資本による2つのプロジェクトを実施させたのである。私自身もあれほど慎重だったシンガポールが、カジノを導入するにあたり、いきなり2か所を同時にオープンさせたことに唐突な印象を抱いたが、そうした理由からだったのである。

ダウンタウンに近いマリーナベイ・サンズは、ラスベガスやマカオで統合型リゾートを運営するラスベガス・サンズという外国資本によるプロジェクトである。もう1つの中心街からやや離れたセントーサ島のリゾート・ワールド・セントーサは、マレーシアでカジノリゾートを運営するゲンティン・グループというマレーシアの華人系資本によるプロジェクトである。いわば、外国資本と現地資本のそれぞれが先頭に立ったプロジェクトであり、互いに競いながら、外国資本のノウハウを現地資本に吸収させながら発展させていこうという、巧みなバランス感覚が見て取れる。

2点目は、どちらもが本当の意味での統合型リゾートの実験になっていることである。マリーナベイ・サンズはカジノを中核にした複合型施設であり、国際コンベンション施設、博物館、シアター、ショッピングセンター、ホテルなど、主要ターゲットをビジネス層に定めた構成になっているのが特徴である。それに対して、リゾート・ワールド・セントーサには、ユニバーサルスタジオ・シンガポール、世界一と言われる水族館、ホテルなどがあり、主要ターゲットは明らかにファミリー層に置いていて、カジノが開設されているものの、決してカジノありきではない統合型複合施設となっている。どちらも本当の意味での統合型リゾートを目指したものになっているところが興味深いのである。

３番目は社会的配慮だろう。カジノ導入にあたって、あらかじめ予想される弊害を防ぐさまざまな工夫がなされている点である。カジノによってシンガポールでギャンブル中毒が増えてはいけないという視点から、テレビや新聞、チラシ、看板、ポスターなど、公共の場での広告活動は一切認められていない。カジノには地元の市民も入場することはできるが、外国人観光客がパスポートさえあれば入場できるのに対し、地元市民は入場するだけで１００ドルが徴収される。しかも、本人や家族などからギャンブルに依存しているといった内容の申告があれば、入場することはできない。統計によると、生活保護受給者、本人や家族の申し出で入場を制限されている対象者は25万人ほどにのぼっている。また、カジノでは監視員として数百人を雇い、彼らが常に巡回し、ゲームに夢中になって熱くなりすぎた客には声をかける「クールダウン」を行い、場合によっては退場を促しているそうである。さらには、ギャンブル依存症に陥った人に対する更生施設の運営といったことまで行うなど、カジノを健全な遊びの場として保つために、さまざまな努力をしているのである。

もっと大きな意味で、シンガポールで考えておきたいのは、観光立国の前提となる国づくりの大きな方向があることである。シンガポールの最大の弱点は水資源である。マレー半島の南端に位置する島国であり、東京23区とほぼ同じ面積に540万人がひしめく。年間降水量は世界平均と比べて2倍以上だが、平坦で貯水能力は低く、すでに国土の面積の半分以上は貯水池だが、これ以上増やすことは難しい。隣国のマレーシアからジョホール海峡を越えてパイプラインで原水を輸入しているものの、しばしば両国間で大きな外交問題となっており、万が一、両国関係がもつれて原水の供給を止められたら国家としての存続さえも危うくなりかねないという不安を抱えている。さらに現在の契約の切れる2061年以降も同じように原水の輸入が続けられるかも不透明である。

シンガポールではこの水資源問題を解決するために、ニューウォーターと呼ばれる下水の再生処理、また海水の淡水化を果敢に進めていて、すでに水の供給源は貯水池2割、マレーシアからの輸入4割に対して、ニューウォーターは2～3割、海水の淡水化は1割程度のところまで、割合を高めている。さらに2060年には、ニューウォーターを5割、海水の淡水化3割とすることで、マレーシアからの輸入をゼロにする目標を掲げて、技術開発や施設の増強に力を注いでいるところである。特に海水の淡水化の中核技術である逆浸透膜は日本企業の技術が使われるなどし、ここで蓄えた技術を水資源で同様の悩みを抱える中東に輸出することも見込んでいると言われる。

シンガポールの観光名所でもあるマーライオンもかつては口から海水を吐き出していたが、場所を移して新たにつくり替えられ、2002年からは海水の淡水化によってできた貯水池の水を海に向かって吐き出すようになった。シンガポールの水資源に対する取り組みをシンボリックな形で表現しているのである。こうした社会基盤の整備に対する挑戦が、実はシンガポールの観光立国を根幹から支えているところがポイントである。

このシンガポールの水資源に関する問題は、また別の視点をも示唆している。観光立国を目指すならば、やはり近隣諸国との関係を良好に保つことが重要である。国として安全保障がなされ、国同士の良好な関係があってこそ、観光立国が成り立つのである。そもそもシンガポールは1965年にマレーシア連邦から追放される形で独立した、資源も軍事力もほとんどない都市国家である。シンガポールからすると大国であるマレーシアとインドネシアに挟まれ、その思惑に振り回されつつも、知恵を出して紛争を回避し、近隣諸国との関係を築き上げてきた。今や、シンガポールはLCC専用の第五ターミナルを開設し、マレーシアやインドネシアなどから往復3000～4000円程度の低価格で大量の観光客を呼び寄せるほどにまでなっている。

日本が2020年に2000万人、2030年に3000万人の訪日観光客を達成しようと考えたとき、その内訳の約8割はアジアからの観光客であり、実際にはそのほとんどを韓国と大中華圏からの観光客が占めることになる。領土問題や歴史問題などで国際関係が不安定になり、観光客がその年によって増減するといった状況が生じるようでは、いつまで経っても本当の意味での観光立国は達成できない。近隣諸国との安定した関係を築き上げることは、観光立国の前提として何よりも大切なことである。シンガポールは統合型リゾートの1つのモデルケースとして学ぶべきところが多いのも事実だが、それにとどまらず、観光立国の前提となる国のインフラ整備から近隣諸国との間の安全保障などまで、国づくりのグランドデザインが存在することも十分に理解しておきたいポイントである。

オランダ、デンマークに学ぶインダストリアルツーリズム

世界からハイエンドな人たちを引きつけるツーリズムには、インダストリアルツーリズム（産業ツーリズム）も考えられる。近年、産業遺産として世界遺産に登録された「石見銀山遺跡とその文化的景観」「富岡製糸場と絹遺産群」につづいて、3番目の登録を目指している萩反射炉や端島炭鉱（軍艦島）など23の資産からなる「明治日本の産業革命遺産」が観光を促す目玉として期待されている。しかし、ここで取り上げたいのは、歴史上の産業遺産を巡るツーリズムではなく、世界で最先端の産業や技術の現場を実際に見て回るツーリズム、これからの産業を考える上で役立つ、未来志向のインダストリアルツーリズムである。特に産業の現場を支える経済人にとって、過去の栄光と遺産を訪ねて得られるものには限界があり、新しい挑戦に触れることに大きな価値があるからだ。

インダストリアルツーリズムの典型は、オランダだろう。フードバレーと呼ばれる地域には同国の食関連企業と研究機関などが集積しており、ここを見学するツアーがすでに存在している。詳細は資料編にゆずるが、オランダの農業は大学等の研究機関と企業や生産者が連携し、世界でも最先端の栽培技術をＩＣＴを活用しながら、実践しているところが特徴である。高付加価値の安全な農産物をつくり出す技術は他国の追随を許さないもので、栽培技術や施設、管理システムなどをワンパッケージにして、ほかの国に輸出するといったことも行われている。

また、デンマークも農業と酪農が産業力の中核だが、序章で触れたとおり、世界の幸福度ランキングで必ず上位に入る国で、１人あたりＧＤＰも６万１０００ドルと日本よりもかなり高い。農業・酪農ともにＩＣＴを利用した効率化が進み、ブランド化による高付加価値化も推し進められている。また、人口４０００人ほどのサムソ島では、釣りや海水浴の観光客が訪れるほか、イチゴやジャガイモが特産として知られるが、同時に風力発電の再生可能エネルギーの島としても有名で、見学に訪れる人が後を絶たない。

これらと同様のインダストリアルツーリズムなら、日本でも少し知恵を出して戦略企画を立てれば、すぐに行えそうである。例えば、日本がこれまで培ってきた工業生産力モデルを学ぶツアーである。すでにある「工場夜景クルーズ」では、東京湾の夜景で工場の煙突から煙が出ているところや、塔などの施設がライトアップされているところを、船から見て回るツアーが人気を呼んでいる。本格的なインダストリアルツーリズムを始める素地は十分にあると思われる。

私が台湾やタイに講演に行くといつも聞かれるのは、次に日本に行ったときに何を見るべきかということである。震災復興プロジェクトではどんなプロジェクトが進んでいるか、日本のバイオ技術ではどんな研究が進んでいるのか、といった質問ばかりを受ける。アジアの知識欲がおう盛な産業人は、日本が世界の先頭に立っている分野に強い関心を持っているのである。

例えば、北海道の苫小牧東部地域（苫東）では、ソフトバンクと三井物産でメガソーラーを建設中である。電力をメガソーラーで供給し、再生可能エネルギーに支えられるリサイクル型のエネルギー構造をつくり、そこにハイエンドな研究施設を持ってきて、これからの世界の工業団地の先頭モデルにしようという計画である。これが完成すれば世界中から産業人が見学に訪れるはずである。これもインダストリアルツーリズムにすることもできるだろう。また、ビッグデータの活用など「次世代ICT革命」の時代を迎え、データセンターをつくるといったプロジェクトが今後、北海道にとって重要になるはずである。

苫東では計画の一環として、植物工場でイチゴやトマトの栽培を始めているが、これはまさにオランダの農業をモデルにしたものである。施設内の環境を科学的に管理することで、1年中最高級のイチゴやトマトをつくることができるのがウリである。こうした形で、食と農、さらには工業が一体となったプロジェクトが稼働していること自体が、インダストリアルツーリズムとして人を引きつける力になるだろう。

北陸新幹線の開通で、北陸地方の観光が注目を集めているが、すでに地元の団体が中心となって「富山産業観光図鑑」「北陸のシェアトップ100」などのパンフレットが制作されており、インダストリアルツーリズムの観光資源となりうるデータの蓄積は行われている。北陸地方は日本海側随一の工業圏であり、教育水準も高く、勤勉で女性の就業率も高いことを背景に、機械・金属、電気・電子、繊維などの分野ですぐれた中小企業が育っている。問題はこれら企業や技術を観光資源として活用し、実際に世界中の産業人を呼び寄せられるかである。

三重県の四日市はかつては公害の街としてのイメージが強かったが、最近では日本の半導体産業の中核拠点となっており、東芝が次世代半導体メモリ生産のための工場を建設するなど、街としても活気づいている。インダストリアルツーリズムの視点から見ると、かつての公害の街というネガティブなイメージを克服し、現在では世界でも最先端の産業立地地帯として生まれ変わったというだけでも、十分に人を引きつける素材となるだろう。

各地域でインダストリアルツーリズムをさらに発展させて、日本が世界の先頭に立つようなインダストリアルパークをつくり、そこにアメニティ施設を建設して、ハイエンドな知的労働者がここで働いてみたいと思えるような場所にできるとよい。アメリカのボストンやシリコンバレーでは、世界中から若い優秀な研究者が集まってくる。そこで行われている研究の内容が世界の最先端であることだけでなく、周囲にアスレチッククラブ、シネマコンプレックス、高級レストランなど、アメニティに満ちた魅力ある付帯施設が用意されていることも、研究者を集めるためには重要である。子どもたちの心をときめかすようなインダストリアルパークがあれば、これもインダストリアルツーリズムの対象になるだろう。

新しい産業の実験に挑戦することによって、そのことに関心を持った世界の経済人、産業人らハイエンドな人たちが列をなしてやってくるのが、インダストリアルツーリズムなのである。そして、興味を覚えた経済人がその地に投資を行うなど、将来への可能性をも誘発すると、さらに好循環が生まれるはずである。

考えてみると、私自身がこれまで行ってきたことは、ほとんどがインダストリアルツーリズムだったとも言える。例えば、ワシントンの郊外には、メリーランド州側で言うとベセスダ地域、バージニア州側で言うとマックリーン地域があって、そこからダラス国際空港につながっていく一帯に新しい産業技術の集積点ができている。例えば、ベセスダ地域には米国国立衛生研究所（ＮＩＨ）があり、それが世界の医療研究機関の中心になっている。ＮＩＨがあるために、その周囲にはバイオ産業や医薬会社などが雨後のタケノコのように林立している。一方、バージニア州側には、ＩＴ革命の基本だったインターネットの基盤技術の関連企業があって、その技術開放によって多くの企業が集まっている。例えば、かつてのアメリカオンライン（ＡＯＬ）が本社を持っていたり、軍民転換によって軍事目的で開発した情報通信技術を民生用に活用していくビジネスの会社が林立したりしている。

私はこうした新しい産業の挑戦している研究開発ゾーンを世界で見てきている。世界の元気な地域というもの、産業の活力のある地域を訪ねて見てこようという一心で、考えてみると私自身がそういうところを訪ねて見てきたわけである。

アメリカではほかにもシリコンバレー、ボストンもある。欧州で言うと北欧からドイツにかけてのバルト海都市連合がそうで、北ドイツからデンマーク、オランダを視界に入れながら、バルト海を取り囲む都市をネットワークして活力を生み出している地域がある。

新しい産業の実験をしているところはハイエンドな興味のある人たちを引きつける。日本でもインダストリアルツーリズムという考え方が観光立国の柱になっても不思議ではないだろう。

農と食を中心にしたアグリツーリズムもある。オランダの農場見学はアグリツーリズムの典型的なものだろうが、イタリアの食を巡る旅もアグリツーリズムと十分に呼ぶことができる。イタリアは豊かな食の文化があるだけでなく、スローフード運動の発祥地でもあり、２０１５年には食をテーマにしたミラノ万博も開催されている。日本の雑誌を見るとすでに取り上げられているように、イタリアでは農と食をベースにしたアグリツーリズムがすでに成り立っている。日本では和食が改めて世界から注目されていることもあり、海外の人たちの理解も進んでいる。こうしたイタリア型のアグリツーリズムも視界に入れてよいはずである。もちろん、北海道の植物工場も別な角度から捉えれば、ある意味でアグリツーリズムの一環だと言えよう。

情報が人を引きつけるパリ／ジュネーヴモデル

フランスのパリやスイスのジュネーヴに引き寄せられるのは、そこに情報集積の拠点があるからである。私も年に2回程度はパリを訪れるが、自分自身に何のために行くのかと問いかけたときに、そこで蓄積されている情報を吸収したいからだということがわかる。パリにはＯＥＣＤの本部があり、その下部機関として国際エネルギー機関（ＩＥＡ）があり、セーヌ川を望んでパリ大学の敷地にそびえ立つアラブ世界研究所がある。中東問題や石油をはじめとするエネルギー問題に関心のある人は、パリに行かざるを得ないのである。私も一時、ＯＥＣＤのフューチャーフォーラムの委員を務めたことがあり、今も定期的にＯＥＣＤ本部を訪れているが、こうした国際機関はシンポジウムなどを開催するため、何度か足を運ぶことになる。このようにして、常に創造的に企画され、発信される情報が、人を引きつける装置として働き、情報欲求の高い人たちが群がるようにそこを訪れるのである。

そうした人たちは、あいた時間にパリの持つ奥深さを味わうために、セーヌ川沿いの美術館を訪れる。そこにはルーブル美術館だけでなく、印象派の絵画を主に集めたオランジュリー美術館、モネの『印象・日の出』を所蔵するマルモッタン美術館など、実に味わい深い美術館が重層的に集まっている。一度訪れたら十分というのではなく、絶えずそうした装置が放つ魅力に誘われ、酔いしれるように観光客が引きつけられるのである。

スイスのジュネーヴにいたっては、国連機関の世界本部が15もある。戦前はジュネーヴに国際連盟の本部があったため、例えば、私たちが今日でもなじみ深い世界貿易機関（WTO）も、国際労働機関（ILO）もジュネーヴに本部が置かれている。常にさまざまな国際会議やディベートが行われ、シンポジウムが開かれるため、労働問題の専門家や貿易通商問題の専門家、世界の国々で働く行政担当者、政治家、さらにはジャーナリストたちまで、そこを訪れざるを得ない。ハイエンドな人たちの移動と交流の場となり、そのほかの人々をも巻き込んで引きつけることによって、観光産業化していくのである。

パリもジュネーヴも、ホテルの宿泊料が非常に高いのが特徴である。ハイエンドの裕福で情報に対する感度の高い人たちがリピーターとなって誘い寄せられるからこそである。1泊1000ドルというのはざらで、それでもハイエンドな人たちは引き寄せられるのである。だからこそ、そこで働く人たちも誇りを持って、隆々たるサービスでもって観光客に対応する。その結果、またハイエンドな人たちは誘い込まれ、活力のある観光産業が成立していくのである。

それでは日本にそのような情報集積の拠点はあるかと考えた場合、確かに国際的なシンポジウムを開催できる国際会議場建設の構想などはあるが、日本に行かねばその情報に触れることができないと思わせるような、広い意味での国際機関やシンクタンクなどは非常に乏しい。「第二の札幌農学校」と言えばイメージが湧きやすいかもしれないが、日本のすぐれた農業技術の集積の拠点になる場所に、アジア各国から研究者や若者が学びにやってくるということになれば、それは観光立国としても意味のあることだろう。それには、各地域で専門分野を大切にし、すでにある技術基盤を活かし育てていくことである。例えば、北海道大学には低温科学研究所があるが、成果を世界に広め、シンポジウムなども含めてロシアや北欧などの北方圏とのつながりをより深め、凍結保存技術を学びに多くの研究者、技術者たちが集まってくるようになれば、同じ観光と言っても、訪れる人の量と質が変わってくるはずである。世界の専門家たちに、そこに行けば解決のためのヒントがあり、具体的な技術を学べると思わせることが、情報集積の拠点としては大切なのである。

このように考えてくると、観光立国を目指して、訪日観光客をなんとか3000万人にしようと、2泊3日で3万円のツアー客をかき集めるという発想ではやはり限界があることがわかる。堂々たる観光産業というものを描ききる構想力が必要とされていることに、私たちは気がつかなければならない。そして、その先に見えてくるのが、統合型リゾートの構想なのである。

視点を変えた統合型リゾートの成功例としてのディズニーの挑戦

別の形の統合型リゾートの成功モデルはディズニーランドである。ウォルト・ディズニー社はもともとウォルト・ディズニーが設立したエンターテインメント映画の制作会社で、アニメーション映画でミッキーマウスというキャラクターを生み出したのはご存じのとおりである。「アメリカはネズミを英雄にした国だ」という言い方があるが、当初ミッキーマウスは主人公ではなかったものの、次第に映画で人気を博すようになった。ディズニーのすごいところは、そのミッキーマウスを軸に、ついにはサービス・エンターテインメント産業の一大コングロマリットを構築したことである。

そのプロセスは、統合型リゾートを構想するときに大変参考になる。アニメーション映画のキャラクターにすぎなかったミッキーマウスがもとになり、ウォルト・ディズニー社という大きな映画産業が花開き、そして、1955年、カリフォルニアのアナハイムにディズニーランドという一大産業リゾート群が生まれたのである。

ディズニーランドの原点は、実はデンマークのチボリ公園である。「イッツ・ア・スモールワールド」というアトラクションは、おとぎの国のようなチボリ公園を研究することで生まれたと言われる。1964年のニューヨーク万博のユニセフ館の展示を委託されたウォルト・ディズニーは、世界中の子どものキャラクターの人形を並べ、そこを船で巡ることで、世界中を回遊してくるというスモールワールドを構想した。万博が終わり、それをカリフォルニアのディズニーランドで常設化し、その目玉のキーキャラクターにミッキーを持ってきたのである。そして、徐々に新しいオーディオ技術を取り入れ、先端的なアトラクション技術を進化させ、エンターテインメントパークを一大ビジネスモデルにしていったのである。

そのカリフォルニアのディズニーランドを発展させて、１９７１年にはフロリダのオーランドにウォルト・ディズニー・ワールド・リゾートを構想。東京の山手線内側の面積の１・５倍に相当する広さのディズニー・ワールドをつくった。そこにはエンターテインメントのための４つのテーマパーク（マジック・キングダム、エプコット、ディズニー・ハリウッド・スタジオ、ディズニー・アニマル・キングダム）があり、宿泊施設があり、ショッピングができ、レストランもある。これこそ統合型リゾートの例である。

さらにフロリダのオーランドは、観光産業が集積してクラスターを形成し、そのシナジーが大きく拡大する形で、統合型リゾートとしての発展を続けている。ユニバーサル・オーランド・リゾートやシーワールドなどのディズニー以外の大型アトラクションパークも集積し、さらに近くの宇宙開発拠点として有名なケネディ・スペースセンターを含め、リゾートとしての魅力を高め、とても１週間の滞在では体験しきれない観光クラスターとなっているのである。

また、フロリダ東海岸はカリブ海クルーズの基点にもなり、船でバハマやプエルトリコなどを巡るツーリズムも活況を呈している。クルーズ船は子どもから高齢者までが楽しめる企画にあふれ、例えばフロリダにはカジノ施設はないように見えるが、クルーズ船内ではそうした楽しみ方も可能であり、そのあたりに工夫がある。

ディズニーはそれだけでなく、ディズニー・ワールドをテコに世界へと進出し、１９８３年には日本に東京ディズニーランド、１９９２年には欧州にディズニーランド・パリ、２００５年に香港ディズニーランドを開業し、そして２０１６年には中国の上海にも新たなディズニーランドの開業が予定されている。ディズニーのこうしたグローバル展開やプロジェクトの生成発展過程こそが、統合型リゾートが持つ躍動感のシンボルのようなものである。

第4章

創造的観光立国戦略としての統合型リゾートを構想する

日本の観光ポテンシャルの再認識

ここまで観光立国のモデルとなる事例をいくつも見てきたが、もう一度、これからの日本がどのような観光立国を目指していくべきかについて考えてみたい。まず最初に、増え続ける訪日外国人たちは日本に何を求めてやってきているのか、彼らを引きつける魅力は日本のどこにあるのかということをしっかりと自覚することである。

序章でも触れたとおり、日本にはクラシックなものとモダンなものがコントラストを持ちながら混在している。東京の一部の地域に象徴される、テクノロジーやポップカルチャーが凝縮した未来空間的な都市もある。その一方で、過去の歴史を振り返るなら、京都や奈良、鎌倉など、まるで古今東西の文明文化が影響しあった歴史の集積点として、歴史ツーリズムのポテンシャルを持つ都市もある。

都市の魅力だけでなく、一歩足を延ばして田舎へ行けば、豊かな自然が残り、各地の伝統文化に触れられることも、訪日外国人を呼び寄せる重要な要素になっている。日本は都市と田舎の魅力がうまく入り交じっているのである。都市観光を目的にやってくる観光客も多いが、美しいビーチを求めてマリンリゾートに行ったり、良質の雪を求めてスキーリゾートを訪れたりする人たちもいる。奥深い地の秘湯と言われる温泉の魅力にとりつかれ、全国各地の温泉地巡りを始める外国人もいる。一度、凝り始めたら、それこそ底知れない魅力を発見できる懐の深さが日本の魅力とも言える。多様な要素の組み合わせにこそ、日本のポテンシャルがあり、その総体に着目し、大事に観光戦略として要素を総合的に組み立てていくべきではないか。これが、日本の観光立国や統合型リゾートを構想するときのベースになる考え方だと思われる。

日本を訪れる観光客のなかには、多様な交通機関を利用するのを楽しみにしている人もいる。新幹線はすでに50年の実績があり、きわめて高い安全性が世界的にも評価されている。12年後の２０２７年には東京と名古屋を40分でつなぐリニア中央新幹線が開業する予定である。それだけでなく、ＪＲ、私鉄各線の路線網、さらには各地方都市を結ぶ航空路線もあり、それぞれの交通機関は世界の人々が驚くような正確さで動いている。

道路には、世界に冠たる日本の自動車メーカーが製造したハイブリッドカーや電気自動車が走っている。日本人にとっては見慣れた光景かもしれないが、海外からやってきた観光客によっては目を丸くするような光景に映るかもしれない。これからさらに次世代自動車が次々に実用化され、日本の道路を走行することになるはずである。多様な交通手段だけでも十分に観光のポテンシャルを秘めているのである。

日本は石油、石炭の天然資源には恵まれていないものの、地熱発電や洋上風力発電など自然エネルギーを活用した技術ではさまざまなプロジェクトが進んでおり、今後、産業ツーリズムへと発展する可能性を秘めている。

和食はユネスコの無形文化遺産に登録されたが、もっと庶民的なラーメンから寿司、懐石に至るまで、日本の食の多様性に魅了される外国人も多い。それに加えて、日本では世界中の料理が一定の水準で食べられる。食材もきわめて豊富で、和食を基本にした独特のフュージョン料理も多彩である。ミシュランガイドがレストランのランクづけをしつつ、実はフランス料理の世界的な普及に貢献しているのと同じように、今後さらに世界へ向けて日本の食を紹介する必要もあるかもしれない。農林水産省などが中心になり、和食の国際的なブランド化を図ろうという動きもある。

先に述べた世界の事例と比較して、観光において日本が劣っているかというと、決してそんなことはない。例えば、アジアの観光先進ゾーンとして取り上げたシンガポールは、いち早く統合型リゾートを推進し、大中華圏だけでなく中東や英語圏からも広く観光客を呼び寄せていることは事実である。香港も資本主義に開かれた窓として、中国本土からの観光客が年間5000万人も訪れている。私自身もシンガポール、香港には魅力を感じ、年に数回は必ず訪れている。それは必ずしも観光が目的ではなく、訪れるにはそれなりの理由があるのである。

特にシンガポールは大中華圏のネットワークの一部で、ロンドン、ドバイ、インドのバンガロール、シドニーと連なる大英帝国の「ユニオンジャックの矢」の一部でもあり、アジアのみならず世界の金融センターとして、圧倒的な情報収集力を持っている。そのため観光だけでなく、ビジネス目的で訪れる外国人が年間でかなりの数にのぼる。さらに、外国人から見るとシンガポールには住みたいと思わせる制度面の利点がいくつもある。2015年現在、所得税の最高税率は20%で、消費税は7%だが、資産の運用益に対しては非課税で、住民税、相続税、贈与税はない。こうした税制は世界の富裕層をシンガポールに引きつけてやまない魅力であり、彼らが長期滞在したり、永住したりしたがる理由にもなっている。

シンガポールには大規模な統合型リゾートもあり、観光客として訪れると確かに安全で居心地もよいが、その一方で人工的につくられた都市観光の限界にも気づかされる。多くの外国を旅していると、街を歩いて見かける子どもや若者たちの表情のなかに、その国の可能性や課題が見え隠れしているように感じることがあるが、シンガポールの若者たちと接していると、光の部分だけでなく、影の部分が見えてくるからである。

実際、さまざまな世界の幸福度ランキングを見ると、すでに触れたとおり、必ず上位にはデンマークが入っているが、シンガポールや香港の名前は見当たらない。幸福度には都市観光の凝縮した魅力だけでなく、地域社会全体が醸し出す独特の空気感が非常に大事なのである。

あえてシンガポールの息苦しさを語るならば、第3章で述べたように、シンガポールは「エリートのエリートによるエリートのための国家」という側面がある。小学校4年生のときから、能力により3つのコースに分けられる。上位のコースに入ると一貫してエリート教育が受けられ、国の支援による海外留学まで保証される。下位のコースに振り分けられると、中学生の段階からいわば敗者復活戦のないまま生きることになり、最終的には職業訓練機関に進むことになる。これは故リー・クアンユーの思想でもあるが、「人間には才能のある者とない者がいる。それを見極めるのが教育だ」と考えるのである。能力があると認められると将来にゴールデンロードが待っているが、能力がないと決めつけられると、自ら手に職をつけて社会の下層として生きていくしかない。

国費によって留学し、世界でも有数の高等教育機関で資格をとって帰ってくると、エリート官僚として採用される。彼らは社会制度から交通システムまで、まるで図面に描いたような新しいアイデアを繰り出し、社会工学によってシンガポールを実験国家として運営する喜びを味わう。能力を持ち、富を持つエリートたちにとっては心地よい国かもしれないが、格差はあまりにも大きい。エリートになれなかった人たちにとっては、息苦しく、生きにくい国ということになるだろう。それは街全体の空気にも表れていて、規律に厳しく、何らかの形で社会の規範からはみ出した者に対する冷たさとして表れてくる。光の背後には必ず影が存在するのである。

その点、日本を考えてみると、これまではシンガポールほどの大きな格差は生じておらず、多くの人がそれなりに生きていけるシステムを築いてきたと言えるかもしれない。良い悪いは別として、日本社会全体に曖昧な部分が多く、多分に温床的だと言われ、しばしば「愚者の楽園」、「凡庸の結束」とも揶揄されてきた。しかし、世界中を旅してくると、国民の多くがそこそこ幸せに生きていけるのは、非常に貴重なことであるのも事実である。

観光というものは、数日間、人工的につくられた快適な空間にとどまっていれば、それで満足感が得られるというものではない。そこに暮らす人たちとの交流が必ずあり、それを通して感じられる生身の人間性に何らかの価値を見いだすのが普通である。それを考えるなら、日本が持っている観光のポテンシャルは高いと言える。曖昧さはある面では人間に対する許容力でもあり、それは海外から訪れる外国人にとっては魅力ともなり得る。大規模な観光の施設があり、周辺の環境がいくら立派であっても、最後は生身の人間同士の心の交流に引きつけられるのである。

いわゆる「おもてなし」は大切だが、高級旅館の女将の完璧なまでのホスピタリティがある一方で、まだ日本には、観光の視点から見ても、子どもや高齢者、障害者などに対する配慮が欠けている部分が多い。おもてなしを一層高度化すると同時に、観光に携わる大勢の人たちが日本的な思いやりや心配りを維持できるようなシステム化されたホスピタリティ・マネジメントなどの人材教育も重要である。２０２０年の東京オリンピック・パラリンピックを想定しても、一定レベルの外国語習得は欠かせない。ボランティア、ＮＰＯ、市民運動家などの参加を募りながら、民間レベルで観光立国に参加する人を育てていく必要がある。シンガポール、デンマーク、パリ、ジュネーヴなど、学ぶべき先行モデルはあるが、日本にもそれぞれの地域に観光ポテンシャルが十分にある。しかし、もう一度世界を見渡し、さらなる工夫と努力をすることによって、地域ごとの統合型リゾートの知恵が生まれ、日本独自の観光立国へとつながっていくはずである。

産業としての観光戦略の重要性

　ところで、私たちは観光を産業として真剣に考えたことがあるだろうか。現在のところ、日本には観光を産業として捉え、発展させるという視点が希薄である。改めて政府の組織で見ると、経済産業省の商務情報政策局のなかに、サービス政策課があり、同省の所掌事務のうちサービス業に関する総合的な政策の企画・立案ならびに推進、事務の総括などを行っている。２０１４年には商務情報政策局長の私的勉強会として「サービス産業の高付加価値化に関する研究会」が設置され、本書のテーマであるサービス産業の高度化について共通の問題意識を持っていることがわかる。しかし、同研究会の記録を見ると、経営人材の育成、攻めのＩＴ活用の促進、ビジネス支援サービスの活用促進、マーケティングの強化などからなる企業イノベーションの推進、産業の新陳代謝の促進、地域人口減少・少子高齢化への対応を検討して、政策を打ち出すにとどまっている。つまり、経済産業省は「サービス産業の高付加価値化」という問題意識は持っているものの、観光をサービス産業の軸として位置づけ、産業として観光を育てていこうという視点はまだはっきりとは持っていないようである。

　一方、国土交通省には２００８年に観光庁が発足し、観光を重要な成長分野として位置づけている。現在、２０１２年から５か年計画の「観光立国推進基本計画」を掲げて、国内における旅行消費額や訪日外国人旅行者数の増加、訪日外国人旅行者の満足度の向上などを目標にしているものの、やはりここでも産業としての観光をどのように形成していくかといった視点は見られない。

国内のシンクタンクが発表している日本の産業構造に関する展望を見ても同様である。野村総合研究所の『２０２０年の産業』では、自動車、電機、エネルギー、ＩＣＴ、運輸、金融、ヘルスケアの産業セクターに分けて環境変化と２０２０年のビジネスチャンスを分析し、展望しているが、このなかに観光産業は見当たらない。また、三菱総合研究所産業・市場戦略研究本部編の『日本産業読本』では、日本産業の分野別解説がなされているが、自動車、自動車部品、電子・電機、精密機械、航空機、造船の組み立て産業を筆頭に、鉄鋼、化学などの素材産業、電力、石油、環境、電気通信などの基盤産業といった章立てで、日本のモノづくり産業を中心にした議論に終始している。

日本を代表するシンクタンクでも、依然として「モノづくり国家・日本」の視点にのみ重点が置かれ、今後重要になるサービス産業の高度化や産業としての観光といった課題は視界に入っていないかのようである。言い方を換えるなら、日本では観光はまだ産業とは認知されていないということかもしれない。だからこそ、ここでは産業としての観光とは何か、どうあるべきかをしっかりと見つめておきたいのである。

２００９年に社団法人日本ツーリズム産業団体連合会（その後、社団法人日本観光協会と合体し、現在は公益社団法人日本観光振興協会）が発表した『数字が語るツーリズム』というデータブックによると、ツーリズム産業の範囲は図表５のように、中心に旅行業、宿泊・サービス業、テーマパーク・観

図表5　ツーリズム産業の範囲

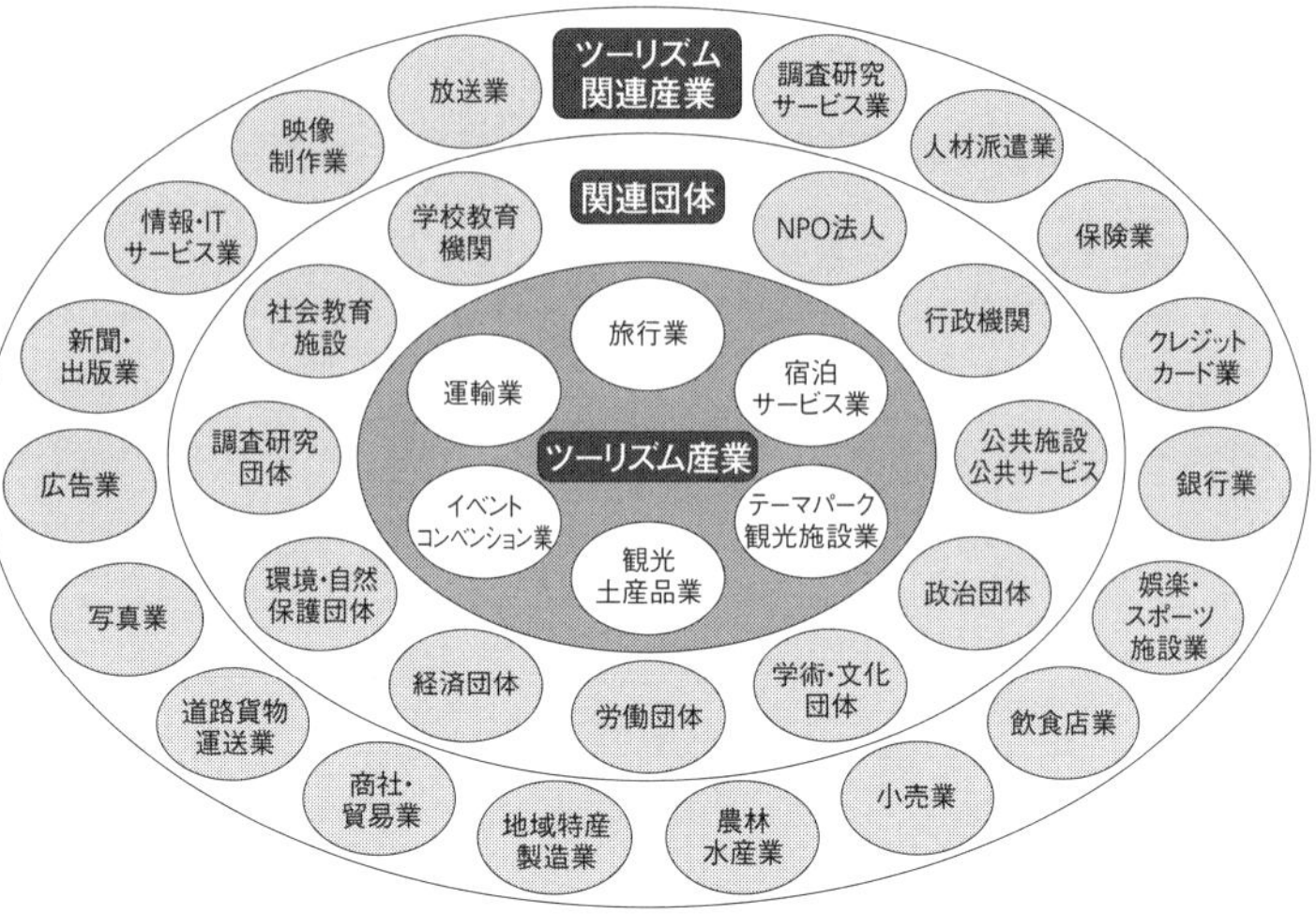

出典：観光庁

光施設業、観光土産品業、イベント・コンベンション業、運輸業があり、それを取り巻くように「関連団体」、さらには「ツーリズム関連産業」が配置されている。じっくりと眺めていくと概念図としては的確で、よく整理されていることがわかる。しかし、産業としての観光を考えるときに大事なのは、この図を平板な二次元のものとして理解するのではなく、立体的な相関として見つめていくことである。

観光を狭く限られたものと考えてしまうと、産業としては非常に貧弱なものになってしまう。観光庁の統計によると、２０１２年の旅行消費による雇用誘発効果はわずかに２１３万人で全国就業者数の３・３％であり、波及効果を含めても３９９万人、全国就業者数の６・２％にしかすぎない。これではとても起爆力ある産業とは言えず、細りゆく農業就業人口とさほど大きくは変わらない。

しかし、立体的な相関を考えるとまったく違った視野が開けてくる。特に「関連産業」として外側の円に列挙されているほかの産業と基幹となる「ツーリズム産業」をつなげて、ブドウの房状になったクラスターとして観光産業を形成し、そのシナジー効果を生み出すことが重要である。同時に、そのクラスターを日本の産業全体の幹のなかに位置づけていくのである。

例えば、外側の円には農林水産業や飲食店業などが書かれているが、もしその地域が農業分野にすぐれた可能性を秘めているのであれば、はっきりとした意図を持って農業を観光戦略の主軸に押し出し、海外からのインバウンドを呼び寄せることを考えてみるのである。すると、その地域のプラットホームとしてどのように特色ある飲食店業を設計、整備していくのかといった方向性が見えてくる。それがここで言うクラスターであり、シナジー効果である。よりダイナミックな立体感のあるクラスターとして描き出し、房と幹の関係を構想していくこと。そして、そのブドウひと粒ひと粒を全体に位置づけていくことが、まさに統合の意味なのである。各地域で今すでにあるバイタル産業をしっかりと見つめて核に据え、大きな産業クラスターを形成していくのに、どのような物語があるか、構想するのが出発点であり、第一歩である。

統合型リゾートを構想するにあたっても、その地域で最適な統合戦略は何かを考え、知恵を絞るべきである。最初にカジノありきではなく、こうした大きな産業クラスターの構想が先である。そして、全体の構想のなかに、コンテンツの1つとしてカジノを据えたときに、どのような物語が見えてくるのかを考えるのである。確かに、カジノには起爆力があり、多くの人を呼び込む可能性もあるが、MICEのなかでそのシナジー効果を最大化させていくことを考えないと統合にはならない。

IRへのクラスター形成の鍵を握るICT戦略――ビッグデータ時代の観光

各地域で観光をクラスターとして構想し、さまざまな要素を組み合わせて統合していくことを考えるとき、各要素をつなぎ合わせる「糊」の役割をするものが必要になる。その結節点とも言えるのが、ICT（情報通信技術）と人材である。各シンクタンクの予想のようにICTはさらなる発展が期待され、将来の産業として認識されているが、ICT自体は本来何かをつくるものではなく、それ自体が触媒的である。観光産業にとってもICTの要素はきわめて大きい。顧客の管理から観光客誘致戦略の立案まで、観光を産業化するには、次世代ICTを積極的に利用していくことが必要である。

広範で膨大な蓄積データであるビッグデータの活用は、すでに旅行業界でも徐々に浸透している。訪日外国人が日本のどの場所へ行き、そこでどのように行動しているのかといったデータは、キャッシュカードやクレジットカードなどでは、精密な個人の情報として蓄積されている。また、携帯電話やスマートフォンのアプリの位置情報などから、日々の行動も追跡できる。２０１６年からはマイナンバー制度が導入されるが、将来的なキャッシュカードやクレジットカードとのリンクについての議論もあり、もしそうなると、一層精緻なデータが蓄積されていくことになるだろう。

ビッグデータを細かく解析し、観光客の嗜好や傾向などを読み解いていくことは、今後ますます重要になっていくはずである。宿泊施設、レストラン、土産物店、バスなどの公共機関、レンタカーなどのニーズがどれだけあるかということだけでなく、新たな需要を呼び起こすのに何がネックになっているのかを知る材料にもなる。さらには、ニーズに応えるサービスやイベント、プロジェクトなどを設計していくヒントとすることも可能である。異なる視点からビッグデータを読み解くことによって、一見関係のなさそうな異業種間であっても、新たな関連性が見つかることもある。まさに産業クラスターづくりにはビッグデータの活用は欠かせないのである。

１つの注目すべき事例がアメリカのベンチャー企業が２００９年からサンフランシスコで始めた「Ｕｂｅｒ」というプロジェクトだろう。表層観察すれば、スマートフォンの１つのアプリとしてのタクシー呼び出しシステムにすぎないが、その可能性は大きく、ビッグデータ時代の観光を支えるプロジェクトと言えるであろう。スマートフォンはＧＰＳ活用によって位置情報が容易に得られるが、Ｕｂｅｒはそれを巧みに利用する。ユーザーがスマートフォンにＵｂｅｒのアプリを入れて立ち上げると、自分の周辺にタクシー（Ｕｂｅｒに登録した車両）がどこにいるかが地図上に表示される。その地図で乗りたい場所を指定すると、サンフランシスコであれば、５分以内にタクシーがやってくる。このアプリでタクシー料金の決済もでき、利用したタクシーの評価なども行える。

それだけでなく、運転手はＵｂｅｒの面接などを受けてデータ登録されると、ＧＰＳで運行状況が記録され、管理されるようになる。例えば、サラリーマンのような一般人であっても、このシステムに登録しておけば、会社の休日に副業的にこのサービスに参加することも可能である。しかし、運行状況は正確に記録されているため、いわゆる「雲助タクシー」や遠回りをして高額請求をする「ぼったくり」が回避され、利用者にとっては安心が保証される仕組みになっている。運転手の側からも、悪質な利用者をチェックすることができ、場合によってはそうした利用者はサービスの制限を受けることもある。また、データによる全体の利用状況の把握によって、利用者が多い時間帯の価格を高く設定するなどといったことも行われている。つまり、この仕組みが定着し、サービスの使用頻度が高まれば高まるほど、より詳細なデータが蓄積され、サービスの提供者と利用者のニーズがかみ合っていくのである。日本への本格導入は「規制」の壁もあるが、観光立国のためには、こうしたプロジェクトの推進は不可欠なものになってくるだろう。

今後、２０２０年の東京オリンピック・パラリンピックを見据えると、こうしたサービスが日本でも広がることは容易に想像できる。日本語になじみのない訪日観光客にとってはこれまで足回りの不便さがあったが、同様のアプリがあれば、利便性を高めることにつながる。東京、大阪などの大都会だけでなく、京都や奈良、鎌倉など、移動手段のなかでタクシーの比重が大きい場所ではより効果があるだろう。タクシー会社などにとっても、そこで得られるデータを活用することで、より効率的な運営が可能になる。

しかも、このシステム自体は人の輸送だけでなく、工夫次第でさまざまな物やサービスの輸送にも応用できるところがポイントである。Uberという発想が時間の空いた人が空いた車をタクシーとして有効に活用するというアイデアだとすると、同様に空き家や空き部屋を活用して所有者が旅行者に貸すことのできるAirbnb（エアビーアンドビー）というサービスもある。ネットを介して登録、予約できるため、すでに世界中に広がっており、宿泊施設はゲストハウスのような小さなスペースから、マンションや豪華な別荘まであり、期間も1泊から長期滞在まで、さまざまなものがある。旅行者からすると既存の宿泊施設ではなく、実際に使われている住まいを民宿感覚で利用でき、その土地の生活が味わえる楽しさがある。このシステムを支えているのもやはりＩＣＴである。

各地域で観光にＩＣＴを活用するとなると、ばく大な費用がかかると思われるかもしれないが、決してそうではない。それには3つの「クラウド」をうまく使うことである。1つ目は「クラウド・コンピューティング」である。この場合の「クラウド」は、ネット上にアプリケーションやデータが、言わば雲（cloud）のように存在し、必要なときに目の前のスマートフォンやコンピューターにダウンロードして使うという意味である。ネット上で提供されるアプリケーションや保存のためのオンラインストレージなどを要領よく使えば、費用は大幅に抑えることができる。グーグルやヤフー、マイクロソフト、ドロップボックス、NTT、富士通、NECなど、多くの情報通信関連の企業にはネット上のアプリケーションを利用したり、ファイルをオンライン上に保存したりできるサービスがあり、すでに広く利用されている。

2つ目は「クラウド・ソーシング」で、このクラウドは群集、大衆という意味のcrowdである。観光客を誘致・集客しようとすると、地域のロゴマークやキャラクターをつくり、ホームページやフェイスブックなどのSNS（ソーシャルネットワーキングサービス）上のページを立ち上げ、専用のアプリをつくって配布するといった作業が不可欠である。その都度、地元の業者に発注して時間をかけて制作するのが一般的だが、クラウド・ソーシングで、ネット上に登録されている業者に発注するのである。必ずしも同じ地域でなくとも制作が可能なものを選んで発注すれば、受注してくれる候補は日本全国に散らばっているし、場合によっては海外にもいるかもしれない。候補が多い分、廉価で済むし、よりニーズに合った相手を選ぶこともできる。

3つ目は「クラウド・ファンディング」である。個人や組織が発案したプロジェクトに対して、ネットを通じて広く一般（crowd）から資金の提供を募るという方法で、すでにベンチャー起業家や社会起業家によって活用されている。地域の歴史的建造物や祭りを保存するなどといったプロジェクトには親和性が高い方法と言えるだろう。クラウド・ファンディングによって、出資者はその地域との関わりが生まれることになり、潜在的な観光客にもなる。

ＩＣＴによって、地域でバラバラだと考えられてきた要素をつなぎ合わせて、観光のポテンシャルを高めていく。さらに世界中とつながり、観光に関する情報を提供しつつ、逆に利用者から情報やアイデアを受け取り、場合によっては資金の提供を受けることもできる。観光はＩＣＴの積極的な活用なしには考えられないところまできているのである。

このように考えてくると、ＩＣＴの活用は人材の問題でもあることがよく見えてくるだろう。データを解析し、新しいニーズを読み取り、シナリオを構想し、クラスターづくりの橋渡しをして産業化できる人材が不可欠になってくる。統合にはＩＣＴ力と人材力が不可欠であり、ＩＣＴ力を持った人材の育成が求められるのである。

日本ではこれまでも各地域が知恵を絞って、活発に観光キャンペーンを行ってきたが、実際にはなかなか成果にまで結びつけることはできていない。日本にも観光ポテンシャルは十分にあるが、まず各地域でそれをわかりやすいシナリオのもとに統合し、産業としての観光を構想する視点を持つことが大切なのである。ラスベガスやフロリダのオーランドの統合型リゾートへ行くと、世界中から優秀な人材が集まり、すぐれたプロジェクト・エンジニアリングが全体を支えていることがわかる。カリフォルニアのユニバーサル・スタジオ・ハリウッドのまわりは「ユニバーサルシティ」と呼ばれ、さらにそれを取り巻くロサンゼルスには、サービス・エンターテインメント産業で職を得て生きていきたいという若者たちが集まってくる。彼らが通う大学もある。アメリカの観光産業を支える人材を育成する仕組みも持っているのである。統合型リゾートの構築にあたっては、こうした人材育成の重要性に光を当てて、具体的な全体像を描くといったことも、もっと真剣に考えるべきだろう。

「ホスピタリティ・マネジメント」という言葉があるが、きわめて専門性が高いジャンルである。観光はそこに訪れる一人ひとりに対して、どれだけ快適な環境を提供し、的確なホスピタリティをもって対応し、エンジョイしてもらうかが鍵である。例えば、コーネル大学ホテル経営学部は非常に有名で、欧米の一流ホテルで胸を張って働いているフロアマネージャーにはここの出身者が多い。日本でもホスピタリティ・マネジメント専門の人材を養成する仕組みが必要である。それは大学なのか、専門学校なのか、それとも関係する企業が共同で運営する機関なのか、方法はいろいろ考えられるだろう。

また、ホテルだけでなく、アトラクションパークや、音楽やスポーツ関連エンターテインメント会場を設置し、場合によってはカジノもコンテンツの1つとして取り込んだ大型の統合型リゾートを計画するのなら、その前提として、サービス・エンターテインメント産業を支えていく人材を育成するシステムをつくるべきである。アジアの国々からこの分野で生きていきたいという若者を引き寄せて人材育成をし、実際に働く場所を提供しつつ、花開かせていくという発想が必要になってくるだろう。

問われるＩＲへの構想力――歴史ツーリズムへの試み

地域の観光資源を見直すときに、歴史性という観点はきわめて重要である。地域の歴史を掘り起こし、新たな歴史ツーリズムを生み出していくことはその地域の独自性や価値を高めることにつながり、市民参加型の観光事業を進めるにあたっても市民の共感を得やすいというメリットもある。

しかし、その地域にこだわって歴史を掘り下げるだけでなく、同時に外へ開いていく努力や工夫も必要だということを強調しておきたい。地域に関わりのある歴史上の人物や出来事を媒介にして、ふだんはあまりつながりのなかった地域との結びつきが生まれる場合があり、歴史ツーリズムの視点からはそうした縁こそを大切にしたい。ここでも関係性の発見が重要なのである。

観光客から見ても、歴史上の特定の人物や出来事をテーマにしてゆかりの地を１つずつ巡っていくといったツーリズムのあり方は知的な興奮を呼び起こすので、それぞれの地域により深い関心を抱き、密接な関わりを持とうという動機にもなる。

こうした点で、おもしろい例の１つは「ＡＮＪＩＮプロジェクト」だろう。徳川家康の外交顧問として活躍したイギリス人・三浦按針《あんじん》に関係する４市が持ち回りで、１年に１回のサミットが開催されている。三浦按針は本名をウィリアム・アダムスと言い、１５６４年にイギリス南東部のメドウェイに生まれた。ベテランの船長として極東を目指すオランダの船団に加わり、１５９８年にロッテルダムを出航した。当時、ヨーロッパから極東への主なルートであったアフリカ回りのルートは、ポルトガルやスペインが支配しており、新興のオランダ船団はそれを避ける意味で大西洋を渡ってアメリカ大陸最南端のマゼラン海峡を回る航路をとった。太平洋を越えて、ついに１６００年、関ヶ原の戦いの半年前に、現在の大分県臼杵《うすき》市に漂着した。最初５艘で出発した船団は途中でポルトガルやスペインに拿捕されたり、沈没したりして最後の１艘となり、出航時１１０人の乗組員も日本に着いたときには24人しかいなかったとされる。

豊臣秀吉の死去後、家督を継いだ秀頼の大坂城で五大老を務めていた徳川家康は、拘束されていたアダムスらと接見し、イエズス会の宣教師たちによる処刑の要求を退けて、彼らを釈放して江戸へ招いた。アダムスは家康の命により、伊東で日本初の洋式帆船を建造し、その功績によって旗本となり、三浦半島に領地を与えられた。家康の外交顧問として助言するほか、当時盛んだった朱印船貿易にも関わったが、家康の死去後、江戸幕府が鎖国体制へと舵を切りつつあるなか、１６２０年に長崎の平戸で死去した。

三浦按針ゆかりの４市というのは、オランダ船リーフデ号が漂着した大分県臼杵市、按針が洋式帆船を建造した静岡県伊東市、家康に与えられた領地がある神奈川県横須賀市、按針の終焉の地である長崎県平戸市である。この４市が共同して「ＡＮＪＩＮプロジェクト」を立ち上げ、毎年持ち回りでイベントを開催することで相互交流が誘発されるようになった。三浦按針というかいわば「青い目のサムライ」の数奇な生涯に関心を抱く観光客は、それぞれ4市で開かれる按針祭など、ゆかりの催しを巡る歴史ツーリズムに出かけている。それだけでなく、三浦按針ことウィリアム・アダムスは日本を訪れた初めてのイギリス人であり、これらの4市と出生地であるメドウェイとの相互交流も生まれている。

これまでもさまざまな歴史ツーリズムが存在し、例えば信長、秀吉、家康ら日本人に広く好まれる歴史上の人物に何らかのゆかりのある地域では、その歴史を町おこしに積極的に活用しているのは事実である。地域にゆかりの人物や出来事がＮＨＫの大河ドラマや映画などの題材として取り上げられることも大事で、それが話題になると、歴史愛好家やいわゆる「歴女」たちが日本中から詰めかける。特にアジアの国々などの海外でもそれらを見たり、噂を聞きつけたりした人たちが日本を訪れるきっかけにもなるケースが増えている。

しかし、そうした従来型の歴史ツーリズムと異なり、「ＡＮＪＩＮプロジェクト」がユニークなのは、ゆかりの地の相互連携であり、それぞれの地域でも成立しうる歴史ツーリズムを点から線へ、線から面へと次元を高めることで規模を拡大し、同時にツーリズムとしての奥行きを一層深めていることである。隠された関係性を粘り強く発見しながら、異なる地域を結びつけ、さらに歴史を深く掘り下げていくことが、新たな観光資源となっていくのである。まさに創意が生み出すシナジー効果である。「ＡＮＪＩＮプロジェクト」は今後、全国各地が統合型リゾートを構想するにあたってのヒントとなる事例と言えるだろう。

カジノと統合型リゾートの関係

統合型リゾートには必ずしもカジノ設立が不可欠な要件ではない。しかし、統合型リゾートにおいて、カジノは有力な中核キラーコンテンツとなりうる可能性があるというのも事実である。

さまざまな人と統合型リゾートについて議論をしてみて、浮かび上がってきたのは、統合型リゾートはよいと期待を寄せている人も、その具体的な中身はそれぞれ微妙にニュアンスが違っていることである。日本でもカジノを解禁してカジノを中核とした複合型リゾートをつくることを統合型リゾートだと思っている人がいる。これまで触れてきたように、それは誤解である。わかりやすく言うと、カジノのあるラスベガスへ行くと、宿泊するホテルにはカジノだけがあるわけではなく、老若男女が楽しめるさまざまな施設がいっしょに設けられている。例えば、エンターテインメントパーク以上の絶叫マシンがあったり、音楽ショー、スポーツイベントなどのさまざまな催しが繰り広げられたりもしている。カジノのある複合施設は魅力的だという文脈で統合型リゾートを語る人がいるが、それは1つのパターンだということである。

アメリカのカジノ運営大手であるラスベガス・サンズが1兆円を投資して、大阪にカジノリゾートを建設するという計画も出ているようである。そのなかにはさまざまなショーができる劇場やスポーツ施設もつくるという。それが統合型リゾートだと思っている人がいるが、それはあくまでも複合カジノ施設である。複合カジノ施設が実現することをもって、統合型リゾートの実現というわけではないことを確認しておく必要がある。

ここで言うカジノとはあくまでも統合型リゾートの一部としての施設であり、シンガポールがよい例で、なにもカジノだけが統合型リゾートに人を引きつけているわけではない。よく言われるように、カジノは売り上げベースでもシンガポール観光の10％程度しか支えていない。すでに触れたように、医療ツーリズム、国際会議が開かれるコンベンションセンターなどがある統合型リゾートのなかに、改めて複合カジノ施設をクラスターの可能性の1つとして位置づけていくべきなのである。

すでに序章で述べたごとく、私はカジノ否定論者ではない。むしろ、ラスベガス、アトランティックシティ、シンガポールなど、カジノをコンテンツとしたリゾートを十分に楽しみ、観察してきた立場である。そして、カジノを中核とする大型複合施設を成功させてきたプロジェクト・エンジニアリングには敬意を抱いている。だが、カジノには光と影があることも確かで、影を直視し克服する構想力が大切なのである。あらゆる要素を視界に入れて、カジノの可能性を探究することは否定されるべきではない。

カジノを観光クラスターのコンテンツとして検討すべき理由

カジノをコンテンツの1つとして検討しておくべき理由が3つほどある。ここでは統合型リゾートにおけるカジノの位置づけとその問題点について、正面から論じておきたい。逆にカジノを組み込まない統合型リゾートを構想する場合でも、この部分をどう配慮し、カジノなしでどうやって構想を成功に導くのかという視界が成功の鍵になる。

第1の論点として重要なのは、カジノには公共投資に期待しないリゾートという財政的な意味合いがあることである。カジノを統合型リゾートに組み込んでいくことの重要なポイントの1つが、国や地方の財政に依存しなくても統合型リゾートが実現することである。国が巨額の予算を投じて産業を活性化するには、現実問題として限界がある。国家主導で国の予算を投じて新しい産業を興そうというアプローチは、現在の財政難ではとうてい無理な話なのである。都道府県が地域を活性化するために予算を準備して投じようというのも、地方自治体がどこも財政難であることを考えれば、同様に限界がある。

では、国や地方自治体の財源にできるだけ依存しないで、地域が主体的に知恵を出し合って、財源も確保しながら統合型リゾートを描こうとするとき、やはりカジノの併設は魅力がある選択肢だろう。カジノに対する関心が高いのは、一義的にはそうした文脈からである。依存しないどころか、カジノの収益が地域の公共政府の財源となる可能性すらある。

2番目の論点はサービス産業の高度化の具体的方策としての魅力である。なぜ今カジノなのかという話のなかで強調してきたように、日本にはサービス産業の高度化が必要なのである。日本が観光立国を目指すといっても、観光に関しては現在、出国超過になっているという現状がある。つまり、海外へ行く人は多いが、海外から日本へやってくる人は少ないという構図である。観光においても、収支のバランスをとると考えるならば、今、海外に観光に行く人が年間2000万人近くなので、海外から訪れる人を現状の1000万人から2000万人へと引き上げる仕組みを考えなければならない。しかし、2000万人を世界から呼び寄せるには、よほどの引力、付加価値がなければいけないのも事実である。

すでに触れたように、過去10年間、就業人口を400万人近く、製造業と建設業からサービス業に移動させたが、それによって失業率は増えていないものの、年収の平均は150万円以上減っていて、生活を劣化させる結果となっている。今、現実に進行しているのは、より高い収入をもたらす産業から低い産業への移動である。サービス業は残念ながら、例えば介護やタクシー運転手などが象徴する低賃金の産業になりつつある。サービス業を年収300万円以下で働かせるブラック企業の温床にしてしまってはいけない。名もなく貧しく美しい産業としての観光業から脱却するための起爆剤として、カジノを含む統合型リゾートを構想しようという心理も理解できる。サービス産業の高度化を図らなければ、より豊かな生活を描ききれず、日本の将来が成り立たなくなるのも事実である。カジノで働く人の雇用条件がサービス業で働くより多くの人の収入の底上げにつながる可能性もある。

3番目は日本観光の弱点としての夜の観光の選択肢の拡大である。訪日外国人の不満としてしばしば挙げられるのは、夜に観光して楽しむところが少ないということである。観光というと、とかく昼だけの観光を構想し、いわゆる「ナイトライフ」と呼ばれる夜の観光を忘れがちである。東京や大阪などの大都会なら、深夜営業の飲食店もあれば、遅くまで音楽を楽しめるライブハウスやクラブなどもある。しかし、地方都市の観光地に行くと、夜はほとんど何もすることがない。この落差は大変大きい。いかがわしい風俗などではなく、それなりにドキドキ感があり、大人の感覚で楽しめる節度ある夜の過ごし方ができる場所が必要である。世界中から観光客を呼び寄せているフランスのパリには、古くからのキャバレーがあり、「ムーラン・ルージュ」、「リド」、「クレージーホース」、「パラディ・ラタン」などでレビューが楽しめる。シャンソンを楽しめる「ラパン・アジル」などもある。東京には六本木の花魁《おいらん》ショーや新宿のロボットレストランなどがあり、それなりに訪日外国人を集めているが、ビッグスターの歌が常時楽しめるレストランや、ボクシングなどのスポーツを観戦できる施設などはなく、ゴージャスな夜を過ごせる機会は乏しい。

例えば、ラスベガスに行くとわかるが、世界のエンターテインメントのなかでも最も創造的なプロジェクトがここに集まっている。サーカスのシルク・ドゥ・ソレイユには、観客だけでなく、すぐれたパフォーマーが世界から集まってくる。日本からもシンクロナイズドスイミングのオリンピックメダリストが入団し、第二の人生を過ごしたりしている。そうした独創的なエンターテインメントが、カジノを中心にした1つのプラットホームに花開いていくこともある。

プロスポーツにとってもこの種のプラットホームが持つ意味は大きい。アメリカのプロスポーツがどうしてあれほど盛んかというと、ラスベガスやアトランティックシティでは、常時、大きな大会が催されているからである。プロボクシングのタイトル戦もこうしたところで行われ、カジノと隣り合わせになった高揚感のなかで、イベントが盛り上がっていく仕掛けになっている。

カジノは24時間営業で、確かに影の部分はあるものの、ワクワク感や独特の誘惑を感じさせるところもある。カジノを軸にした複合型リゾートに期待感が集まるのは、そうした夜の過ごし方に対する1つのアンサーだという点は考えておく必要がある。

カジノ運営には透明性の確保が必要である

カジノの影の部分についても、正面から十分に語っておく必要がある。ここでは4つの点について考えておきたい。

1番目に、カジノを解禁することで日本がギャンブル社会へ傾斜するのではないかという不安感である。カジノ導入に慎重な立場の人たちの中心的な議論になっているが、ある意味で健全な意識であり、反発であると言えるかもしれない。

カジノというとすぐにギャンブル依存症という言葉が出てくるが、日本はすでに世界に類を見ないようなギャンブル国家であることも知っておくべきである。カジノを公認しなければギャンブルとは縁遠いということではなく、日本ではパチンコという形で全国津々浦々、どんな地方都市にもギャンブルが浸透している。各地で毎週のように競輪、競馬、競艇のレースが開かれ、サッカーくじなども根づいている。こうした国は世界広しといえども他にはない。ただ、全国にパチンコ店があるからカジノもよいという話ではなく、統合型リゾートのなかで大人の娯楽、エンターテインメント空間としてカジノを位置づけ、より透明性の高い形で管理していくことが重要である。

日本で言うギャンブル依存症は、カジノに夢中になってラスベガスやマカオに入り浸っているというケースはなく、例えば主婦がパチンコ中毒になっているといったケースがほとんどである。また、カジノの議論には、言わば既得権益である既存のギャンブル産業からの警戒や反発があることも承知しておくべきだろう。

人類の歴史をたどってみると、ギャンブルは世界各地で行われてきており、実際にギャンブルに溺れたといった出来事も見受けられるものの、基本的には節度の問題だと思われる。特に産業としての観光を考え、そのコンテンツの1つとしてカジノを位置づけるときには、大人社会のバランスのとれた了解が必要になる。カジノは絶対にだめだとか、絶対に必要だという偏った議論ではなく、節度のあるなかで、冷静にカジノを位置づけていくという視点が必要になるだろう。

カジノに限らず、何かを楽しむのであれば、自分の責任でエンジョイするのが大人社会のルールである。エンターテインメントも何もない社会は無味乾燥である。非日常の虚構を虚構として、節度のなかで楽しむことも大事であり、それが成熟した大人社会だと思われる。

シンガポールのリー・クアンユーがまさにそういう問題意識を持っていたことがわかるが、統合型リゾートにカジノを組み込んでいくことは、自己責任社会の構築が前提になっている。つまり、大人としての挑戦心と自制心の両方がなければ、健全にギャンブルを楽しむことはできない。それがないと、ギャンブルにのめり込み、身を持ち崩すことになる。一般の人もポーカーゲームなどをするように、古今東西、人間の知的世界にはその種のゲームに対する想像力が必要な部分もある。それを自己破産につながるような、暗黒のものにしてはいけない。挑戦心と自制心とが同居したバランスのとれた大人の感覚や精神構造がなければ、ギャンブル依存症になる人も出てくる。アトランティックシティやマカオのカジノに行くと、非日常的な空間に誘い込まれ、ある種の高揚感を覚えるはずである。その一方で、自分の懐具合を考え、ここで身を持ち崩すほどにのめり込んではいけないという自制心もしっかりと働かせる。逆に言えば、この緊張感がカジノ空間のおもしろさとも言える。

高揚感と自制心こそが大人社会のキーワードである。冒頭でも触れたとおり、そういうものもなく、ただ単に名もなく貧しく美しく、日常性の中をただひたすら生きればいいのだという価値観も確かにあるだろう。そうした人たちからすると、違和感があるかもしれないが、人間の社会における高揚感と自制心の重要性もさまざまなところで実感するのである。

カジノの影の部分についての2つ目の論点は運営の透明化である。カジノ開設について、多くの人が不安を抱いているのも事実である。カジノをめぐるお金の流れが地下経済のような形になって、マフィアやヤクザなどの資金源になるのではないかという心配から、健全な市民がある種の拒絶反応を示すのもよくわかる。カジノを含めた統合型リゾートを構想するのであれば、そうした問題意識に対しても、誤魔化すことなく、正面から向き合うべきである。

これからＩＲ（統合型リゾート）推進協議会でもマニュアルづくりが図られることになるが、ギャンブル依存症についても、しっかりした分析を行い、対策を打っていくことも重要である。現在の段階で強調しておきたいのは、透明性の確保ということである。つまり、カジノをギャンブルとして地下組織化させないためにも、透明な健全なものとしてマネジメントしていける態勢をつくることである。カジノを開設するのであれば、統合型リゾートのなかで責任ある態勢を確立して、その仕組みのなかでやることである。

もう1つは、カジノの運営形態についての議論が重要になってくる。つまり財政に依存しない観光開発としてのカジノというと、また新しい公営ギャンブルをつくるのかという誤解を招きやすい。そういう人は日本はギャンブルのない国だと思っているのかもしれないが、実際には公営ギャンブルは山ほどある。例えば、競馬会は農林水産省の管下、オートレースと競輪は経済産業省の管下、ボートレースは国土交通省の管下、スポーツ振興くじは文部科学省の管下で、国庫等の収入の一部となっている。これほど公営ギャンブルがある国はないと言ってもいいくらいである。

ここに新たにカジノができると、それをどこが管理するかという綱引き競争のような話になりかねないのも事実である。ただ、ここではっきりさせておきたいのは、カジノという新しい公営ギャンブルをつくろうとしているのではないということである。省庁の管理という枠組みのなかではなく、民間の経営を主体にして、政府に三条委員会をつくり、そのもとで公正な管理がなされるようにする方向である。事実、アメリカのカジノは同様の枠組みのもとで運営されている。

香港でさまざまな人と議論してわかったのだが、日本のパチンコ店にあるスロットマシンとラスベガスにあるスロットマシンでは管理という点でまったく異なっている。日本のスロットマシンは、当たりの出る確率を調整することができる。カジノのスロットマシンは乱数によって当たりの確率が管理され、ランダムナンバージェネレーターを三条委員会が管理していて、ほかの者は機械に一切触れることができない。つまり、偶然以外の要素は入り込めないフェアな状態になっているのである。

要するに、カジノによって新たな公営ギャンブルをつくるわけではない。民間が経営を行うが、管理委員会のような組織がしっかりとフェアで透明性の高い運営形態を維持するのである。ここには相当な工夫がいるし、今後の論点も必要である。

運営に関しての3番目は難しい表現だが、「多様なカジノ」と言うべきものである。カジノには普通の人たちだけでなく、「ハイローラー」と呼ばれる驚くような高額を賭ける人たちも訪れる。こうした人たちがＶＩＰルームで落としていくカネのほうが、「平場カジノ」で１００ドル、２００ドルといった掛け金で遊ぶ一般の人たちのそれよりもはるかに多い。つまり、世界の多くのカジノはハイローラーを対象にしたカジノが実際の収益源なのである。世界中のカジノを渡り歩く億万長者のような者だけが主役の世界もあるのである。

多様なカジノと言うのは、カジノをやるなら、一般の老若男女が楽しめるカジノを運営しながら、一方ではこうしたハイローラーも排除しない形態が必要だということである。

具体的に言うと、ラスベガスやアトランティックシティとマカオの違いである。マカオのカジノはハイローラーカジノでギャンブラーの天国である。ところが、ラスベガスやアトランティックシティは、ハイローラーもやってくるが、子ども連れで遊べるような場所なのである。

そういう意味で、カジノのイメージについてさまざまな議論を行う必要がある。もちろん構想としては、モナコのような世界の超大金持ちが美人を連れていってエンジョイするようなカジノもあってよい。大切なことは、カジノをやるとして、どういう人たちを対象にするのかについては、今後まだ多くの議論が必要だということなのである。

４番目は、カジノ中毒への対処である。

カジノに溺れて身を持ち崩す人やギャンブル中毒という人たちを生んで社会を荒廃させるのではないか、という議論に対してどういうふうに考えるのか。例えば世界を見渡すと、完全ではないにしても、そういう人たちへの対策がすでに取られていることにも気がつく。シンガポールのカジノのように、ゲームに夢中になって冷静さを失った人に対して、声をかけて「クールダウン」を行ったり、場合によっては退場を促す監視員を置くといったことも大切だろう。また、ギャンブル中毒になって、家族をも顧みず、家庭を崩壊させそうになっている人については、家族が登録することによって、当人がカジノに入場できないようにする仕組みもある。

カジノはあくまでも大人の遊びであり、それぞれの人が自己規制をしながら、楽しく遊ぶというのが、本来の姿だろう。それでもどうしても生まれてしまうカジノ中毒の人たちには、更生施設などで社会復帰できる仕組みを準備しておくことも大切だろう。教育の現場ではカジノやギャンブルについて考える、いわゆる「カジノ教育」といったものも考えてよい。

いずれにしても、統合型リゾートはカジノありきのものではない。地域にふさわしい統合型リゾートを構想し、コンテンツの1つとしてカジノの導入を可能性として考えるのであれば、その統合型リゾートをさまざまな形で利用するファミリーの視点や地元市民の視点を無視することはできないだろう。カジノの光と影の部分、両方を視界に入れてしっかりとした議論を行いながら、構想づくりを進めていく必要がある。

資料編

データ・情報から読み解く観光立国

（一財）日本総合研究所
観光立国タスクフォース

資料編の活用にあたって

資料編は、序章と本編で述べられた「新・観光立国論」を、関連するデータや情報から読み解くことを最大の目的としている。

第1章では、創造的な観光立国を実現する上で、踏まえておくべきアジアや日本の状況に加えて、人々の「移動と交流」を支える総合交通体系の状況を、具体的なデータや情報を用いて実証的に解明することを試みる。人口減少と異次元の少子高齢化を迎えるとともに、産業構造が大きく変化するなかで、サービス産業を高度化させ、アジアダイナミズムを積極的に取り込むことによって地域を活性化させるためには、日本の置かれた環境を的確に把握した上で、観光立国を描くことが重要である。

第2章では、脱工業生産力モデルの先行例として、シンガポール、デンマーク、オランダ、パリ／ジュネーヴを紹介する。これらの国や都市は、さまざまな知恵と工夫により付加価値を高めて、工業生産力に頼らずに外貨を稼ぎ、1人あたりGDPで日本をはるかに凌駕している。このような先行例を分析・考察することにより、工業生産力のみに依存しない「脱工業生産力モデル」を志向し、日本経済、地域経済を活性化する基軸や方策を探るヒントを提供する。

第3章では、代表的な統合型リゾートとして、ディズニー・ワールド・リゾートやカジノを含む統合型リゾートであるラスベガスやシンガポールを考察する。これらの統合型リゾートがどのような経緯で成立し、どのような仕組みで世界中から人々を引きつけるのかを吟味し、日本で真の統合型リゾートを構想する上での視点を提示する。また、統合型リゾートの1つのコンテンツとなりうる世界の代表的なカジノの概要についてあわせて紹介する。

第4章では、第1章から第3章で読み解いた事象を踏まえつつ、日本の魅力・地域の魅力に迫る。『全47都道府県幸福度ランキング』の測定結果も含めて、客観的なデータ分析から見えてくる各地域のポテンシャルを明らかにした上で、真の統合型リゾートの形成による地域創生に向けた多様なツーリズムの構想を例示する。

客観的なデータや情報が示すトレンドや事実を見つめ直し、各地域が置かれている状況を的確に捉えることが、創造的な観光立国を実現するための第一歩である。そして、自らが暮らす地域のポテンシャルを掘り起こし、まちづくり全体を俯瞰する広い視野をもって、それぞれの地域にふさわしい真の統合型リゾートを組み立てることが重要である。観光立国を実現し、新たな時代を切り開く一助として本資料編のデータ・情報を活用いただければ幸いである。

第1章　真の観光立国の実現に向けて

1－1　アジアダイナミズムへの対応

日本が成熟社会を迎えるなか、世界第2位の経済大国となった中国をはじめ、東南アジア諸国連合（ASEAN）諸国やインドの経済発展が続いており、これらの成長著しいアジアの国々が経済的な力を高めている。このようなアジア新興国の経済発展は、高度経済成長期の日本がそうであったように中間所得層を拡大し、消費支出を増加させることから、日本の観光に対しても大きな影響を及ぼす。

すでに本格的な人口減少局面に入っている日本においては、交流人口の増加によって地域経済の活性化を図るべく、東京オリンピック・パラリンピックが開催される2020年までに訪日外国人を2000万人に、さらには2030年までに3000万人に増加させることを目標に掲げて、インバウンド促進に向けた取り組みを推進している。アジアを中心とする新興国の経済成長が引き続き見込まれることから、今後の観光振興においては、これらの国々の国際観光需要を積極的に取り込んでいくことがきわめて重要である。

アジアの人口・経済規模の動向

現在、世界には72億人を超える人々が暮らしているが、そのうち中国の14億人、インドの13億人を筆頭に、世界人口のおよそ6割にあたる43億人超がアジア地域に暮らしている。近年、日本においては急激な人口減少、少子高齢化が大きな課題として盛んに取り上げられているが、引き続き世界の人口は大きく増加することが見込まれており、国連の推計によると2050年には96億人に迫るとされている（「World Population Prospects: The 2012 Revision」の中位推計による。以下同じ）。少子化・高齢化が進行する日本やタイ、一人っ子政策を進めてきた中国など人口増加が鈍化する国々が見られるものの、アジア全体の人口は今後も増え続け、2050年には51・6億人に達する見込みである。とりわけインドにおいては、20

図表1-1　アジア諸国における人口見通し

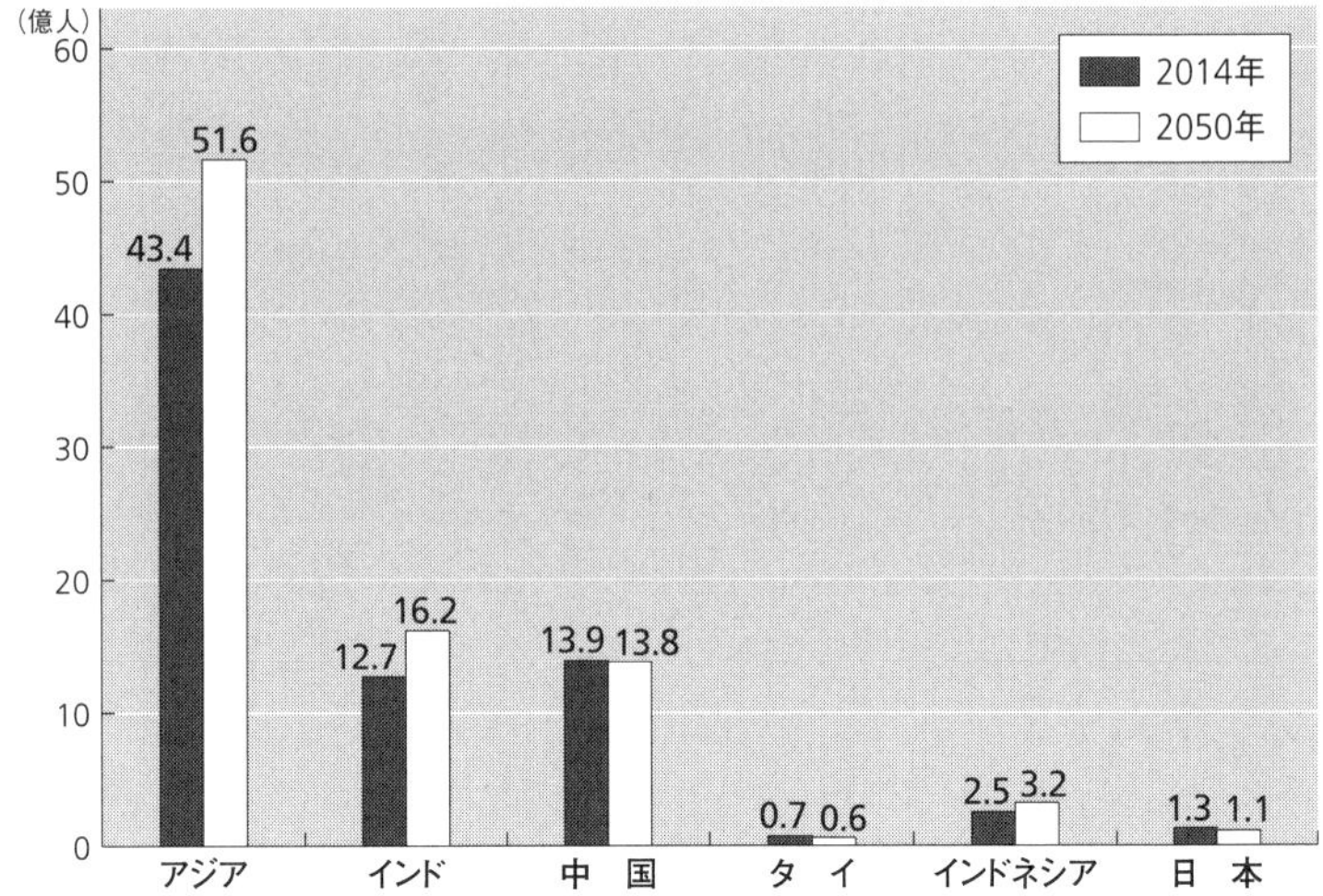

出典：国連「World Population Prospects: The 2012 Revision」

27年から2028年にかけて中国の人口を上回って世界一人口の多い国となり、2050年には16・2億人にまで増加する見込みであるほか、現在、2・5億人の人口（世界第4位）を抱えるインドネシアにおいても引き続き増加が見られ、2050年には3・2億人に達する見込みである（図表1－1）。

次に経済面に着目する。2008年のリーマンショックにより世界経済が後退局面を迎えたなかにおいても、中国やインド、ASEANなどのアジア諸国は経済成長を続け、2015年4月に国際通貨基金（IMF）が公表した世界経済見通しによると、2014年の実質GDP成長率は先進国地域が1・8%であるのに対して、幾分伸びが鈍化しているものの、中国が7・4%、インドが7・2%、ASEAN5（インドネシア、マレーシア、フィリピン、タイ、ベトナム）が4・6%と依然として高い成長率を維持している。

2014年の日本の1人あたりGDPは3・6万ドルであり、シンガポールの5・6万ドル、香港の4・0万ドル、ブルネイの3・7万ドルに次いでアジア第

図表1-2　アジア諸国における1人あたりのGDP推移

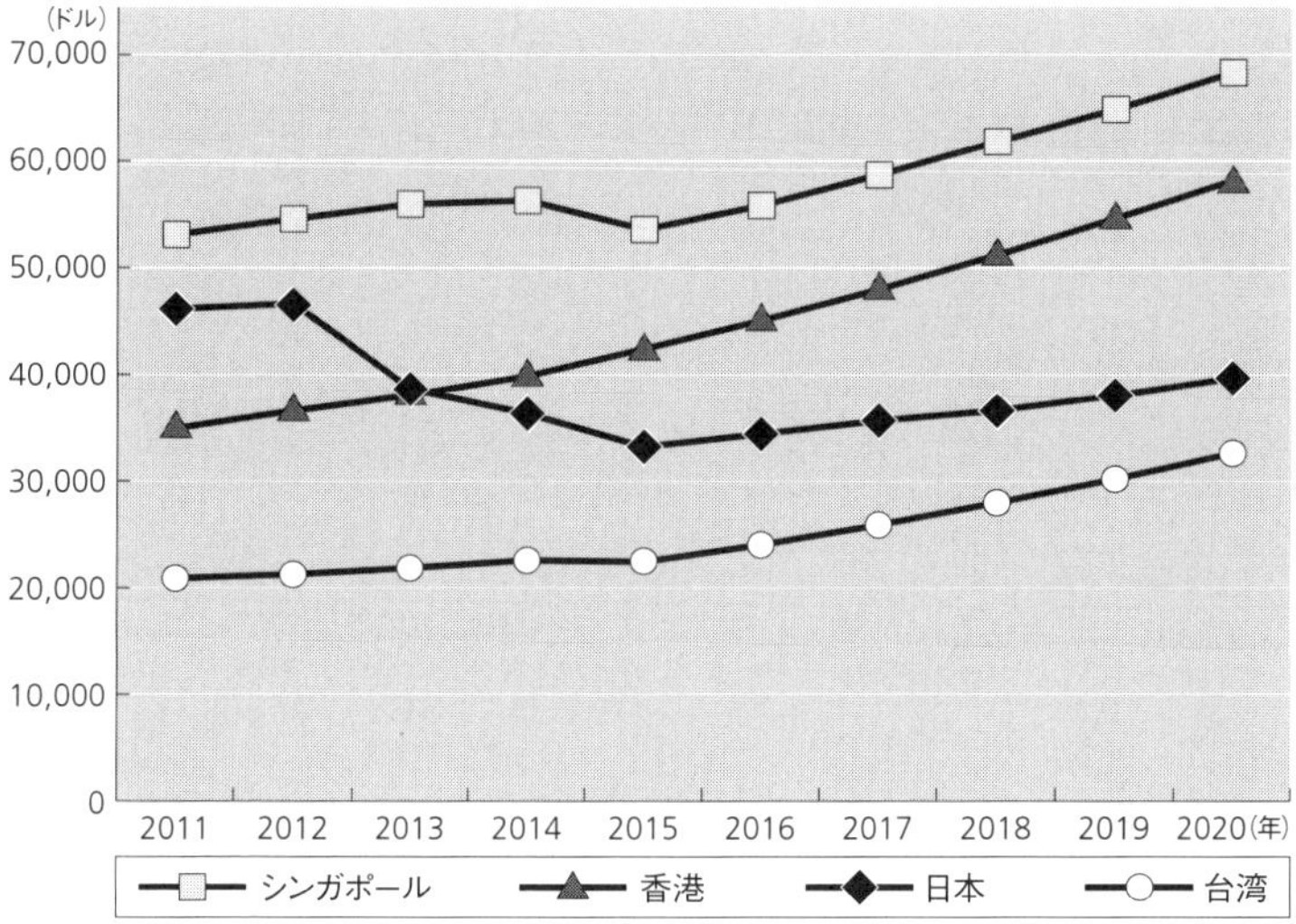

図表1-3　アジア新興国における1人あたりのGDP推移

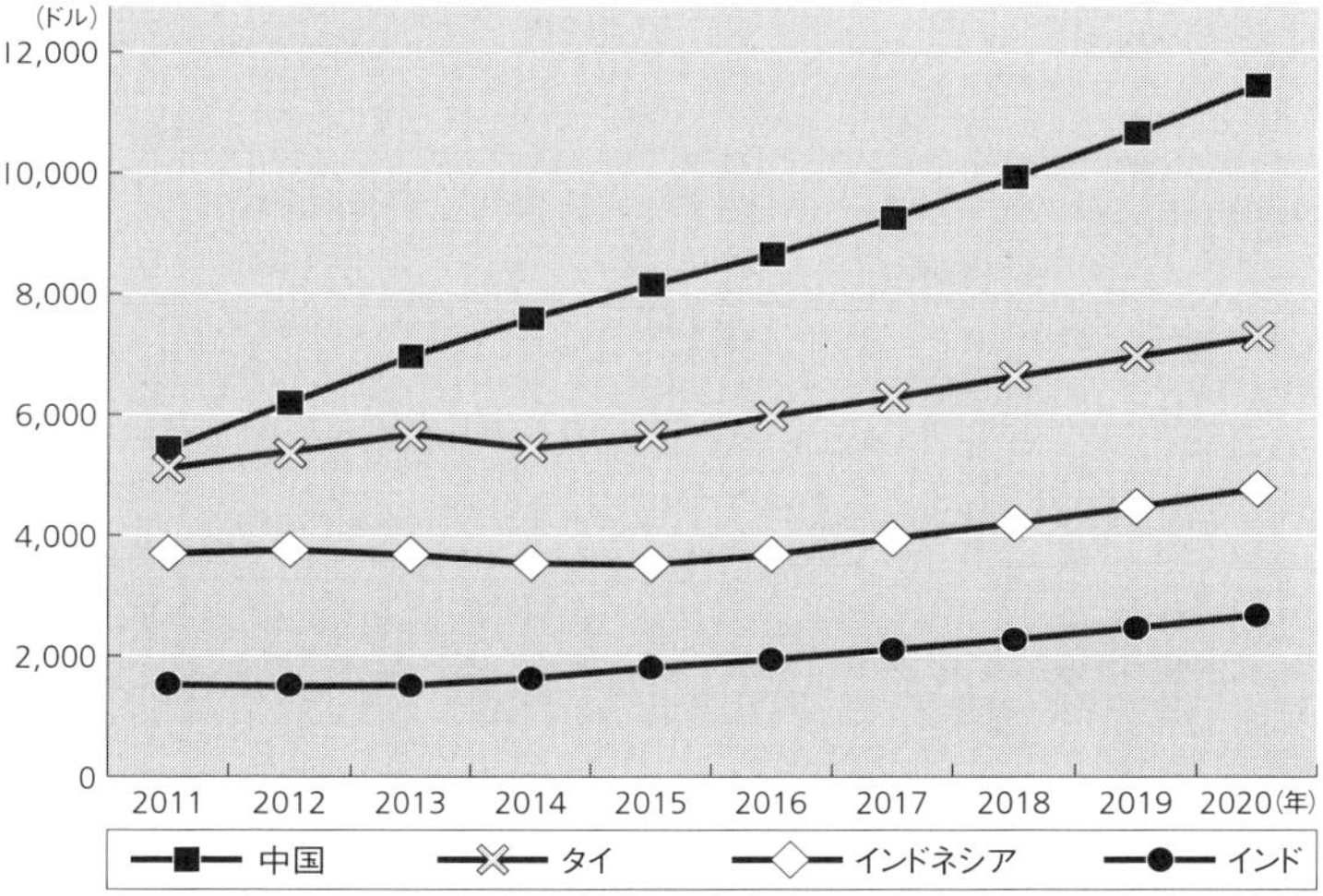

出典：IMF「World Economic Outlook Database April 2015」

4位であり、2013年と比較すると香港に抜かれ、1つ順位を落とした。また、台湾も順調に経済成長を続けており、すでに2万ドルゾーンに突入している。

成長が著しい新興国に目を向けると、中国はここ数年のうちに1万ドルを超える見込みであるほか、タイやインドネシアといったASEAN諸国においても堅調に上昇する見込みである（図表1-2、3）。

このような経済成長に伴って、アジア新興国においては2020年にかけて富裕層（世帯年間可処分所得3万5000ドル以上）および中間所得層（上位中間層：同1万5000ドル以上3万5000ドル未満、下位中間層：同5000ドル以上1万5000ドル未満）が大幅に拡大する見通しである。なかでもインドをはじめとした南西アジアや中国の伸びが顕著である。南西アジアにおいては、経済の底上げに伴い、低所得層を脱して下位中間層に移行する層が大幅に増加することが見込まれている。また中国においては、下位中間層の総数はそれほど大きくは変わらないが、下位中間層から上位中間層に、さらには上位中間層から富裕層に移ることによって、それぞれが大幅に増加

図表1-4　アジアにおける所得層の見通し

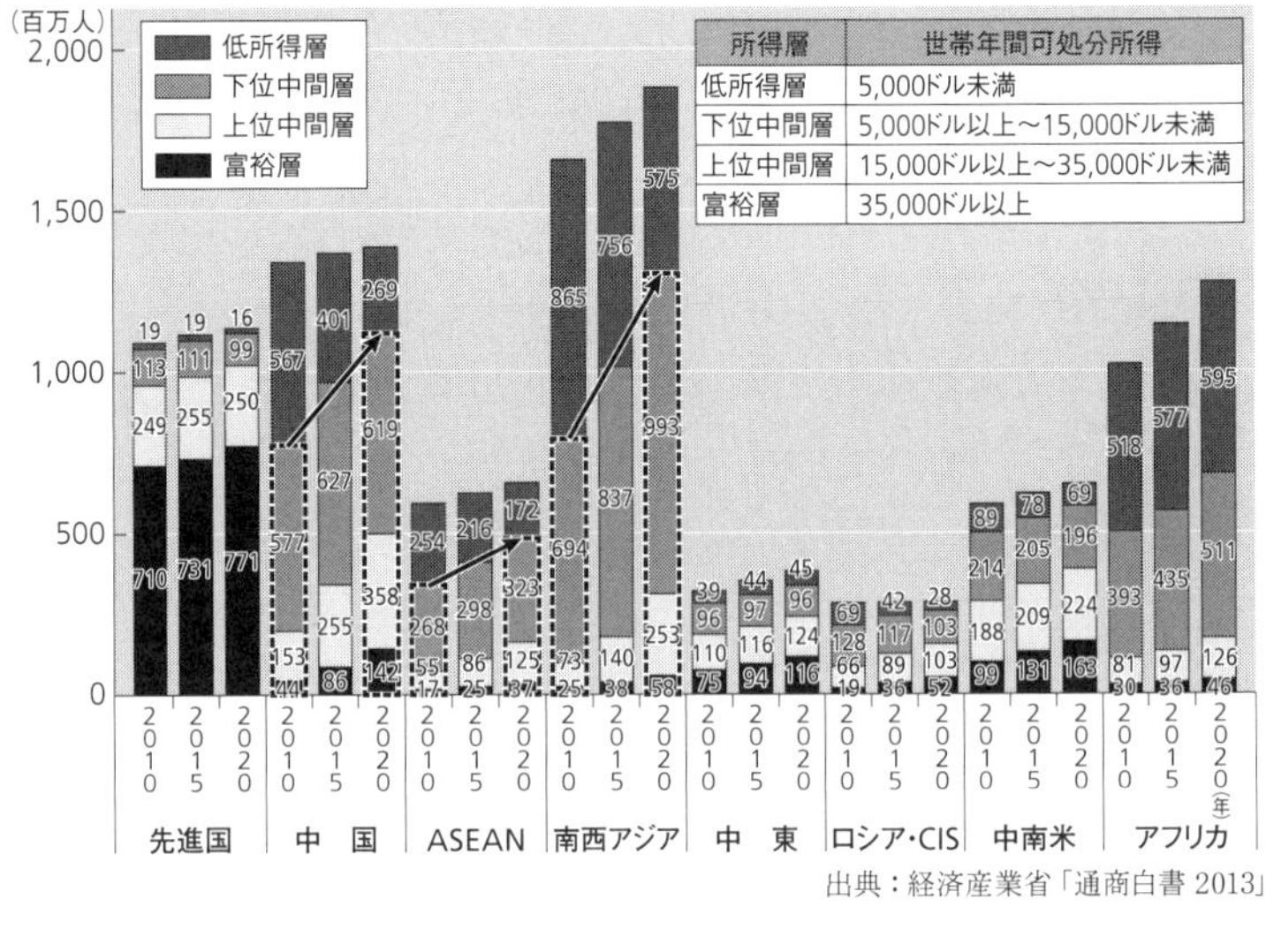

所得層	世帯年間可処分所得
低所得層	5,000ドル未満
下位中間層	5,000ドル以上〜15,000ドル未満
上位中間層	15,000ドル以上〜35,000ドル未満
富裕層	35,000ドル以上

出典：経済産業省「通商白書 2013」

し、低所得層の割合が減少することが見込まれる。ASEANにおいても中間所得層の着実な増加が見込まれており、このような状況を踏まえると、今後、アジア新興国の経済成長やそれに伴った富裕層および中間層の拡大がアジア全体の消費支出を押し上げるものと想定される（図表1－4）。

国際観光客数と訪日外国人数の動向

世界全体の国際観光客数は、2008年のリーマンショック等の影響により一時的な落ち込みはあるものの、世界経済の拡大に伴って右肩上がりに増加しており、UNWTO（国連世界観光機関）が2015年1月に公表した統計によると、2014年は11億3800万人に達した（図表1－5）。

国際観光客の行き先における地域別シェアの推移を見ると、欧州が過半を占めているものの、2000年に57・4%を占めていたシェアは2014年には51・7%にまで減少している。これに対してアジア太平洋のシェアの拡大が顕著であり、2000年は16・4%であったが、2014年には23・1%にまで伸びてい

図表1-5　国際観光客数の推移

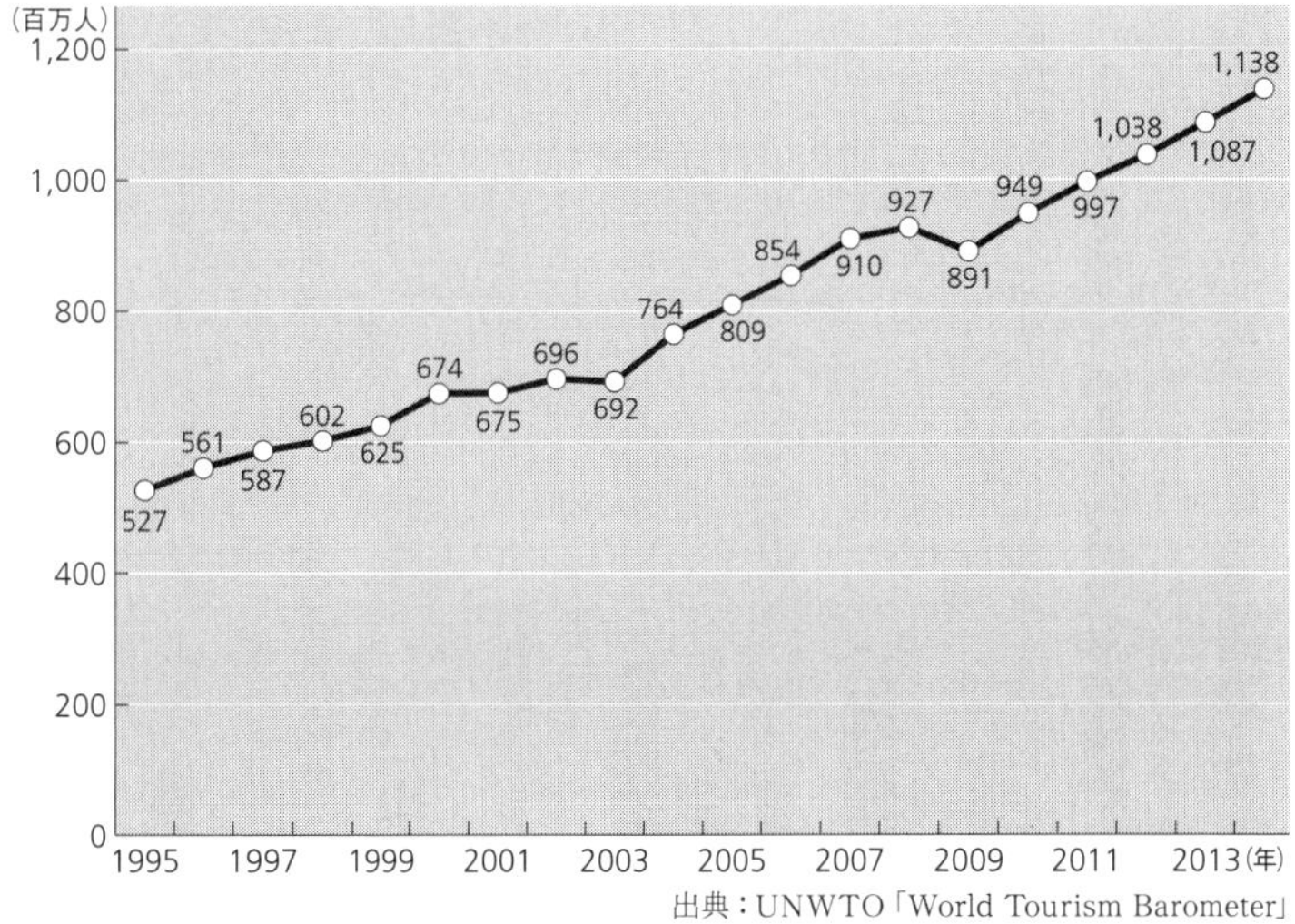

出典：UNWTO「World Tourism Barometer」

図表1-6　国際観光客の行き先の地域別シェアの推移

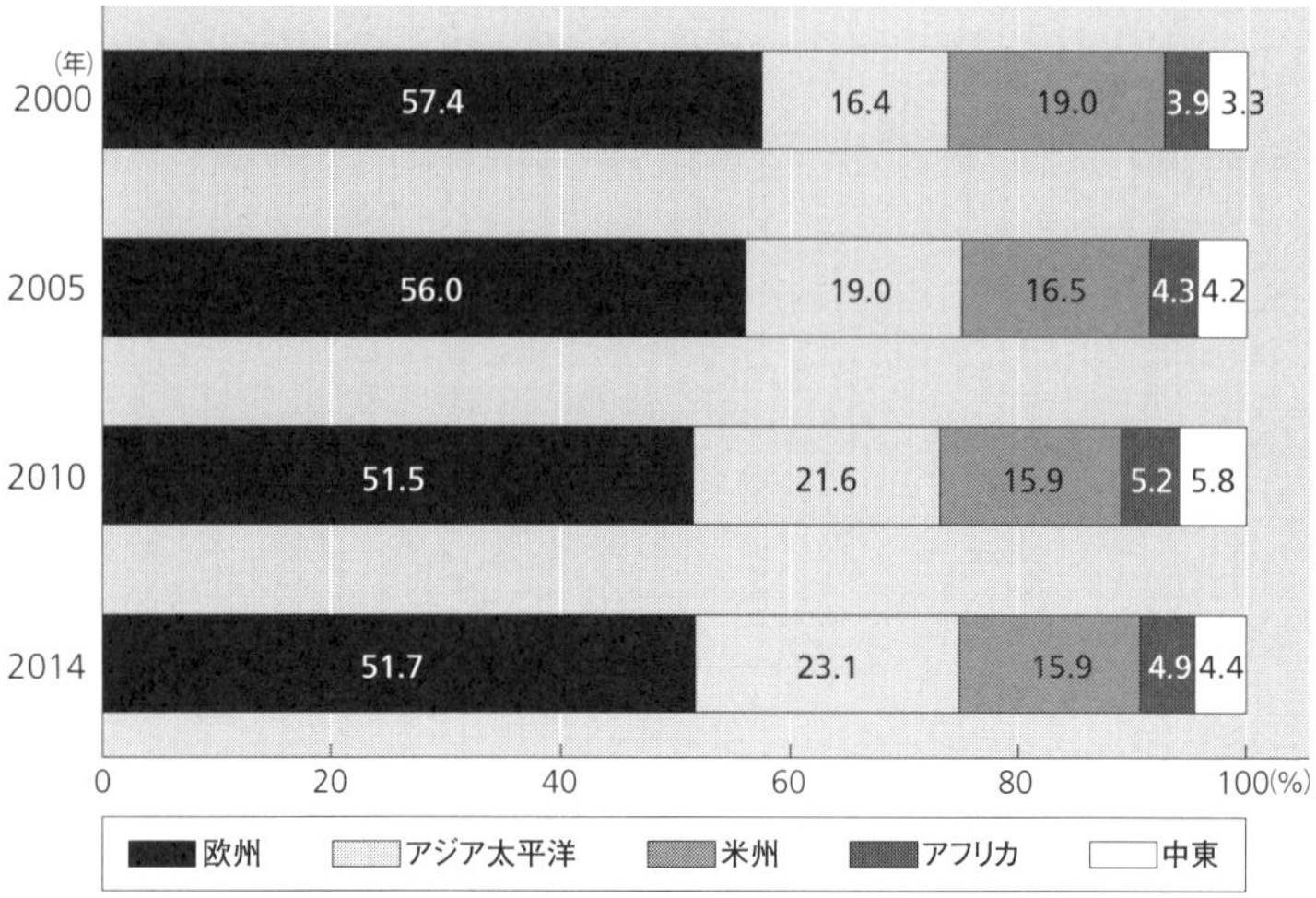

出典：UNWTO「World Tourism Barometer」

図表1-7　地域別国際観光客数の予測

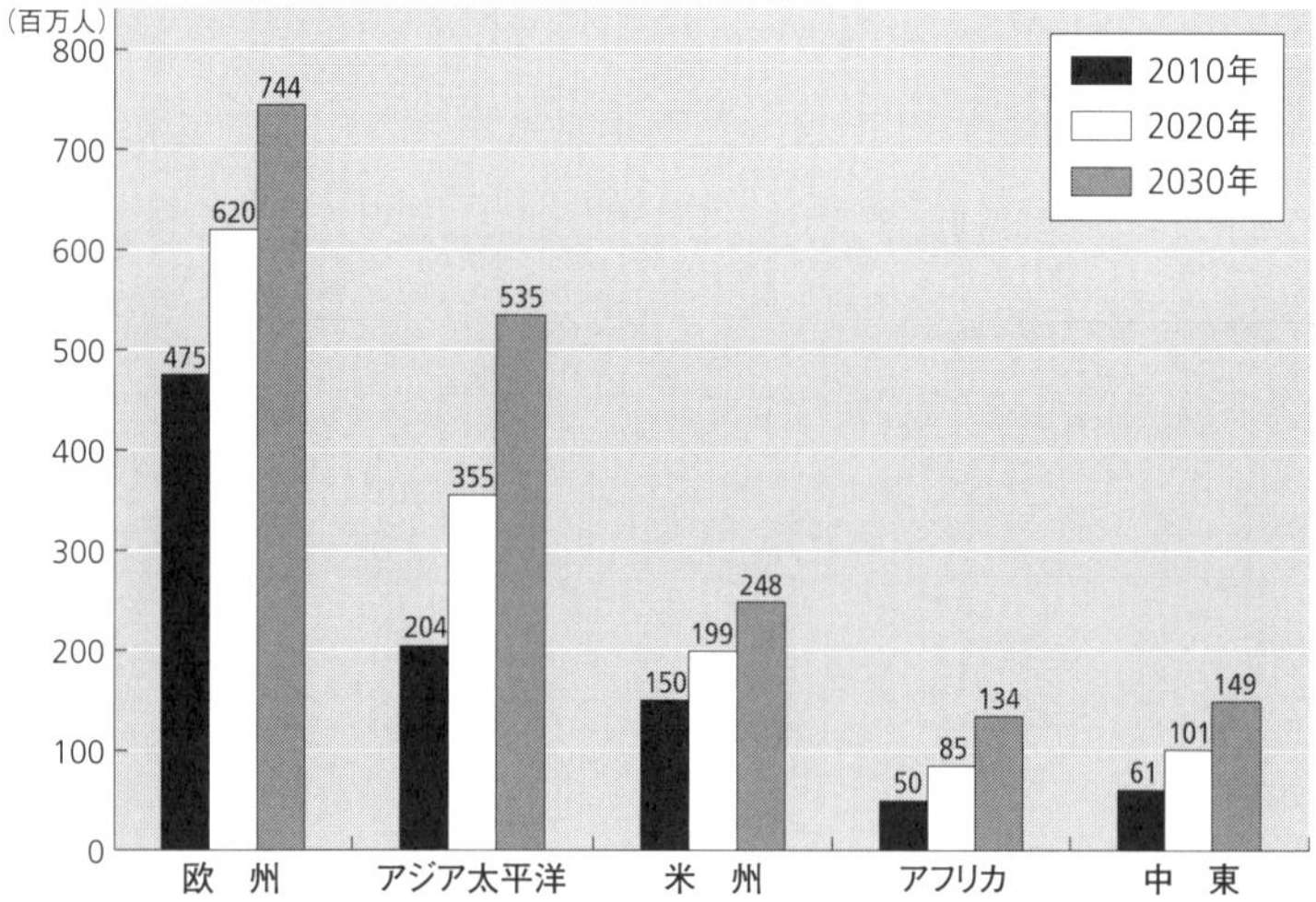

出典：UNWTO「Tourism Highlights 2014 Edition」

る（図表１－６）。

また、今後も世界経済の拡大に伴い、新興国を中心に富裕層や中間層の増加が見込まれることから、国際観光客数は増加を続け、アジア太平洋への観光客数は２０３０年までの20年間で２・５倍超の５億３５００万人に増加することが予測されている（図表１－７）。

このように世界的に国際観光客数が増加するなかで、訪日外国人数も増加傾向で推移している。リーマンショックや東日本大震災の影響により減少した時期があるものの、２０１２年以降は大幅な増加を続けている。増加要因として、アジアの経済成長に伴う海外旅行需要の増大、東南アジア諸国等へのビザ緩和や消費税免税制度の拡充、円安による訪日旅行の割安感、ＬＣＣ国際線の路線増加などさまざまなものが考えられるが、２０１３年に初めて１０００万人を突破し、２０１４年においても対前年比29・４％増の１３４１万人と大幅に増加している（図表１－８）。その内訳を見ると、特にアジア諸国からの来訪者の増加が顕著であり、年々その占める割合は拡大し、全体の８割近くがアジアからの来訪者となっている。さらに詳細に

図表1-8　訪日外国人数の推移

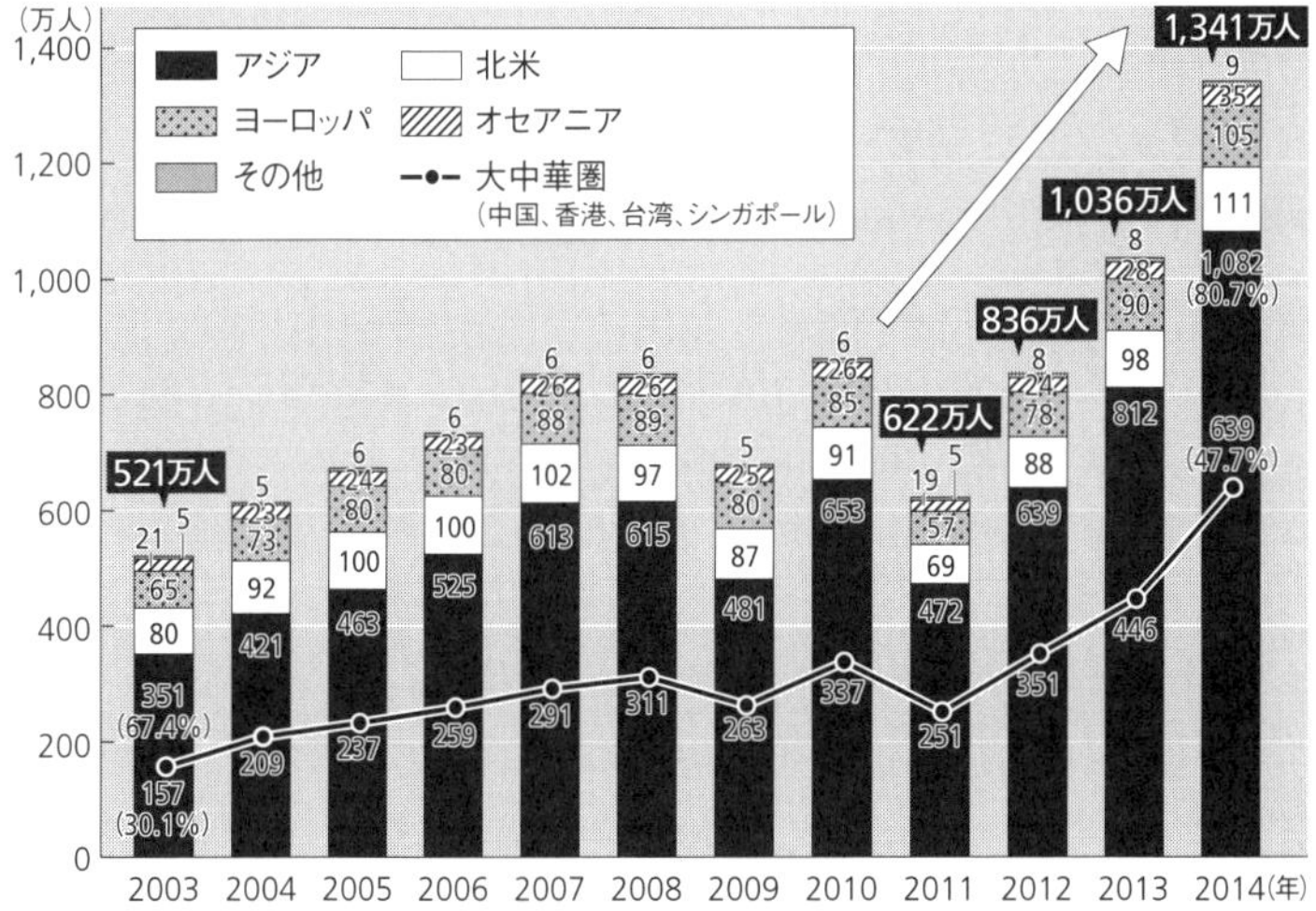

※ 2014年の数値は暫定値。出典：日本政府観光局（JNTO）

見てみると、中国、香港、台湾、シンガポールの「大中華圏」からの来訪者が急増しており、全体の5割近くを占める状況となっている。

前述のとおり政府は、訪日外国人数の目標として、東京オリンピック・パラリンピック開催の2020年に2000万人、さらには2030年に3000万人を掲げている。この目標を達成するためにも、グローバリゼーションの進展に伴い都市間競争が激化するなかで、今後も着実な拡大が見込まれるアジア新興国の観光需要を取り込むことがきわめて重要であり、地域や所得層などターゲットを明確にした上で、マーケティング等を強化することにより的確にニーズを把握し、戦略的な施策展開を図る必要がある。また、今後はアジア新興国において増加が見込まれる中間所得層を取り込むのはもちろんのこと、アジアをはじめとしたハイエンドな顧客（富裕層）も引きつけて観光消費額を押し上げることにより、真の観光立国として確固たる地位を築くことが必要である。

アジアダイナミズムを取り込むためには、単に観光施策のみならず、リニア中央新幹線や整備新幹線、高速道路網などの総合交通体系のほか、観光産業の土台となる力強い農林水産業の展開、サービス産業を支える人材の育成など、多様な観点から総合的・戦略的に政策を組み立てる構想力が必要不可欠である。

1-2 日本の人口構造と産業構造の変化

1965年以来、約3000万人増加してきた日本の人口は2008年をピークに減少の一途をたどり、2050年までに3000万人超減少する予想となっている。加えてただ単純に人口減少サイクルに突入するというだけではなく、少子高齢化の傾向が顕著となり、2050年の65歳以上人口の全人口に対する割合が約40%に達すると予測されるなど、社会総体の不安定化をもたらす「異次元の高齢化社会」が待ち受けている。

また、日本経済は、第1次産業労働力人口を製造業・建設業等の第2次産業労働力人口にシフトさせ、「工業生産力モデル」によって高度経済成長を実現してきた。しかしながら、工業生産力に頼らないデンマークやシンガポールといった国々が、今や1人あたりGDPにおいて日本を大きく上回っており、これまでの工業生産力のみに依存した産業モデルでは持続的な成長は見込めない状況と言える。今後は「工業生産力モデル」のさらなる進化を追求することはもとより、サービス産業等の第3次産業を高度化させる「脱工業生産力モデル」とも言うべき産業構造を模索すべきである。

つまり人口減少、少子高齢化による労働力不足や産業構造の変化に対応していかなければ、日本経済は疲弊し、日本が衰亡危機に陥る可能性があり、「移動と交流」によって日本を活性化させる観光立国論、観光の一層の産業化が必要となる。

日本の人口推移と将来予測

国立社会保障・人口問題研究所「日本の将来推計人口（平成24年1月推計）」の出生中位・死亡中位仮定による推計結果によると、戦後、増加してきた日本の人口は、2008年の1億2808万4000人をピークに減少すると予測されており、戦後高度成長期

図表1-9　日本の人口推移と将来予測

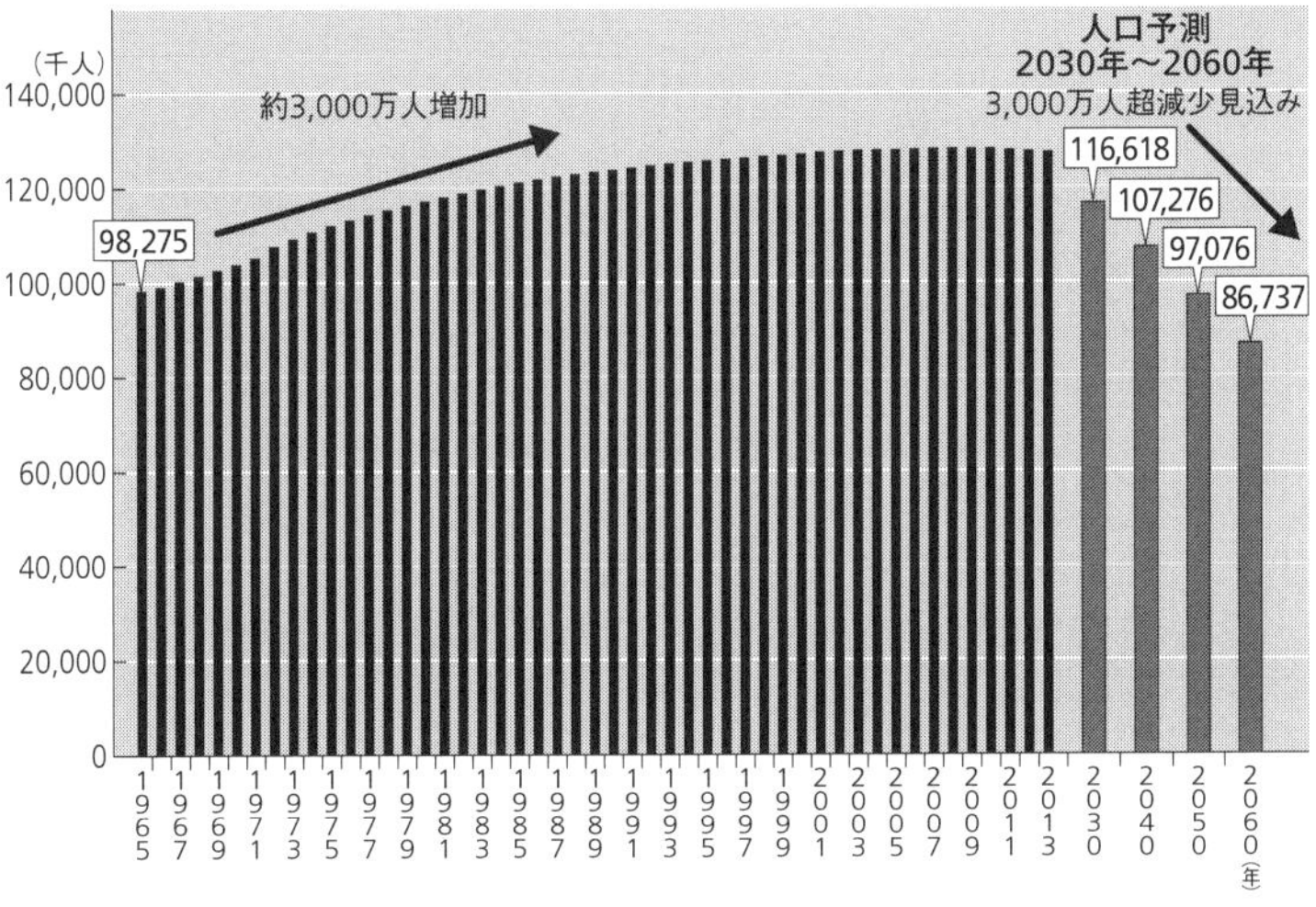

出典：総務省「人口推計」、国立社会保障・人口問題研究所「日本の将来推計人口（平成24年1月推計）」より作成

図表1-10　日本の人口推移と高齢化割合

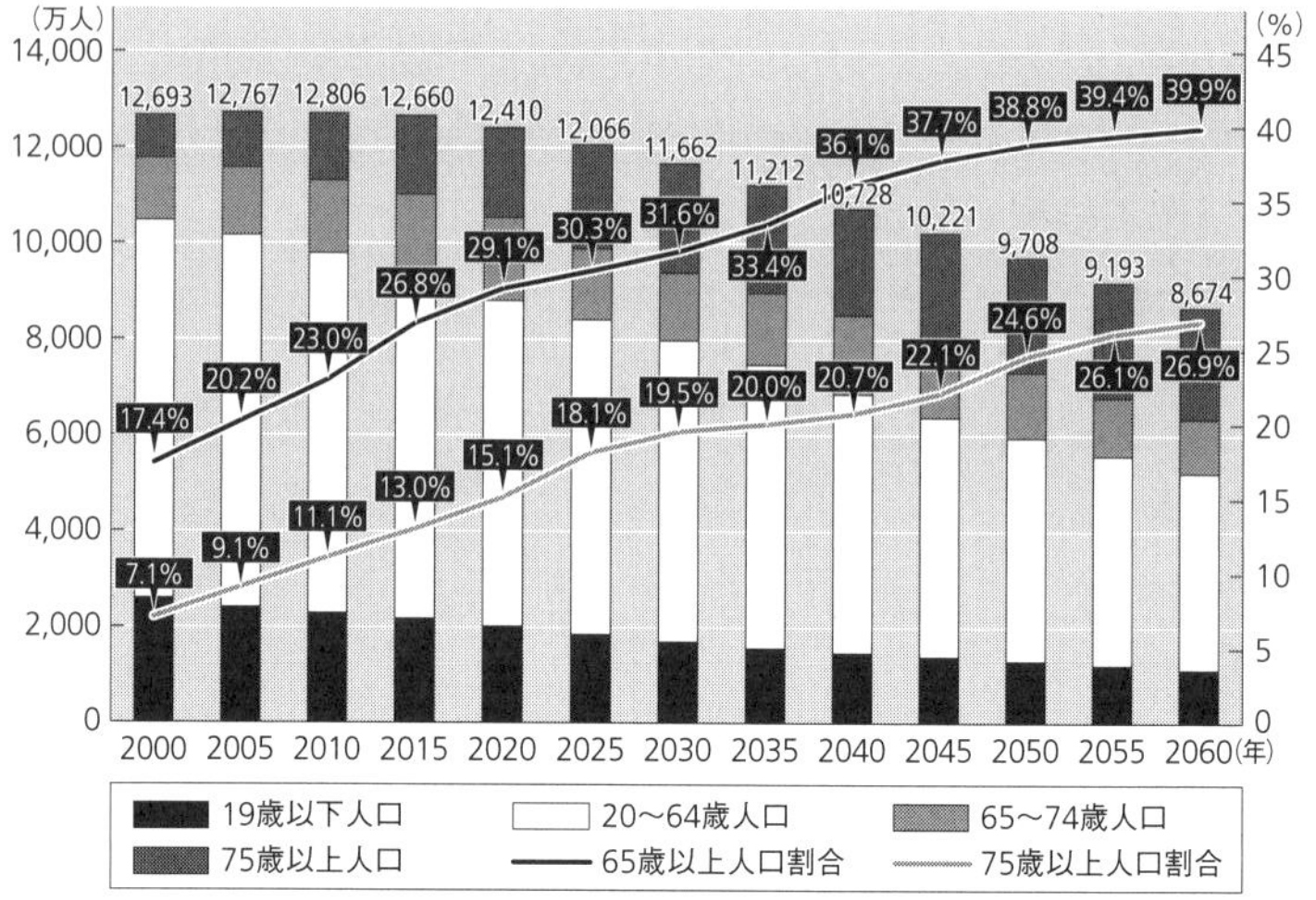

出典：総務省「国勢調査」、国立社会保障・人口問題研究所「日本の将来推計人口（平成24年1月推計）」より作成

図表1-11　アジア主要国の高齢化割合の推移と予測

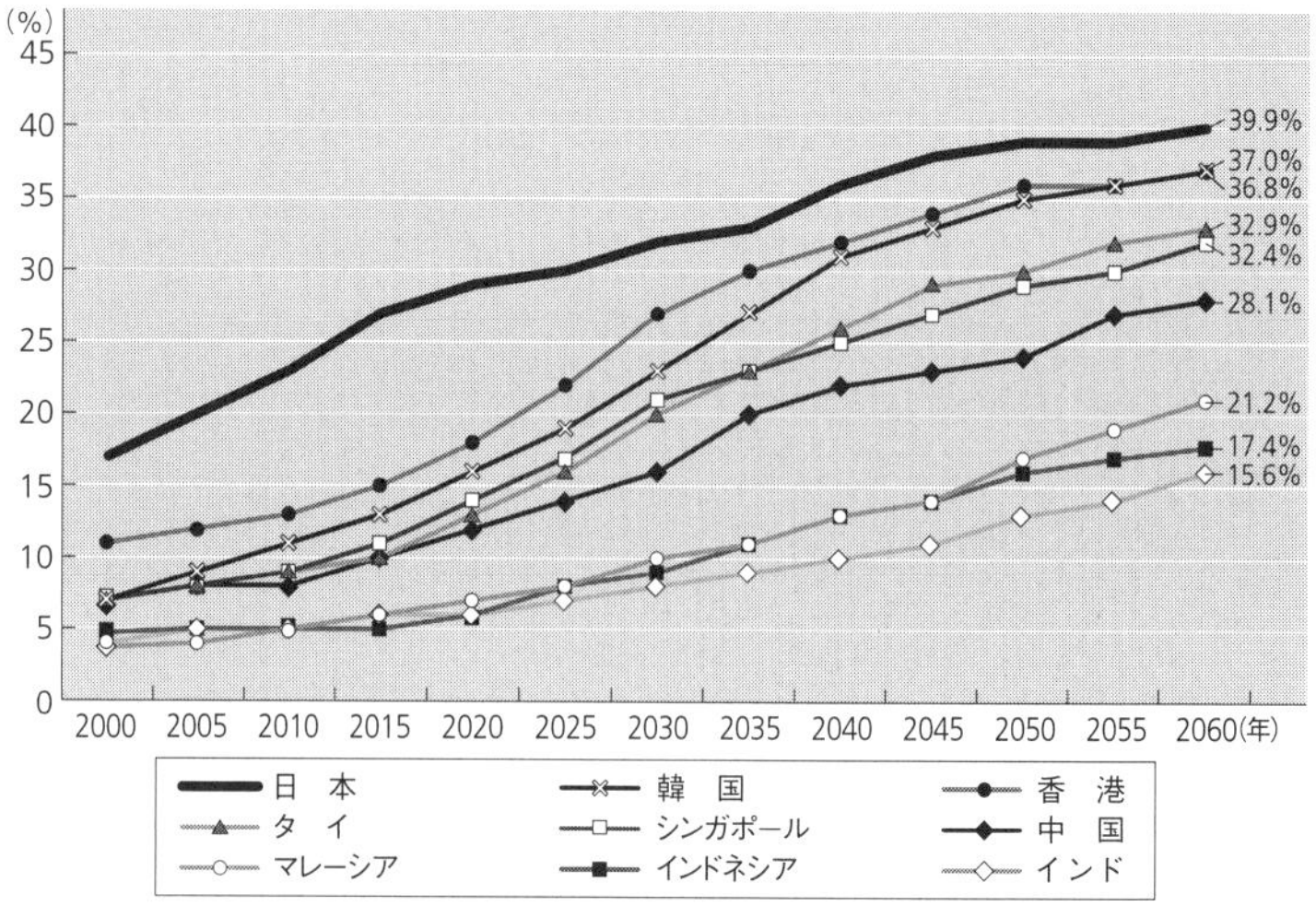

出典：国連「World Population Prospects: The 2012 Revision」

以降、約3000万人増加してきた人口は3000万人以上減少する予想となっている（図表1－9）。
さらに2050年には65歳以上人口の割合は約40％に達する。そして75歳以上人口の割合は約25％となり、4人に1人が75歳以上の「超」高齢社会となる予想である（図表1－10）。また、少子高齢化の傾向はアジア主要国でも同様であり、このような人口減少、高齢化といった世界潮流のなかで、日本、アジアを活性化させるためには、「移動と交流」による活性化を促す観光立国論が必要である（図表1－11）。

日本の産業構造変化と今後の対応

日本の産業構造は、これまで第1次産業から製造業、建設業などの第2次産業へ労働力をシフトさせ、「工業生産力モデル」を構築してきた（図表1－12、13）。しかしながら、日本の1人あたりGDPの状況等を勘案すると、「工業生産力モデル」だけでは将来にわたっての持続的な成長は容易ではない。このような状況において、今後、ますます進行する「超」高齢社会化に伴い総就業人口が減少していくなかで、これまで追求してきた「工業生産力モデル」を進化させつつ、工業生産力のみに頼らない「脱工業生産力モデル」を志向し、日本経済の活性化を図る必要がある。そのためには第3次産業について、賃金の確保に代表される労働環境の改善や世界でも通用する人材の育成が重要となってくる。

また、第1次産業の就業者比率は低下しているが、「稼げる農業」等で第1次産業の生産性を向上させる政策を進めることが必要である。日本の食料輸出額は低位のまま推移しており、十分に稼げる農業となっておらず、デンマークやオランダなどの農業先進国にならい、大規模集約化した農地でICT（情報通信技術）により制御されたスマートアグリ等を導入することによって、第1次産業の生産性を高めることが必要である。こうした政策を推進することにより、1965年の73％から現在39％にまで低下している日本の食料自給率（カロリーベース）を上昇させ、日本の国土の有効活用にも結びつくことが期待される。さらにデンマークは「生活と産業」を観光資源としており、特に最先端の農業技術は産業観光（インダストリアル

図表1-12　日本の産業別就業率の推移

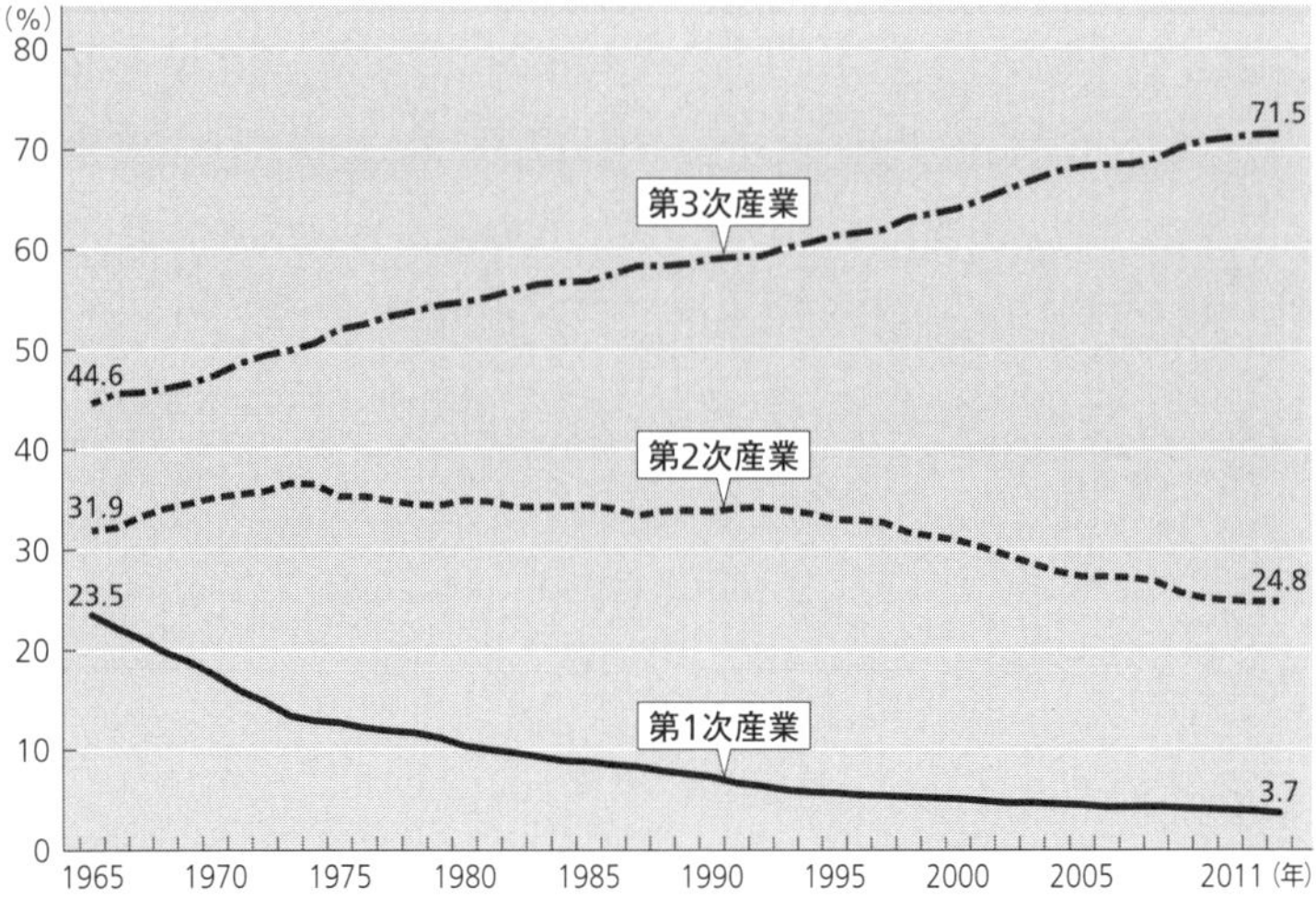

出典：総務省「労働力調査」より作成

図表1-13　日本の産業構造の変化の推移

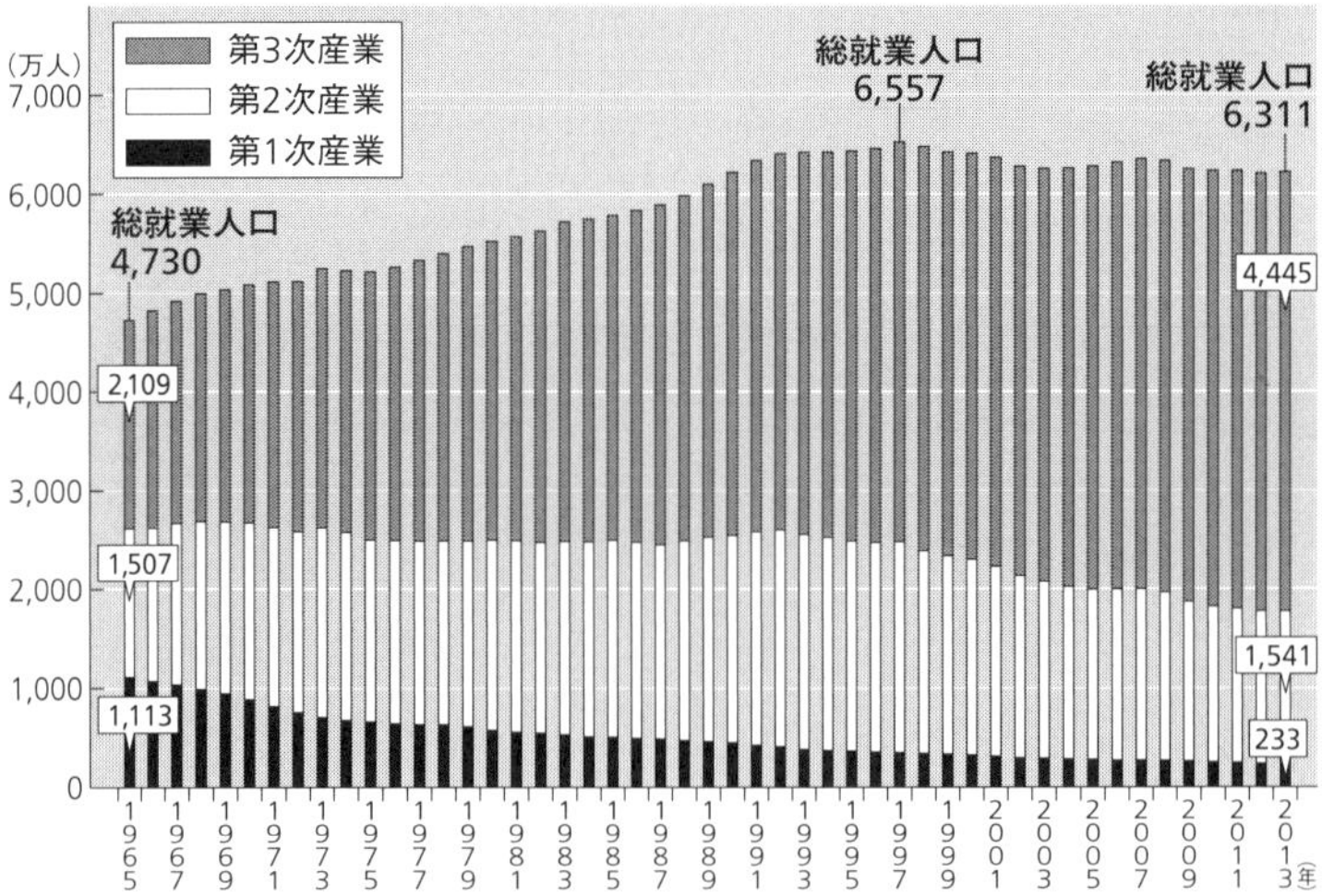

※「分類不能の産業」を除いているため、内訳の合計と総就業人口は一致しない。
出典：総務省「労働力調査」

図表1-14　日本の食料輸出入額と食料自給率

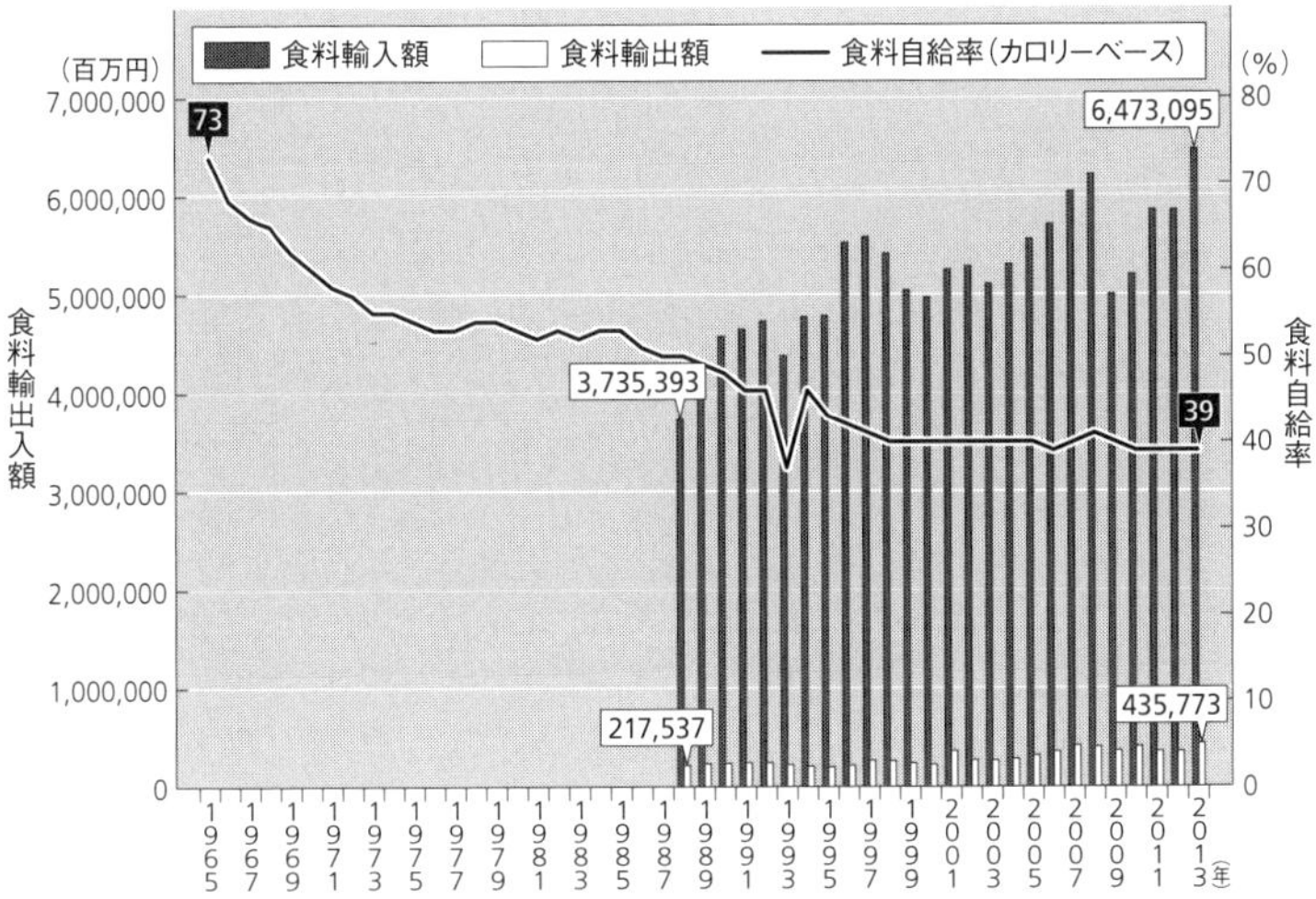

出典：財務省「貿易統計」、農林水産省「食料需給表」

図表1-15　日本とデンマークの農産物輸出額と1人あたりGDP

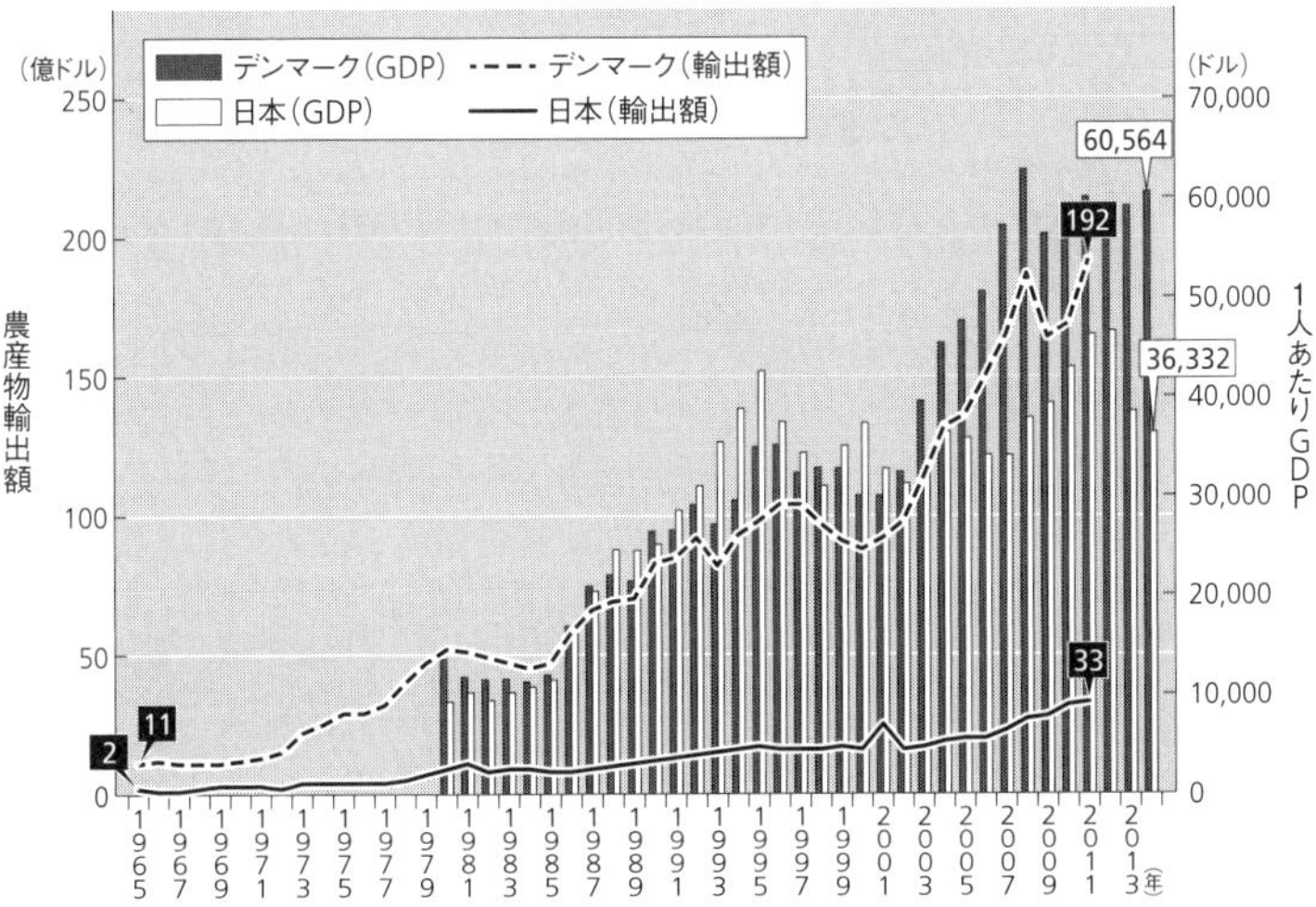

出典：IMF「World Economic Outlook Database April 2015」、FAO（国際連合食糧農業機関）

ツーリズム）の資源にもなり得る（図表１－14、15）。
つまり観光の産業化によって第３次産業の高度化を図るとともに、産業の観光化によって第１次産業の高度化を図ることで、「儲かる」、「お金を使ってもらう」観光施策が可能となる。

１－３　総合交通体系の進展

観光立国実現のためには、文化、歴史、食、体験等、各地域における観光資源の魅力はもとより、その場所に人々をアクセスさせて交流機会を創出するための交通がきわめて重要である。観光資源が豊富な日本においては、交通機能の充実によって速達性やアクセス性等が高まるほどに、訪日外国人や国内ツーリストの増加が見込めることになる。

また、交通機能の充実は、ツーリストの滞在時間の増加、多様性を有する地域間の機能分担による高次のサービスや新たな価値の創造、さらには複数の地域に関わりを持つライフスタイル（二地域居住を含む）の拡大等にもつながり得る。

交通は、鉄道、道路、空港等のインフラを使うさまざまな交通モードの組み合わせ（モーダルミックス）によって成立する。したがって、それぞれの交通モードの利用頻度や輸送効率の向上はもちろんのこと、交通モード間や広域交通・地域交通間の切れ目ない（シームレスな）結節等によって総合交通体系を進展させ、人々の「移動と交流」を一層促進させていくことが求められる。

進む交通ネットワークの高速化と高度化

12年後の２０２７年に東京・名古屋間の開業を目指すリニア中央新幹線の建設が本格的に動き出し、国内の移動を支える交通ネットワークが大きな構造変化を見せ始めている。リニア中央新幹線は、都市同士を高速で結び、社会や経済のあり方を大きく変化させることが予想される。また、北陸新幹線の長野・金沢間の開業や首都圏三環状道路の整備の進捗等により、広域交通ネットワークの高度化が進んでおり、交通インフラに関しては、いかに整備し管理するのかという視点から、いかに利用者に高い付加価値を提供するのかというサービス主導の視点へと大きな転換が起こるものと想定される。

交通ネットワークの高速化や広域化により、新たな観光スタイルやライフスタイルなどが生み出される可能性がきわめて高く、地域にある魅力的な資源を効果的に連携させることによって新たな付加価値を創造することが求められる。この動きを加速させるためには、広域交通ネットワークと地域交通（二次交通）ネットワークのスムーズな結節が必要である。アジアを中心とした訪日外国人の取り込みという観点からは、日本へのゲートウェイとして全国各地に存在する地方空港の効率的な活用や、空港と鉄道・道路などとの密な連携が必要である。

(1) リニア中央新幹線

陸上交通として世界最速の時速５００キロ超のスピードと大量輸送力を誇るリニア中央新幹線は、２０２７年に東京・名古屋間の開業が予定され、東京・大阪間の開業は２０４５年とされている（図表１‐16）。リニア中央新幹線の整備により、東京と名古屋が40

図表1-16　リニア中央新幹線のルート

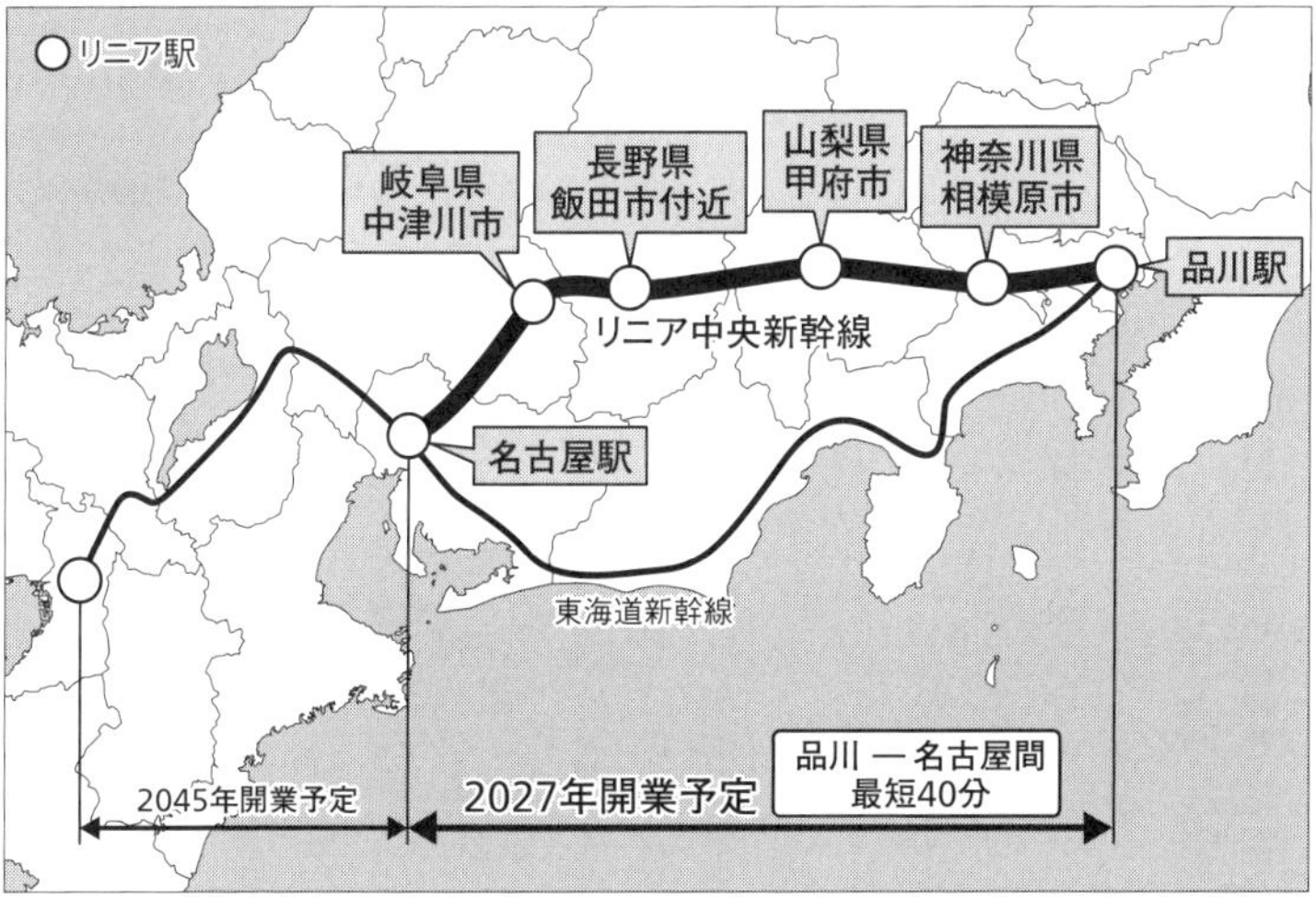

出典：国土交通省中部地方整備局「国土交通中部地方有識者懇談会」

分、東京と大阪が67分で結ばれる。三大都市圏が相互に約1時間で結ばれることにより、約６０００万人が居住する圏域がより密接に都市間機能を発揮することになる。また、各ターミナル駅（品川、名古屋、大阪）の間に中間駅が各県1駅ずつ設置される見込みであり、交流人口の増加や地域経済の活性化など大きな波及効果が期待される。

(2) 整備新幹線（北陸・北海道・九州）

北陸新幹線は、２０１５年3月に長野・金沢間が開業し、金沢・敦賀間については当初予定していた２０２５年度から3年前倒しでの開業が予定されている。北海道新幹線は、２０１５年度末に新青森・新函館北斗間の開業が予定され、新函館北斗・札幌間は、２０３５年度から5年前倒しでの開業が予定されている。九州新幹線は、武雄《たけお》温泉・長崎間の開業が当初予定の２０２２年度から可能な限り前倒しされる方向で進んでいる。このように、２０３０年までに新幹線ネットワークの高密化が予想され、観光振興や産業振興等を加速させるために、在来線も含めた鉄道ネットワークを駆使して、利便性、快適性や楽しさをいかに高めるかという、サービス事業者としての手腕が鉄道事業者により求められることになる。

図表1-17　首都圏三環状九放射ネットワーク

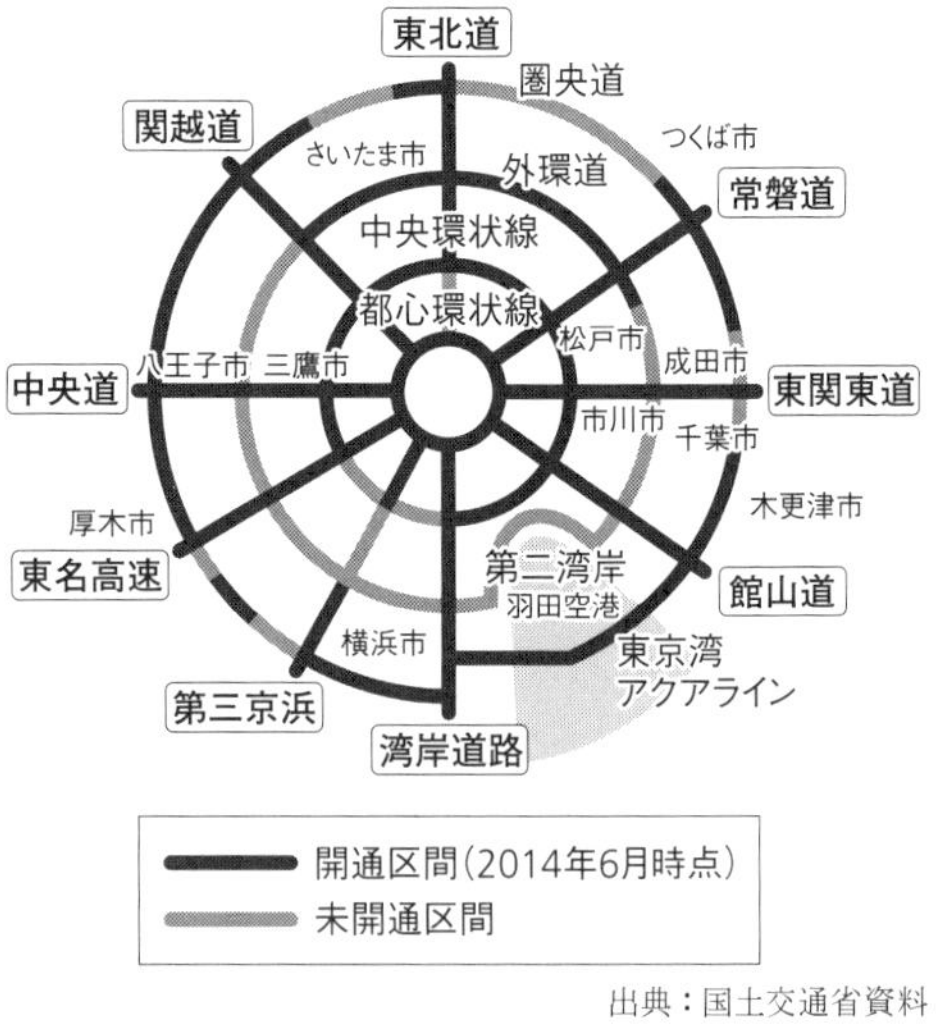

出典：国土交通省資料

(3) 首都圏三環状道路（圏央道、外環道、中央環状線）

首都圏の道路交通の骨格として三環状九放射のネッ

トワークが計画されたのが１９６３年である。その後、東名高速・中央道・関越道など放射方向の高速道路が整備される一方で、環状方向の整備は遅れた。その結果、都心に用務を持たない車が都心環状線に集中し、慢性的な渋滞が発生してきた。三環状道路が整備されれば（圏央道は２０２０年度に概成予定）、都心の渋滞が緩和されるとともに、全国各地に広がる幹線道路ネットワークがより有機的に機能することが期待される（図表１－17）。

(4) 航空ネットワーク

日本には97の空港が存在し、旅客輸送においては28の拠点空港と54の地方管理空港が大きな役割を担っている。島国ということもあり、入国する外国人のうち94・5％が空路で訪れる。そのうち成田空港、関西国際空港、羽田空港が7割以上のシェアを占め、主要7空港（新千歳、成田、羽田、中部、関西、福岡、那覇）で94・2％を占有している（図表１－18）。

このように特定の空港への負荷が高まり各空港の処理能力に制約が出始めていることから、旅客需要に応

図表1-18　入国外国人の旅客輸送の推移

単位:千人、(　)内は%

	航空輸送									海上輸送	合計
	小計	新千歳	成田	羽田	中部	関西	福岡	那覇	その他		
2007年	8,486	301	4,376	441	596	1,647	433	84	608	666	9,152
	(92.7)	(3.3)	(47.8)	(4.8)	(6.5)	(18.0)	(4.7)	(0.9)	(6.6)	(7.3)	(100.0)
2008年	8,448	311	4,283	533	596	1,641	426	106	550	698	9,146
	(92.4)	(3.4)	(46.8)	(5.8)	(6.5)	(17.9)	(4.7)	(1.2)	(6.0)	(7.6)	(100.0)
2009年	7,147	298	3,789	512	415	1,349	320	88	376	435	7,581
	(94.3)	(3.9)	(50.0)	(6.8)	(5.5)	(17.8)	(4.2)	(1.2)	(5.0)	(5.7)	(100.0)
2010年	8,741	363	4,196	751	507	1,745	484	140	555	703	9,444
	(92.6)	(3.8)	(44.4)	(8.0)	(5.4)	(18.5)	(5.1)	(1.5)	(5.9)	(7.4)	(100.0)
2011年	6,682	290	2,820	908	417	1,339	407	163	338	453	7,135
	(93.6)	(4.1)	(39.5)	(12.7)	(5.8)	(18.8)	(5.7)	(2.3)	(4.7)	(6.4)	(100.0)
2012年	8,567	390	3,562	1,098	476	1,792	561	231	458	605	9,172
	(93.4)	(4.3)	(38.8)	(12.0)	(5.2)	(19.5)	(6.1)	(2.5)	(5.0)	(6.6)	(100.0)
2013年	10,637	506	4,263	1,293	574	2,323	687	374	616	618	11,255
	(94.5)	(4.5)	(37.9)	(11.5)	(5.1)	(20.6)	(6.1)	(3.3)	(5.5)	(5.5)	(100.0)

※1）法務省資料に基づき観光庁作成。
※2）訪日外国人旅行者数は、国籍に基づく法務省集計による外国人正規入国者（当該国発行の旅券を保持した入国者）から日本に居住する外国人を除き、これに外国人一時上陸客等を加えた外国人旅行者の数であるため、本表の数値とは一致しない。

出典：観光庁「平成26年版観光白書」

じきれないケースが発生している。今後右肩上がりに訪日外国人を増加させていくためには、地域の魅力づくりのみならず、地方空港の戦略的な利活用等も含めた航空ネットワークの再構築が求められる。

アジアの経済成長に伴い増大する中間所得層を取り込むべく、日本においてもＬＣＣ国際線の路線数が増加し、地方空港の活用も進んでいる（図表１－19）。航空ネットワークに関して、地方空港が果たすべき役割の明確化も含めた全体の絵姿を描き出すことが求められている。

「スーパー・トランジットハブ」へと進化する相模原

神奈川県の相模原は、東京都心や横浜方面等との交通アクセスのよさから都市機能の集積が進んできた首都圏南西部の都市である。２０２７年に開業が予定されるリニア中央新幹線の中間駅が設置される地域であり、現在整備が進む首都圏三環状道路の最も外側に位置する圏央道のインターチェンジを備える。羽田空港が近接していることからも、今後、世界各国・首都圏・全国各地を相互に結びつける「スーパー・トラン

図表1-19　LCC国際線の路線数の推移

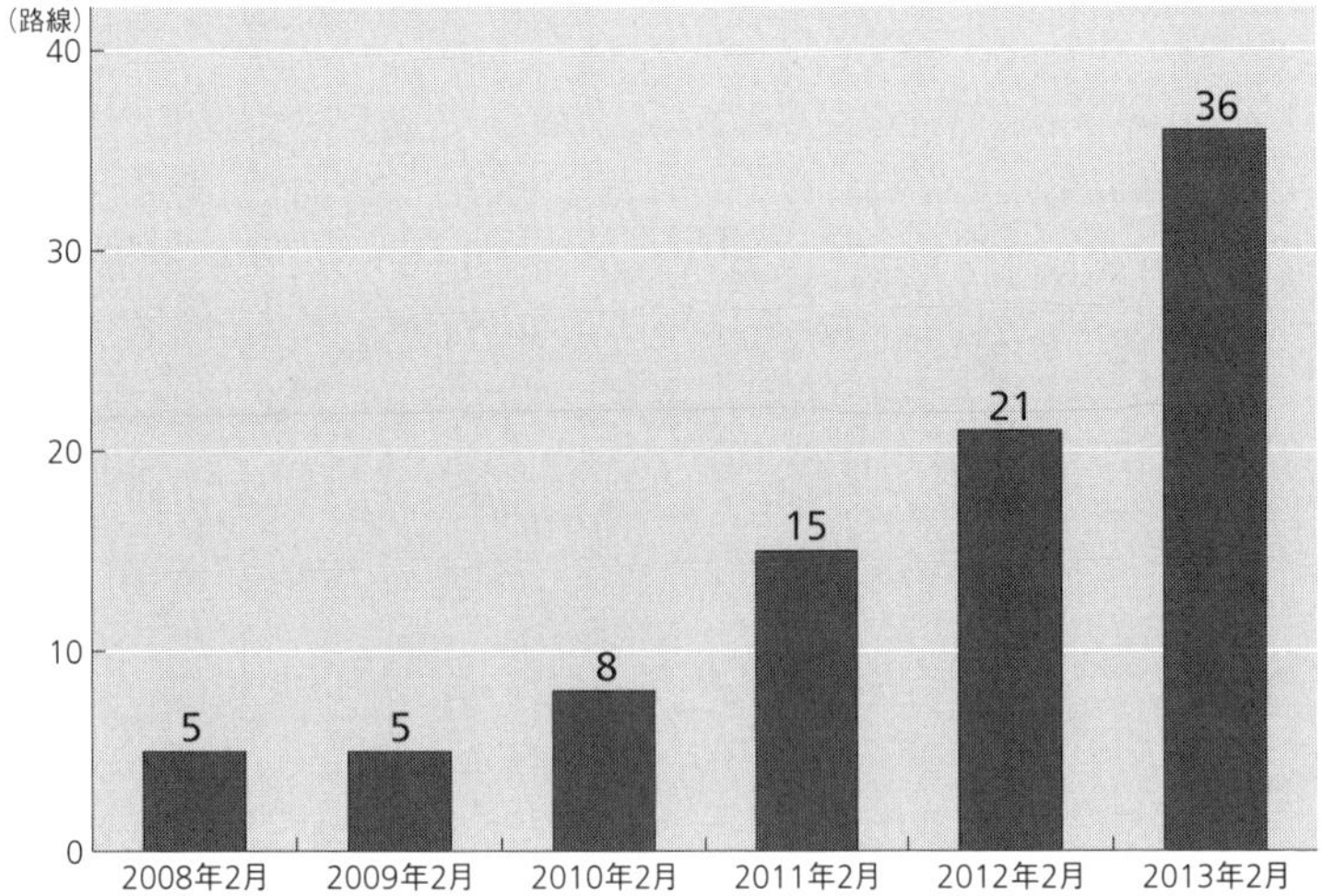

出典：観光庁「平成26年版観光白書」

ジットハブ」として、我が国の総合交通体系において重要な位置を占めることが想定される（図表１－20）。

政府が進める「国際戦略総合特区」のうち、５地域がリニア中央新幹線または圏央道の沿線に位置しており、「地域活性化総合特区」である「さがみロボット産業特区」や「次世代自動車・スマートエネルギー特区」が存在する。また、相模原には宇宙科学研究の拠点として世界各国からの研究者を受け入れる宇宙航空研究開発機構（ＪＡＸＡ）の相模原キャンパスや多くの物流施設が立地するなど、交通の結節のみならず広域的な研究活動や産業活動を有機的に結びつける重要な機能集積が相模原には期待される。

長期的な国づくりの視点から、相模原をいかなる都市として位置づけるのかということは国家的課題とも言えるであろう。多様な広域観光や新たなツーリズムの創出、二地域居住など新たなライフスタイルの実現のほか、恵まれた交通ネットワークを活用することにより、防災、ロジスティックス（物流）、高度医療等に資する戦略拠点を形成するなど、さまざまな可能性が広がる。

図表1-20　相模原とリニア中央新幹線・圏央道

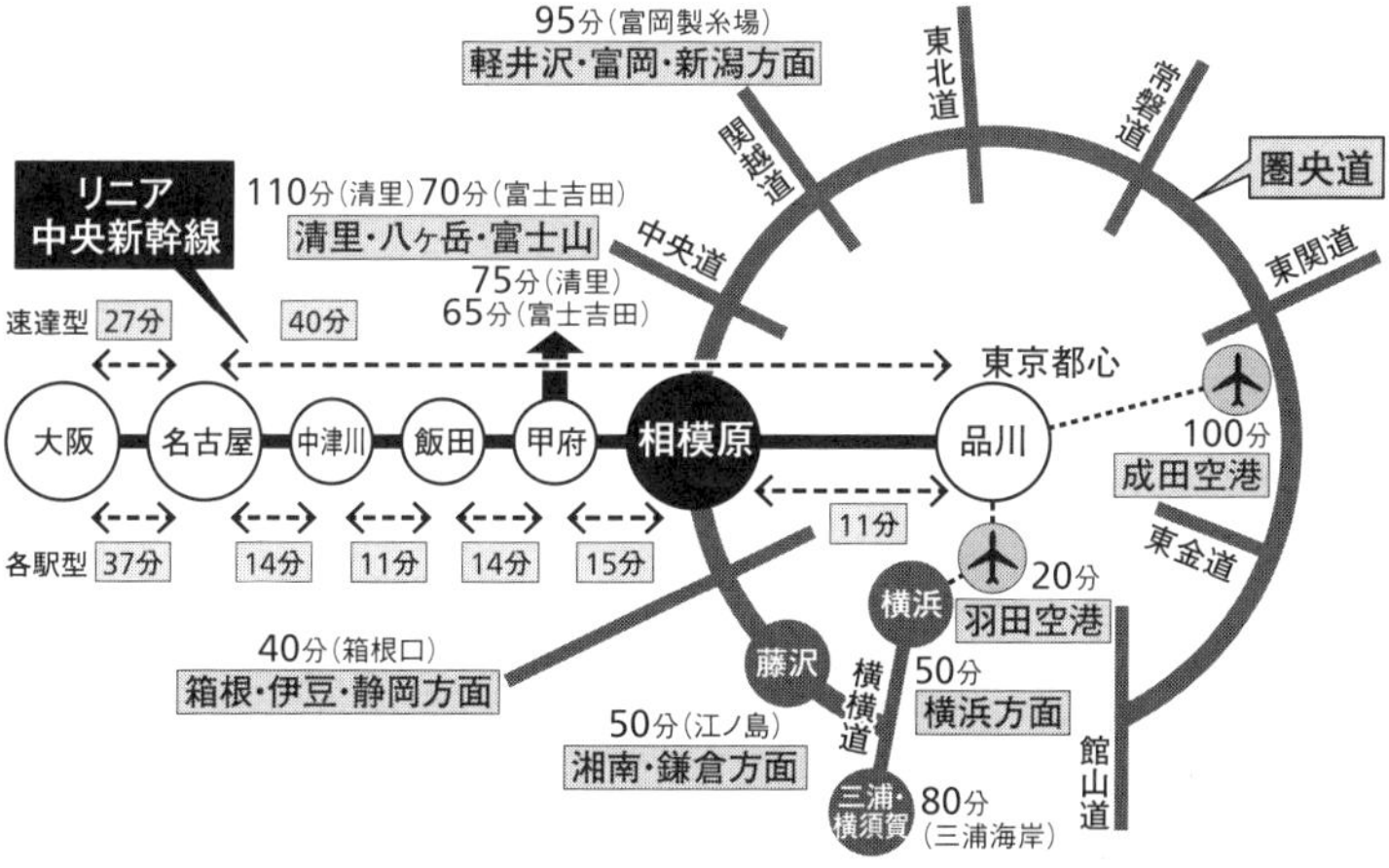

※想定所要時間は、囲みのあるものがリニアの駅間所要時間で、それ以外のものは相模原からの所要時間
※リニアの所要時間はリニア中央新幹線建設促進期成同盟会資料等を参照（乗り換え時間は考慮せず）
※圏央道利用ルートの所要時間は80㎞/hで換算（一般道は25㎞/h）

1-4　移動と交流という思想

前節1-1から1-3を通じて、グローバル社会における日本の現状や今後の人口減少と少子高齢化、産業構造の変化のなかでの日本の社会・経済の見通しを明らかにし、「移動と交流」を支える基盤となる総合交通体系の進展を示すなかで、日本や地方の活性化を図るためには「移動と交流」の促進がきわめて重要であることを解明してきた。

「移動と交流」は、人類の歴史を振り返ると、約6万年前から続く「人としての進化」と「経済の活性化」にとって重要な役割を果たしてきた。「移動と交流」によって人は進化し、経済活動等が活発になるものであり、観光を「移動と交流」という思想（移動と交流は人間を賢くし活力をもたらす）で捉えるという創造力が重要である。

移動と交流による人の進化

約700万年前に生まれた原生人類は、およそ6万年前にアフリカからユーラシアへと歩き出し、長い時間をかけ、世界中に拡散していった。その人類拡散の過程をイギリスの考古学者であるブライアン・M・フェイガンが「グレートジャーニー」と名づけた。

このグレートジャーニーによって、人はトナカイ、セイウチ、サケを食べ、寒い北方を生き抜く知恵を習得するなど、移動を通じて賢くなっていった。人の進化の鍵は「驚きを覚える力」であり、旅の遺伝子とも言うべきものである。

1582年、九州のキリシタン大名の大友宗麟、有馬晴信、大村純忠によって天正遣欧少年使節団が派遣された。この使節団は欧州を訪れた最初の日本人となり、この旅により日本人は世界観を修正したとも言え、「唐・天竺・日本」の三国による世界という認識から脱し、その先に壮大な西洋社会の存在を知り、球体の地球という認識を抱くきっかけとなった。

1702年、日本の古典における紀行作品の代表的存在である『おくのほそ道』が刊行された。「月日は百代の過客にして、行きかふ年も又旅人也」という序文より始まるこの作品は松尾芭蕉の最高傑作であり、旅を重要視し、旅のなかで人生を過ごさなければこの作品は生まれなかった。

また1900年、欧州へは多くの日本人が旅をした。パリではのちに「日本海海戦の天才参謀」と呼ばれる秋山真之《さねゆき》が当時の欧州と日本の文明を比較直視した上で、日本人としての自尊と自信を再確認するとともに、ロンドンでは夏目漱石が欧州の物質文明に圧倒され、表面上の近代化に走っていく日本への懸念を抱き、「在野の知の巨人」南方熊楠《みなかたくまぐす》が大英博物館で膨大な書物を前に「脳力」を磨いていた。

このように、日本の偉人たちも旅する（移動する）ことを通じて、経験したことのない知識や情報を得ることで知性や感性を高めてきた。

移動と交流（観光）による経済の活性化

「移動と交流」は、人の心理に直接的・間接的にさまざまな影響を与え、消費行動に影響を与える側面を有する。なかでも非日常的な空間に身を置く「移動や交流」は、人の心を高揚させ消費の活性化につながり得る。すなわち、観光等を通じた「移動と交流」の量的・質的な活性化は、今後の国内各地域の経済活性化の鍵になるものと考えられる。

(1) インバウンドについて

訪日外国人数は2014年に過去最高の1341万人となり、観光消費も2兆0278億円となった（図表1－21、22）。順調に推移しているように見えるが、1人あたり平均の観光消費額は約15万1000円であり、国籍や旅行支出の特徴・内訳等を踏まえたさらなる高付加価値化が求められる（図表1－23）。

(2) アウトバウンドについて

海外出国者数は2012年に過去最高の1849万人となり、海外観光消費額は3・3兆円と推計される。なお、インバウンド消費額とは2012年においては2・2兆円の差があり、同額が海外に流出していると考えられる（図表1－24）。

図表1-21　訪日外国人旅行消費額と訪日外国人数の推移

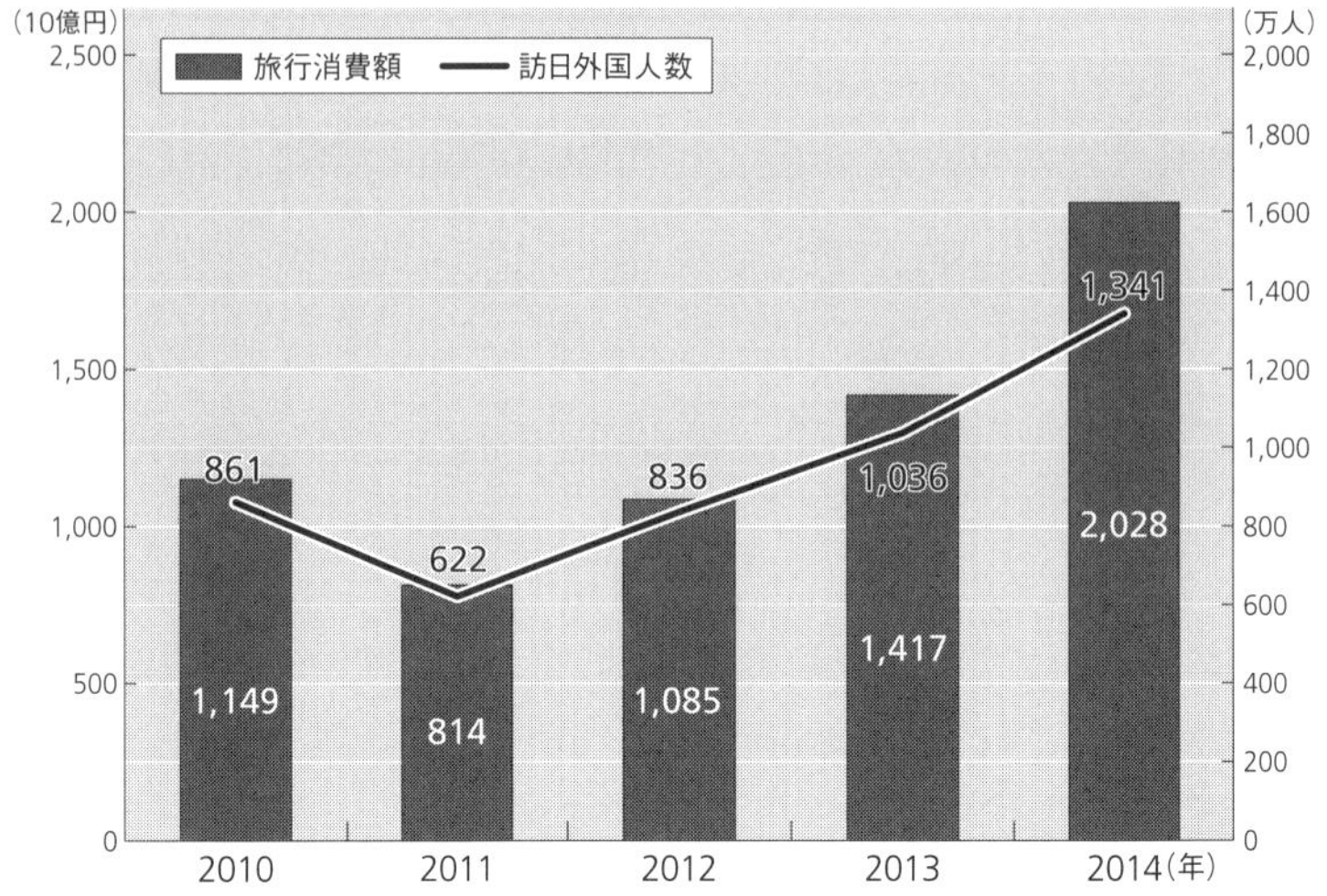

出典：観光庁「平成26年版観光白書」

図表1-22　費目別旅行消費額（2014年）

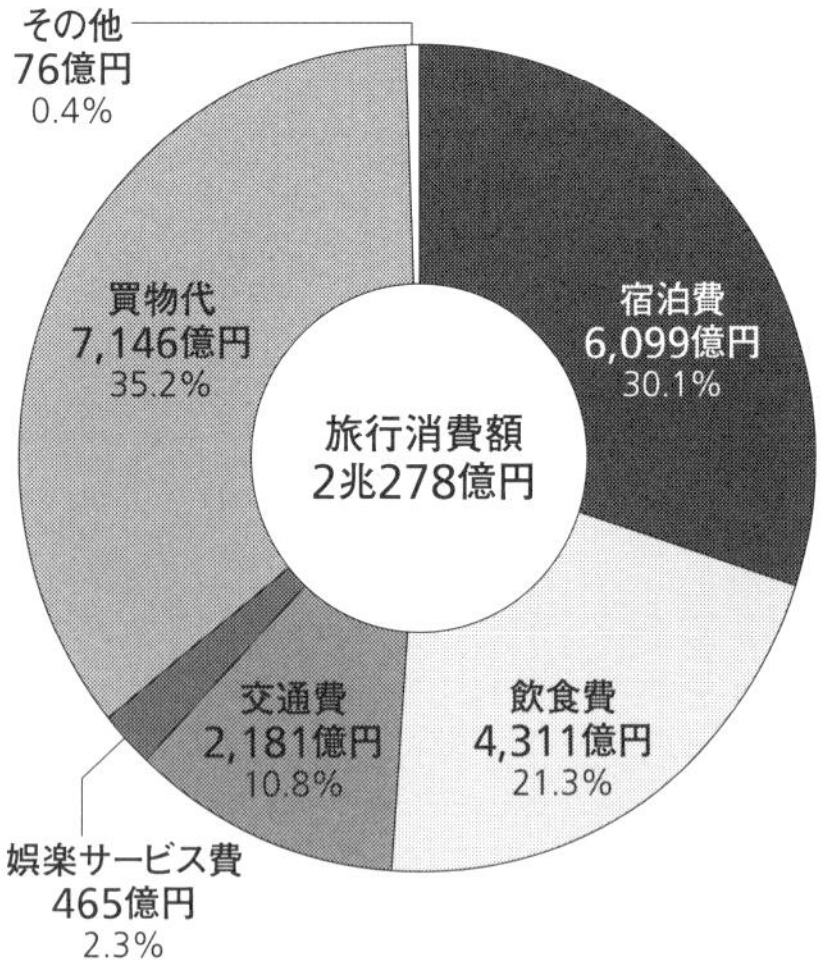

出典：観光庁「訪日外国人消費動向調査（2014年）」

図表1-23　費目別1人あたり旅行支出（2014年）

（円）

国籍・地域	旅行支出総額	宿泊料金	飲食費	交通費	娯楽サービス費	買物代	その他
全国籍・地域平均	151,174	45,471	32,140	16,259	3,464	53,287	564
韓国	75,852	24,820	19,147	9,112	2,371	20,137	265
台湾	125,248	37,021	25,267	12,568	3,598	46,501	292
香港	147,958	45,937	31,747	15,361	3,181	51,584	148
中国	231,753	44,661	39,483	15,668	2,812	127,443	1,687
タイ	146,029	40,803	28,358	14,899	5,494	56,133	341
シンガポール	155,792	52,619	38,897	15,555	2,984	45,485	252
マレーシア	145,466	46,990	28,105	18,422	3,642	47,500	805
インドネシア	119,884	37,301	21,840	18,582	3,673	37,563	924
フィリピン	105,284	30,986	26,866	11,284	2,134	34,011	4
ベトナム	237,688	63,739	54,361	23,725	5,596	88,814	1,452
インド	167,530	62,668	47,536	26,225	2,178	28,884	40
英国	187,239	81,094	46,360	28,562	3,793	27,087	341
ドイツ	148,774	65,762	33,884	24,577	3,422	21,095	33
フランス	194,685	77,827	45,677	33,052	4,864	33,233	32
ロシア	201,588	68,779	40,296	20,544	8,884	63,056	28
米国	165,381	71,783	42,343	24,481	3,564	22,905	306
カナダ	170,599	71,496	40,963	24,902	4,334	28,748	155
オーストラリア	227,823	93,484	52,308	33,755	7,614	39,082	1,580
その他	195,795	73,255	50,652	28,763	4,782	38,193	150

出典：観光庁「訪日外国人消費動向調査（2014年）」

図表1-24　海外観光消費額と海外出国者数の推移

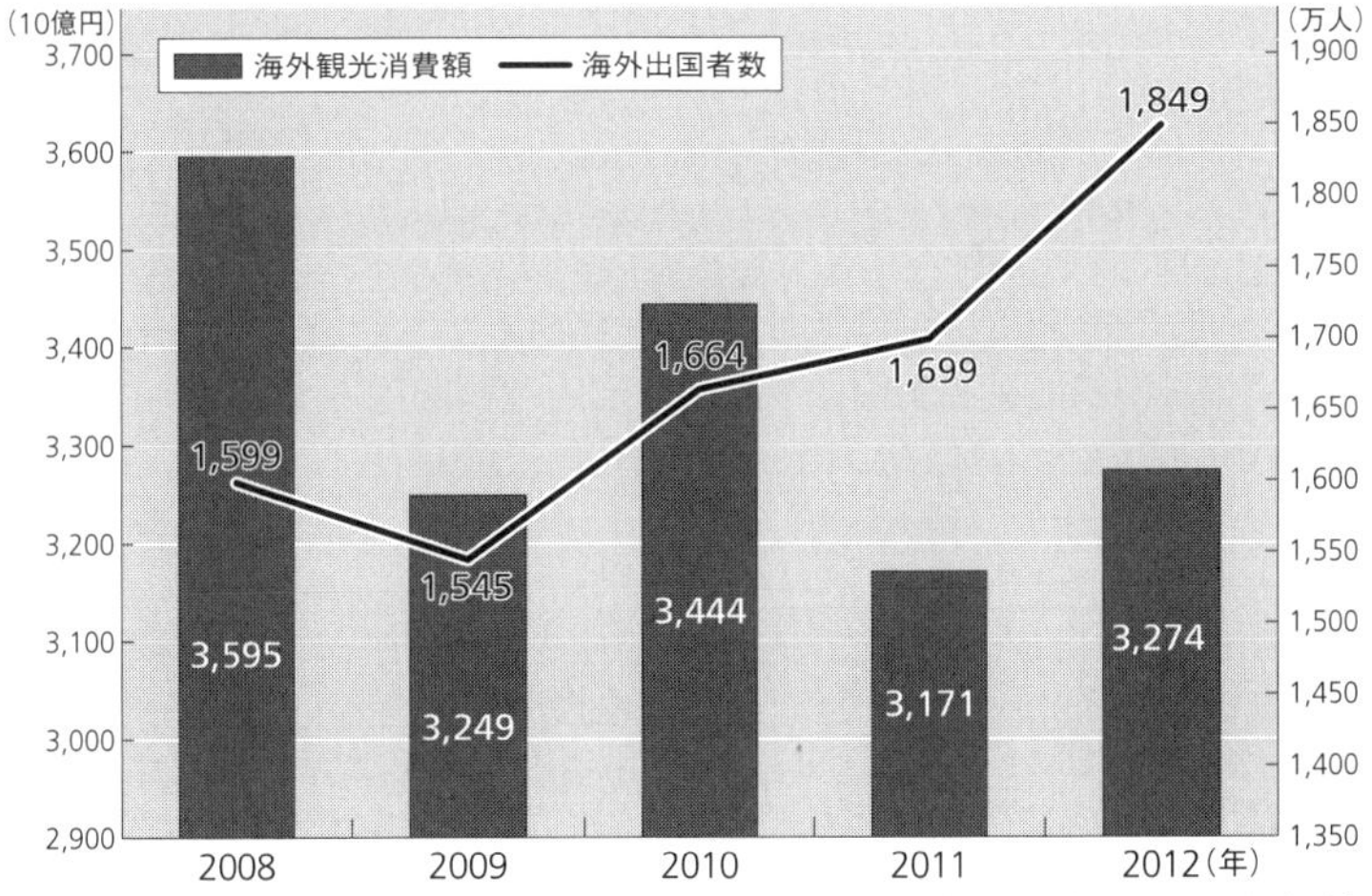

出典：法務省「出入国管理統計（2013年）」、観光庁「旅行・観光産業の経済効果に関する調査研究報告書（2012年版）」

二地域居住

多様な価値や魅力を有し、持続可能な地域の形成を目指すためには、地域づくりの担い手となる人材を確保することが必要であるが、人口が減少するなか、すべての地域で定住人口を増やすことは困難である。

そのため、都市住民が農山漁村などの地域にも生活拠点を持つ「二地域居住」などの多様なライフスタイルの提示を通じて、地域への人の誘致や移動を促すことが必要となる。

二地域居住とは、例えば土日は都市部から地方部へ移動し、地方での暮らしに伴う「経済の活性化」を実現し、農業等に携わることによる社会への参画や交流を通して「自己の進化」を目指す、「土日は田舎暮らし」というコンセプトの暮らし方である。

また、後述の徳島県神山町《かみやま》の取り組みのように、IT職種、設計、デザイン等のパソコンとネットワークに接続する環境があれば、常時オフィスにいなくても仕事ができる職種の人が地方部に住み、重要な会議・商談等の際や、土日等の休日に都市部で暮らす「土日は都会暮らし」というコンセプトの暮らしも二地域居住の1つの形である。

つまり二地域居住とは、観光と定住の中間形態であり、地域の活性化と新たな交流人口の創出を可能にし、「移動と交流」による「経済の活性化」と「自己の進化」の双方を実現する創造的な地域づくり・ライフスタイルと言える。

第2章　脱工業生産力モデルの先行例

2-1　シンガポール・モデル

シンガポールの特徴

シンガポールは、面積が約710㎢と東京23区と同程度であり、人口は約540万人という小さな都市国家である。1965年にシンガポールがマレーシアから独立した際に、当時のリー・クアンユー首相は、独立を伝える記者会見で不安のあまり、その場で泣き崩れている。一国の首相が公衆の面前で涙しなければならないほど、土地、人、技術、食料、水などあらゆる面で「ないないづくしの国」として国際社会に放り出されることになったのである。

しかしながら、現在のシンガポールは、2014年の1人あたりGDPが5・6万ドルに達し、日本をはるかに追い越してアジアでトップに位置するほどの経済成長を実現した。世界経済フォーラムの「国際競争力ランキング（The Global Competitiveness Report 2014-2015）」においては、スイスに次ぐ2位に位置づけられている。また、観光に関しても、世界経済フォーラムの「旅行・観光競争力ランキング（The Travel & Tourism Competitiveness Report 2015）」において、アジア・オセアニアで3位、世界で11位と上位に位置づけられている。

工業生産力を十分に有しないシンガポールの経済成長は、MICEや医療、教育産業など、さまざまな仕組みの相関で海外から多くの人々を引きつけ、いわゆる「目に見えない財」により高付加価値を生み出すことによってもたらされていると言える。

アジア最大のMICE先進国

MICEとは、企業などの会議［Meeting］、企業などの行う報奨・研修旅行（インセンティブ旅行）［Incentive Travel/Tour］、国際機関・団体や学会などが行う国際会議［Convention］、展示会・見本市、イベント［Exhibition/Event］の頭文字をとったもので

図表2-1　シンガポールにおけるMICE開催件数の推移

	2008年	2009年	2010年	2011年	2012年	2013年
開催件数	118	119	136	142	150	175
順　位	4位	5位	5位	5位	6位	6位

出典：ICCA「ICCA Statistics Report」

ある。MICEは会議開催、宿泊、飲食、観光等の経済・消費活動の裾野が広く、また滞在期間が比較的長いと言われており、一般的な観光客以上に周辺地域への経済効果が期待される。

　オランダのアムステルダムに本部を置くICCA（国際会議協会）が公表する統計によると、シンガポールのMICE開催件数は年々増えており、2013年においては、欧州の主要都市であるパリ、マドリード、ウィーン、バルセロナ、ベルリンに次ぐ世界で6位、アジアで1位に位置づけられている（図表2-1）。

　このようにシンガポールはMICE先進国として確固たる地位を築いているが、その1つの要素として、多様なニーズを踏まえて積極的にMICE施設を整備してきた背景がある。

　その1つであるシンガポール・エキスポは、シンガポールの玄関口であるチャンギ国際空港から車で5分、地下鉄（MRT）ではチャンギ空港駅から1駅という交通利便性の高い場所に立地している。1999年に開業したシンガポール・エキスポは、日本最大の約8万㎡の屋内展示場を有する東京ビッグサイトを上回る10万㎡の屋内展示場を備えた、シンガポール最大のMICE施設である。また、2012年にシンガポール・エキスポに隣接して32の会議室を備えたマックス・アトリアが開業し、シンガポール・エキスポと一体となって広大なMICEエリアを形成している。

　さらに、サンテック・シンガポール国際会議展示場は、マリーナ地区にあり中心市街地のホテルやオフィスへの利便性が高い場所に立地している。1995年に開業し、6000席を備えた大ホールや、1フロアで1万2000㎡の展示場を有し、徒歩15分圏内には5000室以上のホテル客室が立地するほか、300以上のショップや100以上のレストランを備えたシンガポール最大級のショッピングモールであるサンテック・シティモールが隣接しており、アフターコンベンションも充実している。

このほかにも、2010年にカジノを含む統合型リゾートとして開業したマリーナベイ・サンズ内に、1万1000人収容可能な大会議場を備えたサンズ・エキスポ・コンベンションセンターや、リゾート・ワールド・セントーサ内に7300人収容可能な大ホールを備えたリゾート・ワールド・コンベンションセンターがある。

最先端かつ高度医療を提供する医療先進国

近年、最先端の医療サービスや安価な医療費などを求めて、患者が海外で医療を受けるために渡航する医療ツーリズムが世界的に広まっている。

シンガポールは、世界保健機関（WHO）が2000年に公表した医療制度ランキングにおいて、日本のアジアで2位、世界で10位を上回り、アジアで1位、世界で6位に位置づけられている。シンガポール政府は、このように世界的にも高い評価を受けている医療制度を魅力的な観光資源として海外にPRし、アジアにおける医療ハブとしての地位を確立するため、2003年に「シンガポールメディシン（Singapore Medicine）」という計画を打ち出した。シンガポールメディスンはシンガポール保健省が主導し、シンガポール経済開発庁やシンガポール国際企業庁、シンガポール政府観光局が支援する形で推進されている。

シンガポール経済開発庁が医療分野の投資家を誘致して投資を促すことによって、医療産業の育成を図り、シンガポール国際企業庁がすぐれた医師の確保や医療従事者の拡充など、国内医療産業の育成と国際展開を支援し、シンガポール政府観光局が観光と医療をセットにしたツアー商品のマーケティングや海外へのPR活動を行う。このように政府の医療、経済・産業、観光の各分野が連携して計画を推進してきた結果、医療目的でシンガポールを訪れた旅行者は、2005年には37万人、2007年には57万人、2010年には70万人に達している。先進的かつ質の高い医療サービスを武器に多くの外国人患者を受け入れて外貨を獲得し、その利潤をもとに、さらなる医療技術の向上を図るという好循環が医療ツーリズムによってもたらされている。

高度人材育成を目指す高度教育先進国

　シンガポールが独立以降これまで、経済成長や社会的発展を遂げてきた1つの要因として、国家の将来を担う有能な人材を積極的に発掘・育成する教育制度が挙げられる（図表２－２）。初等教育卒業レベルから、ある意味ふるいにかけられると言ってもいいほどの厳しい教育制度を設けることによって、シンガポールは高度人材育成に成功している。

　シンガポールには、シンガポール国立大学（National University of Singapore）、ナンヤン工科大学（Nanyang Technological University）、シンガポール経営管理大学（Singapore Management University）、シンガポール工科デザイン大学（Singapore University of Technology and Design）、主にポリテクニック（工業技術や商業に興味のある生徒に、実習を中心とする教育を提供することで、実業界の需要に合った実務レベルの人材を育成することを目的とする教育機関）の卒業者を対象に、科学、工学、看護学等の分

図表2-2　シンガポールの教育制度

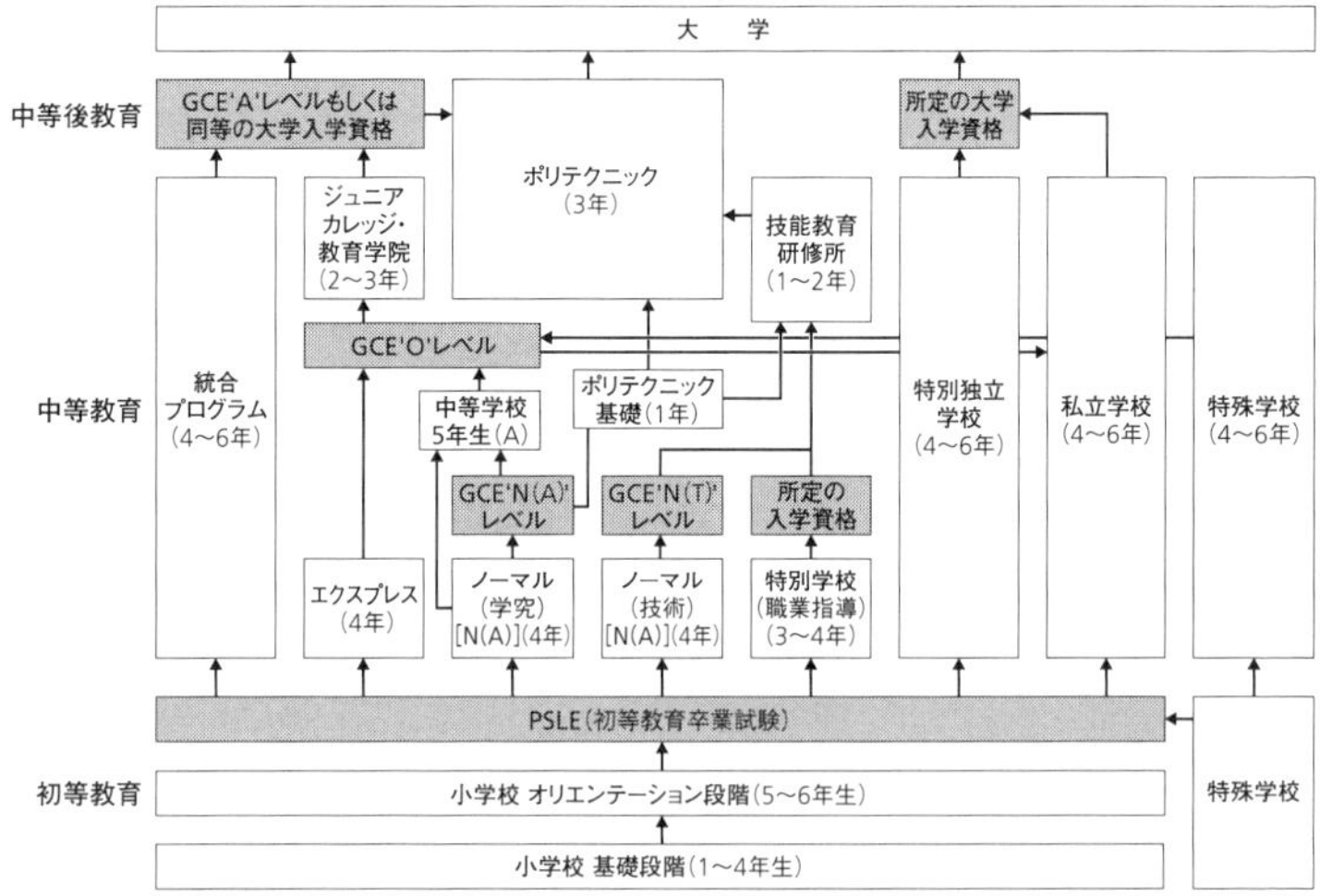

出典：シンガポール教育省

野における高度な教育を提供し、学位取得の機会を与えるシンガポール技術学校（Singapore Institute of Technology）がある。

また、シンガポール経済開発庁が、２００２年に発表した「グローバル・スクールハウス構想」は、シンガポールを世界トップレベルの教育ハブとするべく、世界トップクラスの教育機関と留学生を誘致し、２０１５年までにシンガポールで学ぶ外国人留学生を15万人に増やし、ＧＤＰに占める教育産業の比率を５％にまで引き上げることを目標に掲げるものである。外国人留学生は学費や生活費を母国から持ち込むとともに、教授陣やサポートスタッフの雇用を生み出し、また数多くの留学生や大学関係者が生活するようになれば、新たな消費需要が期待できる。さらには、有能な留学生を誘致することは、人材確保の面でも大きな意味を有し、将来への国家の投資として重要な戦略を持つものと考えられる。

２-２ デンマーク・モデル

デンマークの特徴

デンマークは、豚肉や酪農製品の輸出大国として農業を基盤にした豊かな社会を実現しており、人口は約５６０万人にすぎないものの、２０１４年の１人あたりＧＤＰは６・１万ドルと日本の３・６万ドルを大きく上回っている。社会的には、女性の労働参加率が高く、教育、福祉、医療に力を注ぐ高福祉高負担国家である。国連の「世界幸福度レポート（World Happiness Report ２０１３）」において１位であったことから、近年では世界一幸福な国として国際的に評価が高い。

また、発電量の約４割を再生可能エネルギーが占め、その約７割を風力で賄うほか、出力変動に対応するために隣接国との電力融通を行うなど、特色あるエネルギー政策を展開している。

科学技術分野においては、旧研究省と旧産業省の一部部局を統合させることで、政策の集中化を図り、大学等研究機関や民間企業などの連携強化によって、リサーチパーク、コンソーシアムやベンチャーキャピタルを組成するなど、特にバイオテクノロジー分野などで高い国際競争力を有している。さらに、世界経済フォーラムの「ICT競争力ランキング」では2007年から2009年まで3年連続1位を獲得するICT利活用先進国であり、行政、教育、医療、産業などのあらゆる分野で必要不可欠な基盤としてICTを活用していることが、社会の魅力や国際競争力の創出につながっている。

デンマークは、工業生産力に過度に依存しない高付加価値産業の創出、人口減少や高齢化等に対応した社会システムの構築や持続可能なエネルギー政策の展開など、国が持つ可能性を認識し、イノベーションと創造力を駆使することによって国民を豊かにしていると言える。

高生産性と高付加価値化により国際競争力を保持する農業大国

デンマークの国土は平坦で農業に適しており、本土(自治領を除く)の66・3%が農地である。同国での農地継承は有償が原則であり、親子間で無償譲渡した場合には高額の相続税が課せられる。このため、30ha以上の農地買収が可能なグリーン証を有する高度な教育を受けた農業経営者による農地の買収が積極的に行われている。このような高い経営能力を有する者に農地が集約され経営が委ねられるシステムが構築された結果、農家数は大幅に減少する一方で、耕種、畜産とも経営規模の拡大が進み、2010年の1経営体あたりの平均農地面積は62・9ha(日本は2014年で2・5ha)にのぼる(図表2-3)。

豚については品種改良によって産肉効率がよい品種を生み出しているほか、乳牛1頭あたりの搾乳量がアメリカ、カナダに次ぐ世界3位であるなど、品種改良による生産性の向上が進んでいる。また、酪農においては搾乳ロボット、自動給餌機などロボット技術の積極的な導入により効率化とコスト削減が図られており、国産飼料や飼料用米の活用等を通したブランド化による高付加価値化にも積極的に取り組んでいる。

専門農協やコントラクタ（機械作業請負事業者）が重要な役割を担っており、デニッシュクラウンやアーラフーズなどは国際競争力を有する協同組合組織となっている。日本の農協は、販売、購買、信用や指導といった多くの機能を備えた総合農協スタイルをとっているが、同国の農協は、品目ごとの製造販売に特化した専門農協である。酪農家や養豚農家の多くは、小麦、大麦などの穀物を作付けしており、これらを飼料の専門農協が集荷し、家畜飼料用の製品にして畜産農家が還元利用する仕組みが構築されている。

図表2-3　デンマークの農家数と平均農地面積

	95〜99年平均	2010年
農家数	62,788戸	42,099戸
平均農地面積	42.8ha	62.9ha

出典：Statistics Denmark

デンマークにおいては、農業産出額の約3分の2を輸出に振り向けており、総輸出額の20％弱を農産物が占めている。主要農産物は、小麦、大麦、テンサイ、ジャガイモ、肉類、牛乳である。なかでも養豚や酪農などを中心とした畜産業は同国の重要な産業となっており、豚肉の輸出額はアメリカ、ドイツに次ぐ世界3位である。各国の市場ニーズに沿った製品をつくり出しており、イギリス向けにはベーコン、ドイツ向けには生体豚、中国向けには内臓等、日本向けには部分肉というように、輸出先によって異なった品目を輸出している。

また、畜産と食品製造業との連携（6次産業化）により、バター、チーズ、ベーコンやハムをはじめとした付加価値の高い加工品の輸出も大きな割合を占めている。

自国の特性を活かした再生可能エネルギー推進国

デンマークは、かつてエネルギー供給の9割以上を輸入原油に依存していたため、1970年代のオイルショックで大きな打撃を受けた。これを教訓として、自前のエネルギーの開発、省エネやエネルギー源の多角化などが進められた。その結果、1980年から2011年にかけて実質GDPが7割増加するなかで、エネルギー消費量は約5％減少するとともに、1997年以降は1次エネルギー自給率が100％を超えるに至っている。現在は、省エネと再生可能エネルギーがエネルギー政策の中心に置かれ、2050年までに化石燃料利用から脱却するという大きな目標が掲げられている。

2011年の電源構成を見ると、再生可能エネルギーが約4割を占め、そのうち約7割を風力、約3割をバイオマスで賄っている。再生可能エネルギーは化石燃料に代わる基幹エネルギー源として位置づけられており、同国の地形を活かした風力発電と農畜産大国の強みを活かしたバイオマスが重視されている。また、北欧では各国の電源構成の違いを活かした電力の国際融通の枠組みが形成されており、同国は隣接国との電力融通を通して再生可能エネルギーの出力変動リスクを吸収しやすいシステムを構築している。

再生可能エネルギーの島「サムソ島」

デンマークのサムソ島は、約114㎢と長崎県壱岐《いき》島とほぼ同じ面積の島であり、人口は4000人程度である。自然と豊かな文化が息づくのどかな雰囲気の島で、釣り、海水浴やキャンプ、また展示館や史跡の見学などを目的に訪れる観光客が多い。農産品としてはイチゴやジャガイモが有名で、特にジャガイモは「サムソポテト」としてブランド化されており、瓶詰などの加工品も人気が高く、イチゴ狩りなど自然と触れ合う観光にも力を注いでいる。

このサムソ島は、再生可能エネルギーが人々の暮らしを支えていることが特徴的である。風が弱く、風力だけでは島の電力を賄えない日は、本土の送電網から島の送電網に電力が送られ、逆に風の強い日は、島から本土の送電網に移出している。島の年間送受電量を見ると、本土から移入する電力量を超える量をこの島から移出している。

再生可能エネルギー関連技術の知見などを、展示や試験プロジェクト等を通じて広める「エネルギーアカデミー」は、再生可能エネルギーを科学的側面から調査するとともに、社会的要素の研究をあわせて行っている。アカデミーは教育施設でありながら、観光施設の側面も有し、屋外では風力発電機、麦わら暖房設備、太陽光パネルなどが持続可能なエネルギーを供給しており、研究者や学生、行政などにとってのユニークな訪問場所となっている。また、エネルギーの専門家を対象としたツアーの企画や教育目的で訪れる人たちのために宿泊施設を提供するなど、この島における再生可能エネルギープロジェクトの中核的な役割を果たしている。

次世代社会システムを構築するICT先進国

デンマークのICT戦略の中核は電子政府戦略である。これまで社会の効率化や国民の利便性の向上を目的に、行政と企業、行政と国民との間でデジタル化を進めてきた。「電子政府戦略2011‐2015」では、次世代の行政サービスの提供に向けて、次のステップを踏み出さなければならないとして、①デジタルコミュニケーション（行政手続のペーパーレス化）、②ニューデジタルウェルフェア（教育、医療、福祉、雇用などでICTを活用し企業の成長を実現）、③デジタルインフラ（公的データの活用など政府のデジタル化をインフラ面で推進）という3つの目標を掲げている。特にデジタル化を強制するという一般的には困難を伴う政策の推進を可能にする背景として、ICTによる効率化が財政負担軽減につながるという社会的コンセンサスがおおむね得られている点が考えられる。

デンマークでは、CPR（Central Persons Registration）番号と呼ばれる個人識別番号が用いられており、行政等のポータルサービスの情報確認や各種申請手続を行う際には、この番号とパスワードを利用したデジタル署名によって個人認証が行われ、これまで地方自治体が手動で管理してきた登録情報はすべてCPR番号システムによって一元的に管理されている。この制度は、1968年の導入当初には公的な利用のみが想定されていたが、次第に個人の証明としても利用されるようになり、1970年には、税の徴収事務を確実で効率的かつ公平に処理するために、納税者番号としてCPR番号が活用された。その後、医療や健康など、市民生活全般に関わる行政サービスへと利用が広がっている。

ヘルスケアにおける電子化は、より安全で効率的な治療や医療サービスを提供するために不可欠となっている。2003年に設立された医療・健康ポータル「Sundhed.dk」では、電子カルテを管理するEHR(Electronic Health Record)システムと連携し、医療施設のデータベースに保存されたすべての患者データ(病状、治療内容、投薬情報など)が医療従事者間で共有されている。2011年時点で人口の約85%の情報が登録されており、市民は、自らの健康・治療・薬に関する情報の確認のほか、医療機関の予約、処方箋の更新、病院に関する評価情報の共有、同じ疾病患者同士のネットワークづくり、病気や治療に関する学術記事などの入手を行うことが可能である。

ICTをツールとした遠隔治療やリハビリテーションも全国で展開しており、リハビリセンターと自宅をオンラインで接続し画面越しにリハビリを行ったり、経過観察が必要な患者に対して、可能な範囲で自分自身で体調に関する数値の測定やデータ登録を行い、医師の結果判断を仰ぐこと、在宅看護師が患部の画像を撮影し、症状の詳細をタブレットに入力し、それをもとに医師が治療法や薬の処方などを判断することなどが行われている。

2-3 オランダ・モデル

オランダの特徴

オランダは、面積が約4・15万㎢と九州とほぼ同じ大きさの国であり、人口は1680万人程度であるが、2014年の1人あたりGDPは日本をはるかに上回る5・1万ドルに達している。歴史的に海路を活かした貿易が盛んな国として知られ、日本とは江戸時代の鎖国下において、長崎の出島で唯一外交関係を維持したヨーロッパの国である。オランダを通じてもたらされた蘭学は、のちの開国や明治維新に大きな影響を与えた。

オランダの産業は金融・流通を中心としたサービス産業が中心で、世界最古と言われるアムステルダム証券取引所(パリとブリュッセルの証券取引所と合併し、ユーロネクスト取引所となった)があり、ロッテルダム港はユーロポートとも呼ばれる欧州最大の港湾である。また、天然ガスの生産地であり輸出国で、ロイヤル・ダッチ・シェルなどの石油メジャーが存在し、製造業はユニリーバやハイネケンなどの食品・家庭用品産業、フィリップスに代表される電器産業が有名である。

オランダの農業は、チューリップや野菜、乳製品の一大生産拠点となっており、スマートアグリに代表される先端的なICT技術を駆使し、大量生産と高度な物流インフラとの相乗効果により、農産物輸出大国となっている。

オランダは、先端的なICTや産学官の密接な連携から生み出されるさまざまな「知」と農業を結びつけることにより、農業の効率化と生産性の向上を図ることで、工業生産力のみに頼らない高い付加価値を生み出していると言える。

フードバレーとスマートアグリを駆使した農業大国

オランダは、ライン川下流の低湿地帯に位置し、国土のおよそ4分の1が海面より低い干拓地で、高低差が少なくほぼ平坦な地形をしており、農業に適した国土と言える。

2011年の農産物の輸出額において、アメリカに次いで世界2位の規模を誇っている（図表2-4、5）。野菜や卵類の自給率は300%を超える一方で、穀類や果実類の自給率は日本を下回っており、作物の選択的集中がなされている。また露地農業は、EUの共通農業政策などで生産者の収入が保証され、有機や環境に配慮した農業が推奨されている。オランダにおいては、農家同士で売れる品種や最新の栽培技術、マーケット情報を共有し、メーカーや大学の研究開発にも資金を拠出する。また、農家や企業、研究機関や行政が一体となり、農産物輸出だけでなく、栽培システムをも輸出し現地生産することでオランダ発の農産物を世界に広げている。

図表2-4　オランダと日本の比較

	オランダ	日　本
人口（2013年）	1,678万人	1億2,730万人
国土	4.15万㎢	37.8万㎢
農用地（2011年）	190万ha	456万ha
農産物輸出額（2011年）	893.3億ドル（世界2位）	32.7億ドル（世界56位）

出典：FAO（国際連合食糧農業機関）

図表2-5　世界の農産物輸出額(2011年)

	国　　名	輸出額
1	アメリカ	1,398.9億ドル
2	オランダ	893.3億ドル
3	ドイツ	803.2億ドル
4	ブラジル	796.3億ドル
5	フランス	739.6億ドル
6	中国	523.5億ドル
7	アルゼンチン	432.1億ドル
8	ベルギー	429.1億ドル
9	インドネシア	418.7億ドル
10	カナダ	410.4億ドル
20	デンマーク	192.0億ドル
30	スイス	88.7億ドル
31	シンガポール	81.8億ドル
56	日本	32.7億ドル

出典：FAO（国際連合食糧農業機関）

オランダが近郊型農業の先進国としての地位を確立した要因として、政府主導による近郊型農業の重点化や異業種融合を促進するフードバレーの設立、ＩＣＴを活用してハウス内の最適化などを行うスマートアグリの推進等により、農産物の高付加価値化を図り、国際競争力を高めてきたことが挙げられる。

フードバレーは、オランダの食関連企業と研究機関などが集積している地域で、首都アムステルダムから約85㎞離れた場所にあるワーヘニンゲンに位置しており、約１５００の食品関連企業のほか、化学企業や研究機関が集積している。２００４年には「フードバレー財団」が設立され、このエリアにおけるコーディネーターの役割を果たしている。当初は食品業界を代表する数社の要望から設立されたが、現在は１００社以上の企業と大学などの研究機関、オランダ政府が会員として加盟し、産学官による「フードクラスター」組織となっている。フードバレー財団の目的は、企業と研究機関や企業同士を結びつけること、食に関する革新的プロジェクトを支援して起業などを促し、その発展段階をサポートすること、オランダ国内だけでなく、ＥＵ全域にわたり農産物・食品分野の「知」を集積すること、他の農産物食品クラスターとの国際的な提携関係を構築すること、そして国際会議や展示会でフードバレーやその成果を紹介する普及活動を行うことなどである。

また、フードバレーにとって非常に大きな強みはワーヘニンゲン大学の存在である。最先端の研究成果を、即座に企業の課題解決や商品開発に取り込むことができ、「品種改良」、「栽培技術」、「食の安全」といった分野で世界トップレベルの共同研究を行っている。ネスレ、ダノン、ユニリーバ、カンピーナ・イノベーション、セミニス・ベジタブル・シーズをはじめとする国際競争力、研究開発能力のある企業が参画しており、日本からもキッコーマングループや日本水産などが参画している。

オランダ農業の大きな特徴であるスマートアグリとは、環境情報、生体情報、農作業情報などのデータを収集・分析し、栽培に有用なノウハウを抽出し利活用できるシステムである。二酸化炭素の濃度や養分、水分、光量などがコンピューターで一元管理され、ハウス内を最適環境に制御するほか、仕分け、出荷等も全自動で行われ、そこで生産された農産物だけではなく、これらの先端的農業技術の輸出も積極的に推進している。

こうした高度に集積されたフードクラスターや先端的なICT技術を駆使した農業を視察するべく、世界中からのアグリツーリスト、インダストリアルツーリストを引きつけている。

2-4 パリ／ジュネーヴ・モデル

パリ／ジュネーヴの特徴

パリは約1200万人の都市圏人口を有する。2014年の1人あたりGDPが4・5万ドルに及ぶフランスの国富のうち約3割を創出すると言われている。フランスの首都であるのみならず、「花の都」として世界で最も有名な観光都市の1つであり、歴史と現代の流行の双方を兼ね備えている。200を超える美術館や建造物、高級ブティックや一流レストランからマルシェやカフェに至るまで、パリの街は多様な顔を持ち合わせている。

さらには、500社近くのグローバルな活動を行う大企業がヘッドクォーター（本部）を構えており、欧州最大規模の産業都市としての側面も有する。このため、世界規模のコンベンションや展示会が頻繁に開催され、年間900万人ほどのビジネスツーリストが訪れる。また、パリはコンシェルジュの発祥の地でもあり、「レ・クレドール」という世界中のホテルのコンシェルジュが所属する国際機関の本部があり、高度なサービス人材の育成が積極的に行われている。

ジュネーヴは2014年の1人あたりGDPが8・7万ドルに達するスイスの主要都市である。人口は約19万人と小規模な都市でありながら、かつては国際連盟の本部が置かれ、現在でも国連関係機関が多く存在することなどから、世界一小さな大都市とも言われる。ローマ時代の要所や宗教改革の中心地であり、国連や赤十字の発祥地であるなど、長い歴史のなかで常に重要な役割を果たしてきた街である。個性的な美術館や博物館、史跡や名所を豊富に備えており、ショッピング、芸術、文化、エンターテインメントやグルメなど、あらゆる要素を兼ね備えた世界有数の観光地でもある。

また、世界的な評価を受けるホテルマネジメントスクールであるローザンヌホテルスクールが存在し、ホスピタリティ・マネジメントに精通した優秀な人材を輩出することにより、付加価値の高いサービス産業を確立している。さらには、多数の国際機関などの立地を通したビジネスハブの強みを活かし、ビジネス旅行が観光の柱の1つになっている。

パリやジュネーヴは、観光地としての魅力で人々を引きつけるのはもちろんのこと、ビジネスツーリストに強く訴求し呼び寄せているのが大きな特徴である。

ビジネスツーリストを引きつけるビジネス拠点都市

パリには、UNESCO（国連教育科学文化機関）、OECD（経済協力開発機構）、IEA（国際エネルギー機関）、ICC（国際商業会議所）の本部が存在する。またジュネーヴには、WTO（世界貿易機関）、WHO（世界保健機関）、ILO（国際労働機関）、WIPO（世界知的所有権機関）などの国連関連機関の本部が存在する。このため、例えば世界中の教育関係者が情報収集のためにパリのUNESCOに赴き、また、通商関係者であれば通商政策を議論するために世界中からジュネーヴのWTOを訪ねるといった必然性が生じるのである。

さらに、パリにはエネルギーや中東情勢などの情報収集センターとなっているアラブ世界研究所があり、ジュネーヴにも世界随一の研究機関の呼び声が高い欧州原子核研究機構が存在するなど、パリやジュネーヴには世界最先端の研究機関も集積している。

このようにパリやジュネーヴでは、国際機関や世界最先端の研究機関が多数存在し、その存在自体で人々を吸い寄せるとともに、企業や高等教育機関等の集積や魅力的なコンテンツを備えた世界的なコンベンションや展示会などの開催を誘引することで、ビジネスパーソンを中心としたハイエンドなツーリストを呼び込んでいる。さらに両国は質の高いサービスを提供する高度人材を養成・供給する仕組みを築き上げており、人々を持続的に引きつける戦略的な枠組みが確立されていると言える。

第3章　統合型リゾートの代表例

3-1　ディズニー・ワールド・リゾート
——キャラクターコンテンツを核にして生まれた統合型リゾート

ディズニー・ワールド・リゾート（米国フロリダ州）の歴史

　ディズニー・ワールド・リゾートは、故ウォルト・ディズニーが、1955年に開業したカリフォルニア州アナハイムのディズニーランドに次いで、1971年にオープンさせた広大なテーマパーク・リゾートである。ミッキーマウスなどのキャラクタービジネスを極大化したプロジェクトであるとともに、州政府の干渉なしにモデル都市を開発する試みであり、アメリカの産業、研究開発、教育や文化のモデルを構築したいというウォルト・ディズニーのビジョンに基づくもの

図表3-1　ディズニー発展の歴史

年	主な出来事
1901	ウォルト・ディズニー誕生
23	ディズニー・ブラザーズ・スタジオ設立
28	初の音声映画「蒸気船ウィリー」公開、ミッキーマウス誕生
37	初の長編アニメ「白雪姫」公開、大成功を収める
54	ABCでテレビショー「ディズニーランド」を放送
55	カリフォルニア州アナハイムに「ディズニーランド」開業
61	フルカラー番組を最初にテレビで放送
66	ウォルト・ディズニー死去
71	フロリダ州オーランドに「ディズニー・ワールド・リゾート」開業
83	千葉県浦安市に「東京ディズニーランド」開業
91	「美女と野獣」公開、アニメとして初めてアカデミー作品賞にノミネートされる
92	パリに「ディズニーランド・パリ」開業
2001	千葉県浦安市に「東京ディズニーシー」開業
05	香港に「香港ディズニーランド」開業
16	上海に「上海ディズニーランド」開業予定

である（図表3-1）。「マジック・キングダム」や「エプコット」などの4つのディズニー・パークと2つのディズニー・ウォーターパークのほか、広大な複合スポーツ施設群、ゴルフコース、ショッピングモールなどが統合された巨大リゾートである。リゾート全体で約2万4000室のホテル客室と約3000室のバケーション・クラブ・ユニット（1週間単位で不動産所有権を購入、共同所有できる居室）、約800のキャンプサイトを有するキャンプ場を備えている。また、バス、モノレールを中心とした交通インフラも整備されており、リゾート全体で東京山手線内側の面積の約1・5倍という広大なテーマパーク内の移動を支えている。

ディズニー・ワールド・リゾートは、電気、ガス、上下水道、消防、建築基準や道路建設など、本来であれば公共が果たす管理・運営の役割を独自に担っており（ただし、警察権や司法権は地元オレンジ郡管轄下）、この巨大リゾートが1つの都市として成立していると言える。

統合型リゾートの成功モデルとしてのディズニー・ワールド・リゾート

ディズニー・ワールド・リゾートはいくつものリゾートが統合され、都市機能を有する一大リゾートとして現在も発展を続け、カジノではなくディズニーのキャラクターコンテンツで観光客を引きつける統合型リゾートを確立している。また、ディズニー・ワールド・リゾートが位置するオーランドには、全米で2番目に広い約19万㎡の屋内展示面積を有するオレンジ・カウンティ・コンベンション・センターがあり、MICE誘致においても高い競争力を有している。

このような世界随一の観光リゾート地であるオーランドを支えているのが、サービス産業に関わる人材である。オーランドには世界でも有数のホスピタリティ・マネジメント学科を有するセントラル・フロリダ大学ローゼンカレッジがあり、ディズニー・ワールド・リゾート、ユニバーサル・スタジオ・オーランド等のテーマパークをはじめ、ホテル、MICE関連産業など、地元オーランドのホスピタリティ産業に優秀な人材を輩出している。

統合型リゾートの成功モデルとしてのディズニー・ワールド・リゾートのケースは、独自の魅力的なコンテンツを活かした統合型リゾートモデルの構想と、観光立国の礎となる人材の育成を両輪で進めることが、21世紀を鳥瞰した持続可能で高度なサービス産業を確立しうることを示唆している。

3-2 ラスベガス
——多彩なエンターテインメントを備えた統合型リゾート

ラスベガス(米国ネバダ州)の概要

ラスベガスは砂漠のなかに位置し、人口約60万人を有するネバダ州最大の都市であり、アメリカを代表する国際観光都市である。カジノやショー、エンターテインメント、MICEなどによって世界中から多くの観光客を引きつけている。

マッカラン国際空港からすぐのラスベガス・ストリップ(大通り)に巨大ホテル群が林立しており、主要なカジノリゾートホテルが集積している。数々のカジノホテルでは無料で観ることができるアトラクションショーが催されているなど、子どもから大人まで楽しむことができるエンターテインメント都市の側面を有している。

ラスベガス発展の歴史

ラスベガスがあるネバダ州は、1929年の世界恐慌の影響を受けて財政状況が大きく悪化したことから、税収増による財政再建を目的に1931年にカジノを合法化した。砂漠のなかのラスベガスが発展したきっかけは、カジノ合法化と時を同じくして始まったフーバーダムの建設であった。ダム建設に伴って労働力が増加し、電気や水道などの生活インフラが整備されたことで人口が増加し始めた。

しかしながら、1933年まで続いた禁酒法の影響もあり、ラスベガスにはマフィア勢力がすでに存在していた。フラミンゴホテルなどのカジノホテルがマフィアの資金によって建設されたことなどを皮切りに、次第にラスベガスのホテルはマフィアによる経営が横行することとなった。このように1970年代までは、マフィアなど裏社会によるラスベガス支配が続き、「ラスベガス＝カジノ＝マフィア暗躍」というイメージが定着した。

とはいえ、1960年代ごろからはマフィアに対する当局の取り締まりが徐々に厳しくなり、ハワード・ヒューズに代表される投資家や上場企業などの透明性のある巨大資本が次々とカジノホテルを買収することとなった。その結果、次第に反社会的勢力が駆逐され、1980年代に入るころにはマフィアによるラスベガス支配が排除されるに至った。また、カジノライセンスの許認可の厳格化をはじめとした相次ぐ法律改正により、カジノ産業の透明性が確保されることとなった。

その後、ラスベガスがカジノ産業を基盤とした観光都市に発展するにつれて、顧客を長期滞在させ、高収益を上げるカジノに引き寄せることを目的に、子どもも楽しめるショーなどのエンターテインメントの導入や、巨大ショッピングモールの建設などが進められたほか、ボクシングの主要開催地であるように、大きなスポーツイベントなども開催するエンターテインメント都市となっていった。

ただしファミリー層をターゲットにした戦略により、収益の源泉となるカジノから顧客を遠ざける結果になったとも言われており、ラスベガスのカジノオペレーターは戦略の転換を迫られた。そこで、ハイエンドな顧客をアフターコンベンションで取り込むために、MICE戦略を推し進めるカジノオペレーターが徐々に増えていった。世界トップレベルの約18万㎡の屋内展示面積を備えたラスベガス・コンベンションセンターや、ラスベガス・サンズ社が運営するサンズ・エキスポ・コンベンションセンターなどのMICE施設がその代表例であり、今日のIR（カジノを含む統合型リゾート）の原型がここに生まれたのである。

最近のラスベガスではカジノ（ゲーミング）による売り上げの割合が縮小し、ノンゲーミングの割合が増加している。これは収益の源泉であるカジノの売り上げが苦戦していることの表れであるとも言えるが、現在のラスベガスはさまざまな歴史的変遷を経ながら、カジノ産業がすべてという過去のイメージから脱却し、エンターテインメント都市へと生まれ変わったとも言える。

3-3 シンガポール
——観光産業や都市再生の起爆剤として生まれた統合型リゾート

シンガポールにおけるIR導入までの歴史

土地、人口、資源、工業生産力などあらゆる面でないないづくしの国であった独立当初のシンガポールにとって、観光産業は最重要産業の1つであった。強い経済がなければ国が滅亡するという危機感のなか、観光産業は外貨を稼ぎ、強い経済を保つための数少ない産業であった。洗練された街並みやマーライオンなど、シンガポールを象徴する観光資源の認知度も世界的に高まり、外国人観光客数や観光収入は順調に増加していった。しかしながら、1990年代後半から2000年代初頭にかけてその伸びが鈍化し、シンガポール政府は観光政策を抜本的に見直し始めていた。

シンガポールではカジノ合法化の議論は過去から幾度となく繰り返されていたが、建国の祖であるリー・クアンユー首相が社会に与える悪影響を懸念し、一貫してカジノ合法化を認めなかった。ところが、リー・クアンユー首相の長男であるリー・シェンロンが首相に就任すると、停滞する観光産業の再興や都市再生・再開発の起爆剤として、カジノ合法化に関する国民的議論が再燃した。

1年間にわたる国民を巻き込んだ大激論と葛藤の末、複合型リゾートは国に富をもたらし、雇用を創出するものであり、カジノによる社会的コストについては適切な対策を講じることで最小化を図ることが可能であるとの判断から、2005年にカジノ合法化を決定した。その後、マリーナベイ地区の再開発とセントーサ島のリゾート開発の2つのコンセプトに基づきカジノ事業者を選定し、2010年に「マリーナベイ・サンズ」、「リゾート・ワールド・セントーサ」の2つのIR（カジノを含む統合型リゾート）が開業するに至った。

世界のロールモデルとなった2つのIR

マリーナベイ・サンズは、アメリカのラスベガス・サンズ社がマリーナベイ地区におけるIR開発として落札した。このIRはホテル、ショッピングモール、会議場・展示場、ミュージアムやカジノなどによって構成され、主にビジネス客、MICE利用客をターゲットにしている。3棟のタワーの上に船のような空中庭園がある巨大なホテルの威容は、シンガポールの象徴とも言うべき存在になっている（図表3-2）。

リゾート・ワールド・セントーサは、マレーシアのカジノオペレーター企業であるゲンティン・インターナショナルなどがセントーサ島におけるIR開発として落札した。セントーサ島はシンガポール中心部から車で20分程度の距離であり、以前から政府によりリゾート開発が継続的になされてきた。このIRはアジアで2か所目となるユニバーサル・スタジオを中心に、世界最大級の水族館やラグジュアリーなスパ、ホテル、カジノなど

図表3-2　マリーナベイ・サンズの概要

建築階数	地上55階、地下1階
延床面積	約580,000㎡
会議施設	大会議室は最大11,000人収容可能
宿泊施設	2,561室
商業施設	ショッピングモールにブランドショップ、レストラン等が約250店舗
娯楽施設	劇場、博物館、結婚式場など
カジノ施設	約15,000㎡

図表3-3　リゾート・ワールド・セントーサの概要

敷地面積	約490,000㎡
会議施設	大ホールは最大7,300人収容可能
宿泊施設	1,800室
商業施設	ショッピングモールに約100店舗
娯楽施設	ユニバーサル・スタジオ・シンガポール、水族館、スパなど
カジノ施設	約15,000㎡

図表3-4　シンガポールの外国人旅行者数の推移

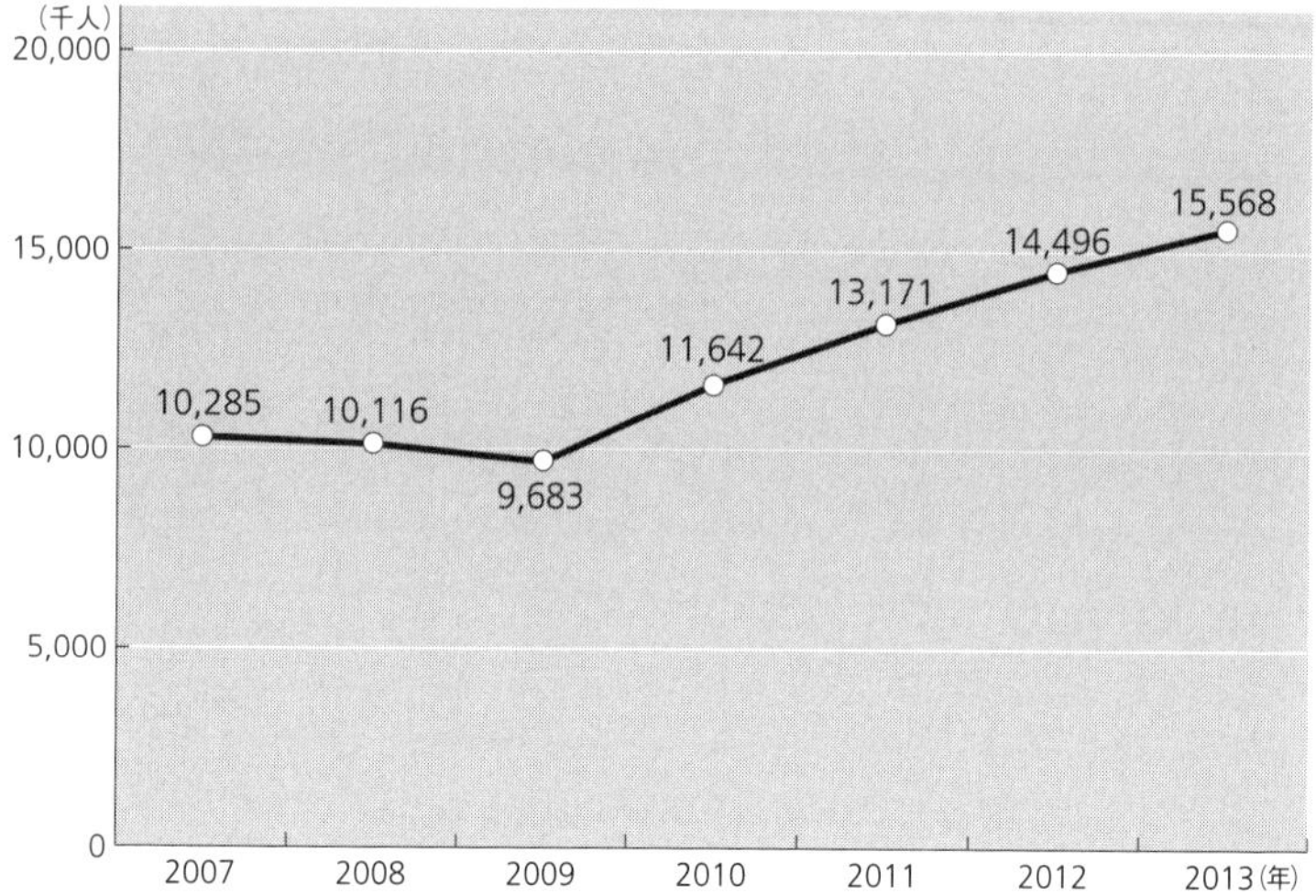

出典：シンガポール統計局

図表3-5　シンガポールの観光収入の推移

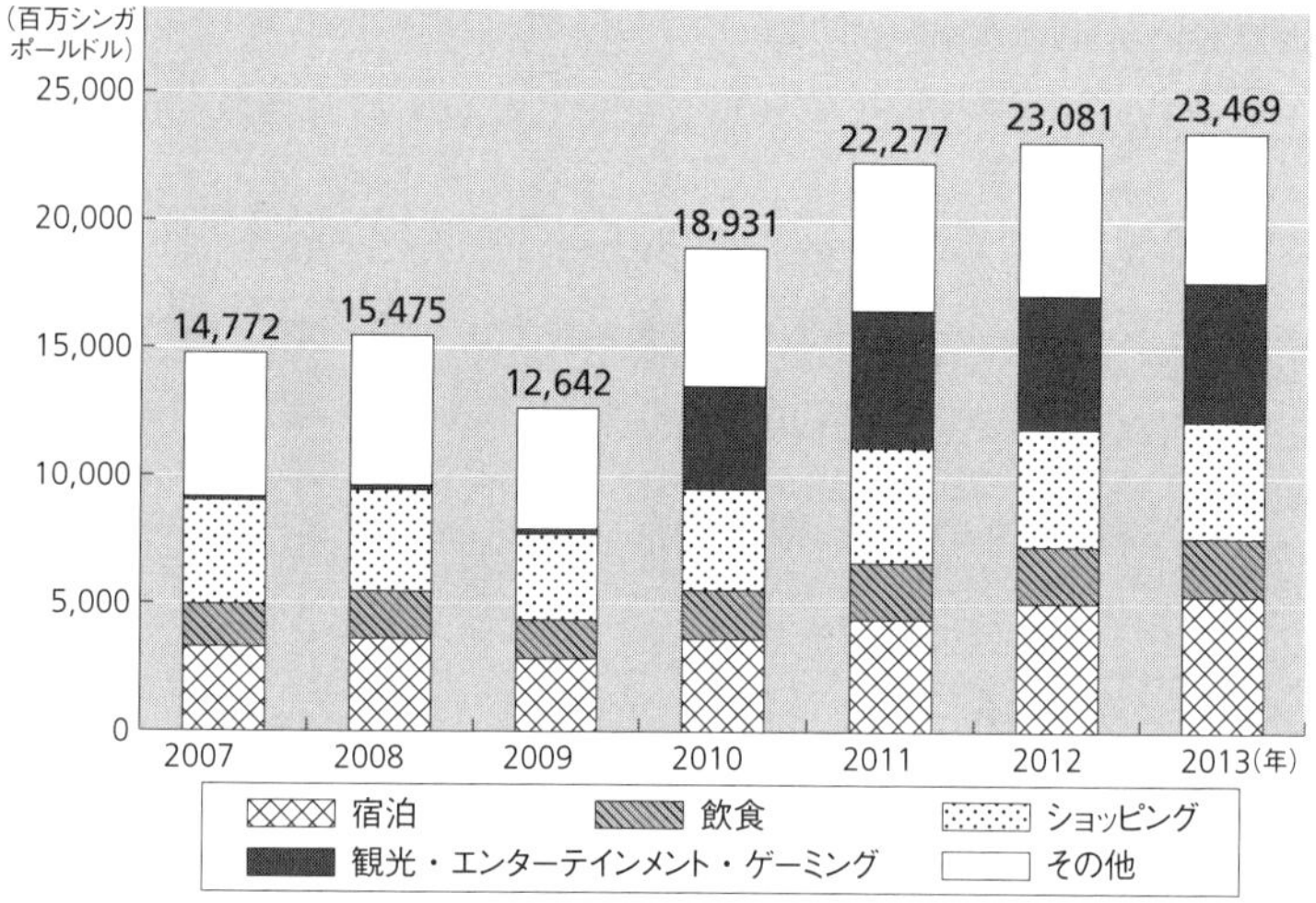

出典：シンガポール統計局

により構成され、主に家族連れやエンターテインメントを目的とする観光客をターゲットにしている（図表3－3）。

2010年に2つのIRが開業したことにより、シンガポールの観光客数と観光収入は飛躍的に増大した。カジノ（ゲーミング）による収益が観光収入の増加に大きく寄与しており、低迷していたショッピングや飲食、宿泊についても相乗効果によって収入回復につながっている（図表3－4、5）。

このようにシンガポールにおいては、資料編第2章のシンガポール・モデルにおいて紹介したMICEや医療ツーリズム、人材育成など、これまで積み上げてきた多様な観光資源を土台に、多くの知恵を結集し、新たな観光振興の起爆剤としてカジノを含む統合型リゾートを構築した。そのことが都市としての魅力をさらに磨き上げ、観光立国としての確固たる地位を築くことにつながったと言える。

3－4 世界のカジノの概要

マカオ

マカオのカジノは、1847年にポルトガル領マカオ政庁が税収を得るために賭博行為を認めたことが、現在に至るカジノ産業の幕開けである。1930年代に政府がカジノ経営権の寡占化政策を導入し、1962年から2002年まではSTDM社がカジノ経営を独占してきた。中国返還後の2001年にカジノ制度を改定し、従来の単一独占事業者体制を改め、カジノ経営権を外資にも開放して競争市場とすることとし、最大3社の異なる事業体にコンセッション（免許）が付与されることとなった。その後、サブ・コンセッションが3事業者に1つずつ認められることとなった結果、6事業者が合計35か所のカジノ施設を運営している。

カジノ経営権の開放以降、ばく大な投資が行われた結果、マカオへの訪問客数は増加を続け、2006年にはラスベガスの収益を上回り、世界最大のカジノ都

図表3-6　世界のカジノの概要

	都市名	主な観光資源	特　徴	収益(※)
1	マカオ (中国特別行政区)	世界文化遺産 「マカオ歴史市街地区」	世界最大、アジアの熱気あふれるカジノ	約450億ドル (2013年)
2	アトランティックシティ (米国ニュージャージー州)	ビーチリゾート (ボードウォーク)、 ボードウォーク・ホール	観光都市の再生策としてのカジノ	約28.6億ドル (2013年)
3	モナコ (モナコ公国)	オペラハウス、 海洋博物館、 F1グランプリ	格式高くドレスコードが必須のカジノ	—
4	バーデン・バーデン (ドイツ)	クアハウス(温泉を中心とした社交施設)、 祝祭劇場、 フリーダー・ブルダ美術館	高級温泉保養地と融合したカジノ	—
5	江原道 (韓国)	スキーリゾート	廃坑活性化策としてのカジノ	約13.7億ドル (2013年)

※収益は総賭け金から顧客勝ち分を差し引いた額

市へと成長した。

アトランティックシティ

ニュージャージー州は、アトランティックシティの再生のため、1977年にカジノを合法化した。カジノの建設は、あくまでアトランティックシティの一定区域に限定し、ホテルなどの併設をライセンス付与の条件とするなど、観光再生、都市再生といった政策目的に沿った制度設計を行った。加えてアトランティックシティが位置するニュージャージー州はニューヨークに近接しており、過去には組織暴力との長い歴史があることから、カジノの監視や管理は重層的かつ慎重な制度とされた。

近年においては、近隣州のカジノの増加に伴う競争激化により、アトランティックシティ周辺地域における独占状態が崩れ、カジノ収益は2006年の約52・2億ドルをピークに年々減少し、2013年には約28・6億ドルとおよそ半分にまで落ち込んでいる。収益減少に伴いカジノホテルの閉鎖が相次いでおり、雇用や税収など地域経済に与える影響が懸念されている。

モナコ

モナコは、1863年にフランス資本による「カジノ・ド・モンテカルロ（通称：グランカジノ）」が開業し、ほぼ時を同じくしてフランスとつながる鉄道が開通したことで、経済の活性化と国家の発展が始まった。かつては国家収入の9割をカジノ収益が占める時代があったが、現在は5％程度と言われている。グランカジノは、アジアなどで見られる24時間営業の熱気を帯びた賭場ではなく、フランスに囲まれる国らしくフレンチルーレットを中心とした社交を楽しむヨーロピアンカジノの代表格として知られている。

バーデン・バーデン

ドイツ南西部に位置するバーデン・バーデンは、1838年にジャック・ベナセがカジノを開業し、そのことを大々的に宣伝したことにより、カジノのある高級保養地としても知られることとなった。バーデン・バーデンのカジノは、温泉施設、コンサートや舞踏会のホール、レストランなどによって構成される「クアハウス」という複合施設内にある。歴史、建築美、規模などにおいて、バーデン・バーデンのカジノは世界にその名を誇り、ドイツの女優マレーネ・ディートリッヒは「世界で最も美しいカジノ」と賞賛した。

江原道（カンウォンド）

韓国のソウルから車で3時間以上離れた韓国北東部の江原道にある「カンウォンランドカジノ」は、廃坑地域の経済活性化の観点から、韓国内で唯一、自国民の入場が可能なカジノである。カジノ以外にもホテル、ゴルフ場、スキー場なども含めた総合リゾート施設として整備され、カジノの運営で生じた利益の一部は廃坑地域の経済活性化に活用されている。韓国では17のカジノ施設が営業しているが、カジノ収益のおよそ半分はカンウォンランドカジノで占められている。国や自治体に利益を還元する一方で、自国民の入場が認められている唯一のカジノであることから、ギャンブル依存症患者の増加や、周辺地域において質屋が乱立するなどの風紀の乱れといった、カジノ導入による影の部分も表面化している。

第4章　多様なツーリズムによる地域創生の実現

ここまでは資料編第1章から第3章にわたり、序章と本編で述べられてきた「新・観光立国論」をデータ・図表や情報を使って解明してきた。地方創生論議のなかでも、地域資源を活用し、地域の活性化を図るためには、日本の魅力・地方の魅力を活かした観光が大きな飛躍の要素として位置づけられている。本章はここまで示してきた創造的観光立国を構想する上で有益なデータなどを踏まえて、今後、各地域において展開可能な「真の統合型リゾート」に向けた構想を例示する。

ここで大切なことは、何もないところから生み出すという発想ではなく、すでに存在している地域の誇れる点にいかに価値を付加していくのかという考え方に立脚することである。したがって、私たちが暮らしている地域を見つめ直し、改めて認識することがすべての出発点となる。その際に鍵となるのは、尽きることのない地域に対する好奇心であり、新たな手段への開かれた姿勢である。もともと地域には人がいて、人と人とのつながりがあり、さまざまな社会的プロセスや交流が生み出される場などが存在する。それらを創造的に組み合わせることによって、ツーリストに対してユニークな価値を打ち出すことが各地域にとって重要である。

寺島実郎監修・（一財）日本総合研究所編『全47都道府県幸福度ランキング2014年版』（東洋経済新報社。以下、「幸福度ランキング」）では、60指標を用いて各地域の幸福度を測定しており、その結果は地域の強みを活かした施策や弱みを改善するための施策を講ずる上で一定の方向性を示している（図表4－1）。

今後は、多様な観光資源を抱える各地域が、それぞれの地域にふさわしい観光を実現するための取り組みを積極的に推進することが必要である。本章では「真の統合型リゾート」実現の視点から、幸福度ランキングで上位を占める北陸地域における「幸福探究ツーリズム」のほか、ランキングの分析結果を踏まえなが

図表4-1　幸福度ランキング 総合ランキング（順位）

1	福井県	11	岐阜県	21	大分県	31	奈良県	41	和歌山県
2	東京都	12	山梨県	22	香川県	32	新潟県	42	徳島県
3	長野県	13	静岡県	23	山口県	33	秋田県	43	大阪府
4	鳥取県	14	島根県	24	熊本県	34	鹿児島県	44	宮城県
5	富山県	15	群馬県	25	佐賀県	35	福岡県	45	青森県
6	石川県	16	埼玉県	26	兵庫県	36	愛媛県	46	高知県
7	滋賀県	17	三重県	27	山形県	37	福島県	47	沖縄県
8	千葉県	18	京都府	28	岡山県	38	長崎県		
9	愛知県	19	栃木県	29	広島県	39	岩手県		
10	神奈川県	20	茨城県	30	宮崎県	40	北海道		

ら、人々を引きつけるさまざまなポテンシャルを有する次の５つの地域を例にした多様なツーリズムの構想を紹介する。

①北海道地域：北海道、②東北地域：秋田県、
③近畿地域：大阪府、④四国地域：徳島県、
⑤沖縄地域：沖縄県

４-１　幸福探究ツーリズム

コロンビア大学地球研究所は、国際連合の「持続可能な開発ソリューション・ネットワーク」の支援を受け、「富裕度」、「健康度」、「人生の選択における自由度」、「困ったときに頼れる人の有無」、「汚職に関するクリーン度」、「同じ国に住む人々の寛大さ」などを評価基準として、２０１３年９月に世界幸福度レポート（World Happiness Report）を発表した。同レポートは、世界１５６か国に住む人々の幸福度を国別ランキングとして紹介している。１位デンマーク、２位ノルウェー、５位スウェーデン、７位フィンランド、９位アイスランドと北欧諸国が上位を独占しており、昨今

では北欧は世界で最も幸福なゾーンとして認識されている。とりわけデンマークは、多くの研究において世界一幸福な国だと言われている（図表4－2）。

北欧が世界中から幸福だと言われる背景として、国民の間における「信頼」が重要な役割を占めているとの見方がある。経済協力開発機構（OECD）の調査において、北欧では政府への信頼度が高い結果となっている。また、信頼度に関する調査で「あなたは他人を信用するか」という問いに対して、デンマークでは78％もの人々が「信用する」と答えている。また、経済学者の分析の1つとして、デンマークの富の要因は、人材が50％、資本財が25％で、残りの25％が「信頼」であるとの結果がある。

北欧には魅力的な観光資源があり、それらを目的に多くの人々が訪れる一方で、幸福を生み出すための社会制度やシステム、またそれらをどのような理念と努力によってつくり上げてきたのかを北欧の光として探求する「幸福探求ツーリズム」とも言うべきツーリズムが存在する。創造的な観光という視点に立脚するのであれば、それぞれの地域に宿るポテンシャルの棚卸しを行い、人や場所、テーマを相関させて創造的な物語を描く必要がある。その際に「幸福」というテーマは1つの切り口であり、日本においても「幸福探求ツーリズム」の創出を考える必要がある。

幸福度ランキングでは、1位が福井県、5位が富山県、6位が石川県と北陸各県が上位を占めており、日本で最も幸福な地域の1つが北陸地域であると言える。

そもそも幸福のあり方は大きく2つに分かれると考えられる。「安定した日常を伴う幸福」と「刺激的で常に新しいことにチャレンジできる環境を伴う幸福」である。前者の例としては、豊かな自然や安定した日常、心の平穏を保てる環境を有していることである。後者の例としては、知的に向上しようとする者に

図表4-2　世界幸福度レポート　トップ10

順位	国　名
1	デンマーク
2	ノルウェー
3	スイス
4	オランダ
5	スウェーデン
6	カナダ
7	フィンランド
8	オーストリア
9	アイスランド
10	オーストラリア

とって、創造性を刺激する環境を有していることである。北陸は「安定した日常を伴う幸福」が色濃く出ており、その強みを前面に出したツーリズムが求められる。

中小企業を中心に産業基盤が安定し雇用が確保されていることなどから、若者、女性、高齢者などあらゆる人々が社会に参画できる環境が整っており、持ち家比率が高いことや地域のつながりが強いことなどから、心穏やかに過ごせる環境も整っている。北欧では「信頼」が幸福の基盤となっているが、北陸の幸福の基盤は、地道な「人・家庭やモノづくり」への投資であると考えられる。

ツーリストがさまざまな観光資源や産業プロジェクトを巡りつつ、人々ともふれ合いながら、幸福が生み出されるストーリーに浸り、北陸が幸福であることに納得感を得ながら旅をする「幸福探求ツーリズム」が、日本における次世代の創造的ツーリズムの大きな柱の1つになると考えられる。

2015年3月には北陸新幹線の長野・金沢間が開業しており、「幸福探求ツーリズム」のプラットホームとして大いに期待される。また、長野県は2013年版の幸福度ランキングで1位、2014年版では3位であることから、北陸地域と長野県が密接に結びつくことによって、「幸福探究ツーリズム」のポテンシャルが一層高まっており、将来的には幸せな人々が暮らす地域を見ようと、国内外からより多くのツーリストがそれぞれの地を訪れることが期待される。

4-2 北海道地域
——インダストリアルツーリズム

北海道は、豊富な観光資源に恵まれた日本随一の観光地域であると同時に、日本の農地面積の約4分の1を有する日本の食料基地としての役割を果たしている。北海道にとって「食」と「観光」は最も重要な政策分野であり、今後もこの分野における積極的な施策展開を継続して発展させていく必要がある。

そこで北海道における真の統合型リゾートに向けた1つのシナリオとして、ハイエンドな外国人観光客を一層引きつけるために、植物工場など「食」の最先端産業の視察を中心とした「インダストリアルツーリズム」を構想する。

幸福度ランキングから見た北海道の特徴

北海道は「食料自給率」が1位と食に強みを持ち、また「外国人宿泊者数」が5位、「姉妹都市提携数」が1位に位置するなど、インバウンド観光に強みを持つ（図表4-3）。

(1) 食について

北海道は幸福度ランキングにおいて、食料自給率が全国1位である。しかし、農業大国デンマークと比較すると、依然としてそのポテンシャルを最大限に活かしきれていないと言える。

デンマークは温和で夏は比較的涼しく、北海道の夏と似ており、人口も北海道と同程度である。デンマークにおける農林水産業就業者数は北海道よりはるかに少ないが、1経営体あたりの平均農地面積は北海道の約2・4倍と広大であり、農地の集約化を図ることによって農業経営の大規模化と効率化が進んでいることがわかる。

また、全就業者数はほぼ同じであるが、就業構成には大きな違いがあり、北海道では建設業就業者数の割合がデンマークに比べて高い一方で、製造業に従事する割合はデンマークに比べてはるかに低い。デンマークでは農業と製造業を結びつけることで6次産業化を進め、農産物の高付加価値化を図ることによって、輸出を促進している様子が統計からも見て取れる（図表4-4、5）。

図表4-3　幸福度ランキング（北海道）

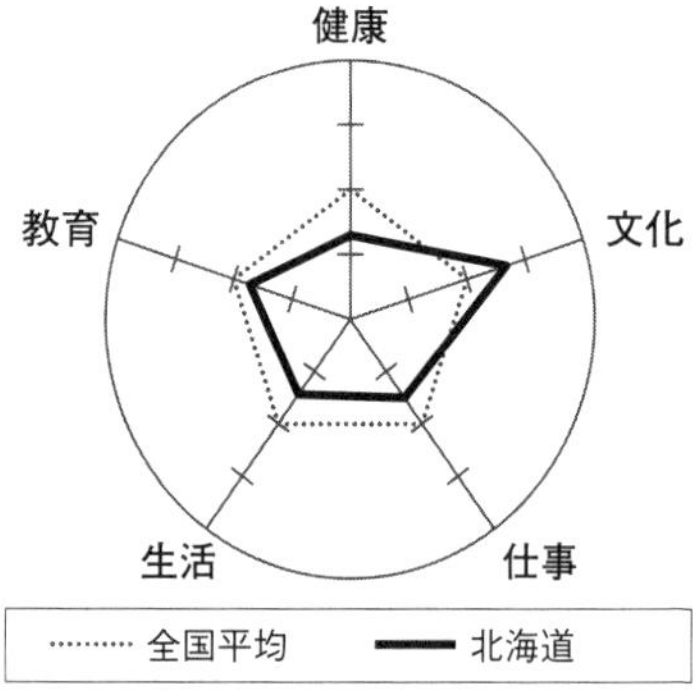

- ●1位　食料自給率
- ●1位　余暇時間
- ●1位　姉妹都市提携数
- ●5位　外国人宿泊者数

図表4-4　デンマークと北海道の比較

	デンマーク	北　海　道
人口(2014年)	563万人	544万人
面積	4.3万㎢	8.3万㎢
農用地(2011年)	269万ha	116万ha
1経営体あたり平均農地面積	62.9ha(2010年)	26.0ha(2014年)(日本全国:2.5ha)
全就業者数(2013年)	266万人	255万人
農林水産業就業者数(2013年)	7万人(2.6%)	17万人(6.7%)
建設業就業者数(2013年)	15万人(5.7%)	23万人(9.0%)
製造業就業者数(2013年)	32万人(11.8%)	23万人(9.0%)

図表4-5　デンマークと日本の比較

	デンマーク	日　本
名目GDP(2014年)	3,408億ドル	4兆6,163億ドル
1人あたり名目GDP(2014年)	60,564ドル	36,332ドル
農産物・食料品輸出額(2011年)	192.0億ドル(世界22位)	32.7億ドル(世界56位)
エネルギー自給率	120.6%(2010年)	6.3%(2012年)
ICT国際競争力ランキング2013	8位	23位
教育に対する公的支出のGDP比	8.7%(2009年)	3.8%(2011年)
国民負担率(2011年)	67.7%	39.8%
世界幸福度ランキング2013	1位	43位

さまざまな規制や社会的障壁などがあるものの、北海道においては、デンマークのような徹底した農業経営の大規模化と効率化を進めることによって、農業を中心とした国際的にも競争力の高い「稼げる」第1次産業が発展する可能性がある。

(2) 観光について

北海道は広大な自然や雪をはじめとした多種多様な観光資源を有している。インバウンドの状況を見てみると、台湾人観光客が近年急激に増加し最も多く、中国、韓国、香港と続く。2013年度における訪日外国人来道者数は、約115万人と初めて100万人を突破した（図表4－6）。

また、自然そのものが北海道にとっての重要な観光資源である一方で、積雪寒冷地という地理的条件に起因して、季節による観光客数の偏りが非常に激しく、夏季に来道する観光客が多い。冬季の観光振興施策の推進により、季節間による観光需要の平準化への対策も求められる。一方で外国人観光客については、夏季と冬季の2つのピークがあり、特に冬季は中国の春節

図表4-6　北海道の外国人観光客数の推移

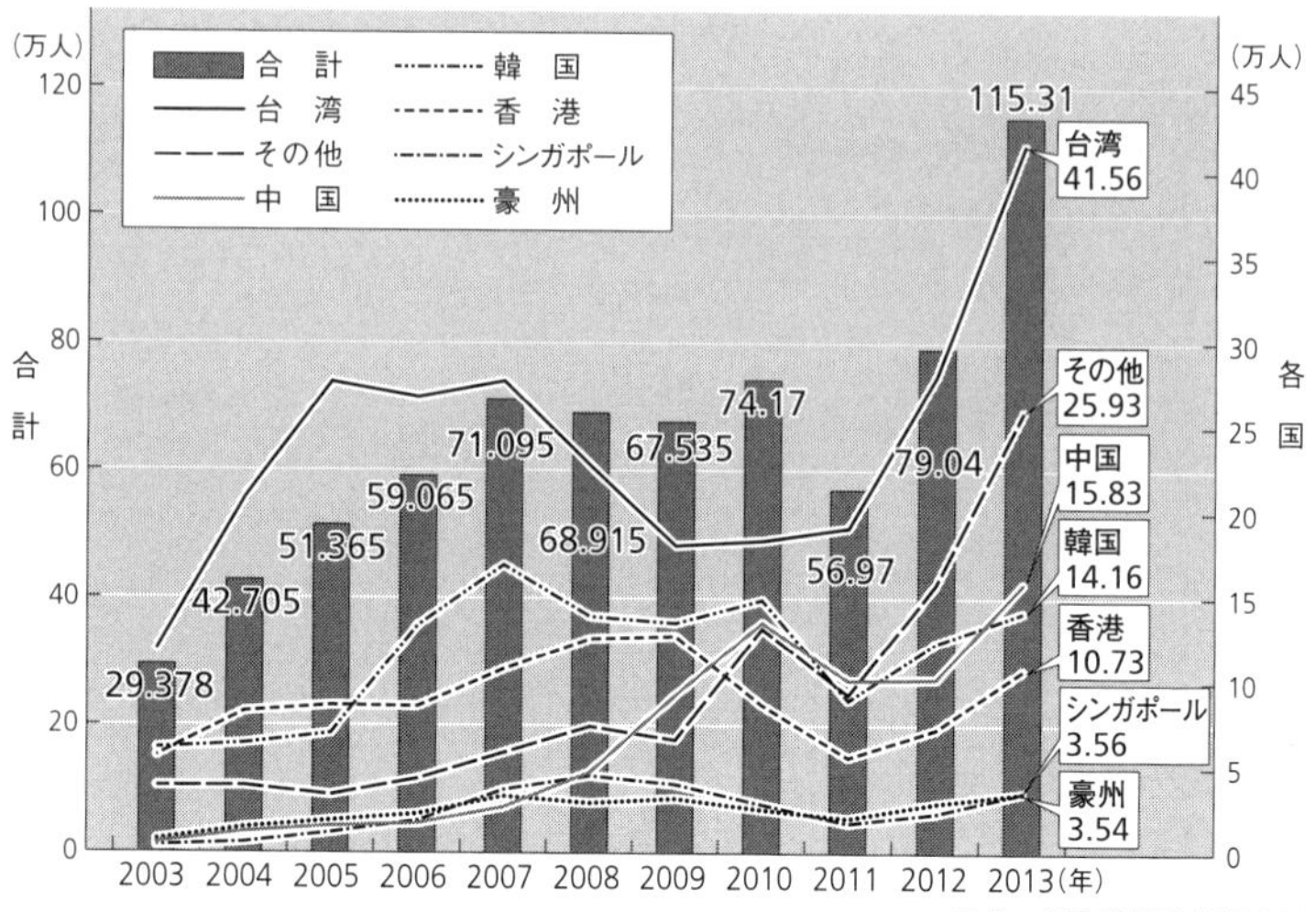

出典：北海道経済部観光局

（旧正月）に伴い、夏季以上に多くの外国人観光客が北海道を訪れている。

近年、インバウンド観光客の急激な増加により、新千歳空港国際線はもとより、観光バス、宿泊施設などの観光インフラが十分に整備されていない実態が浮き彫りになってきている。例えば国際線においては、土産品を大量に購入した中国、台湾の観光客が押し寄せ、遅延便が続出するなど、空港インフラや受け入れ体制の整備が不十分であり、また空前の北海道観光ブームにより、アジア観光客向けの貸切り観光バスの台数不足が発生しており、インバウンドによる観光収入の増加を図る絶好の機会を逃している。北海道観光は観光需要の季節平準化と、観光インフラや受け入れ体制のさらなる充実を図ることで、依然として成長するポテンシャルを有していると考えられる。

北海道におけるインダストリアルツーリズム

「食」と「観光」は、北海道にとって最重要施策である。そこで、北海道の真の統合型リゾートに向けた1つのシナリオとして、最先端のスマートアグリ・システムや日本最大級の太陽光発電（メガソーラー）、モノづくり国家日本を象徴する自動車部品工場などの視察を中心にした「インダストリアルツーリズム（産業観光）」を構想する。

北海道苫小牧市の東部地域（苫東）は日本最大級の工業地域である。北海道外からの観光客はもとより、ビジネスユースにも十分耐えうる国際線ターミナルを有し、年間1900万人の乗降客数を誇る新千歳空港と、北海道では唯一の北米航路を有し、パナマックス、オーバーパナマックスにも対応可能なガントリー・クレーンが整備された苫小牧港、そして道内主要都市につながる高速道路にも隣接し、陸海空の交通インフラが非常に充実している（図表4－7）。

苫東には広大な土地があるとともに、北海道内でも冬季の日射量が多く、降雪量が少ないという気候的な好条件などから、食の最先端技術である植物工場のスマートアグリ・システムや、日本最大級のメガソーラーが存在しており、「食」と「エネルギー」分野におけるインダストリアルツーリズムの中心地となるポテンシャルを有している。

図表4-7　苫小牧東部地域

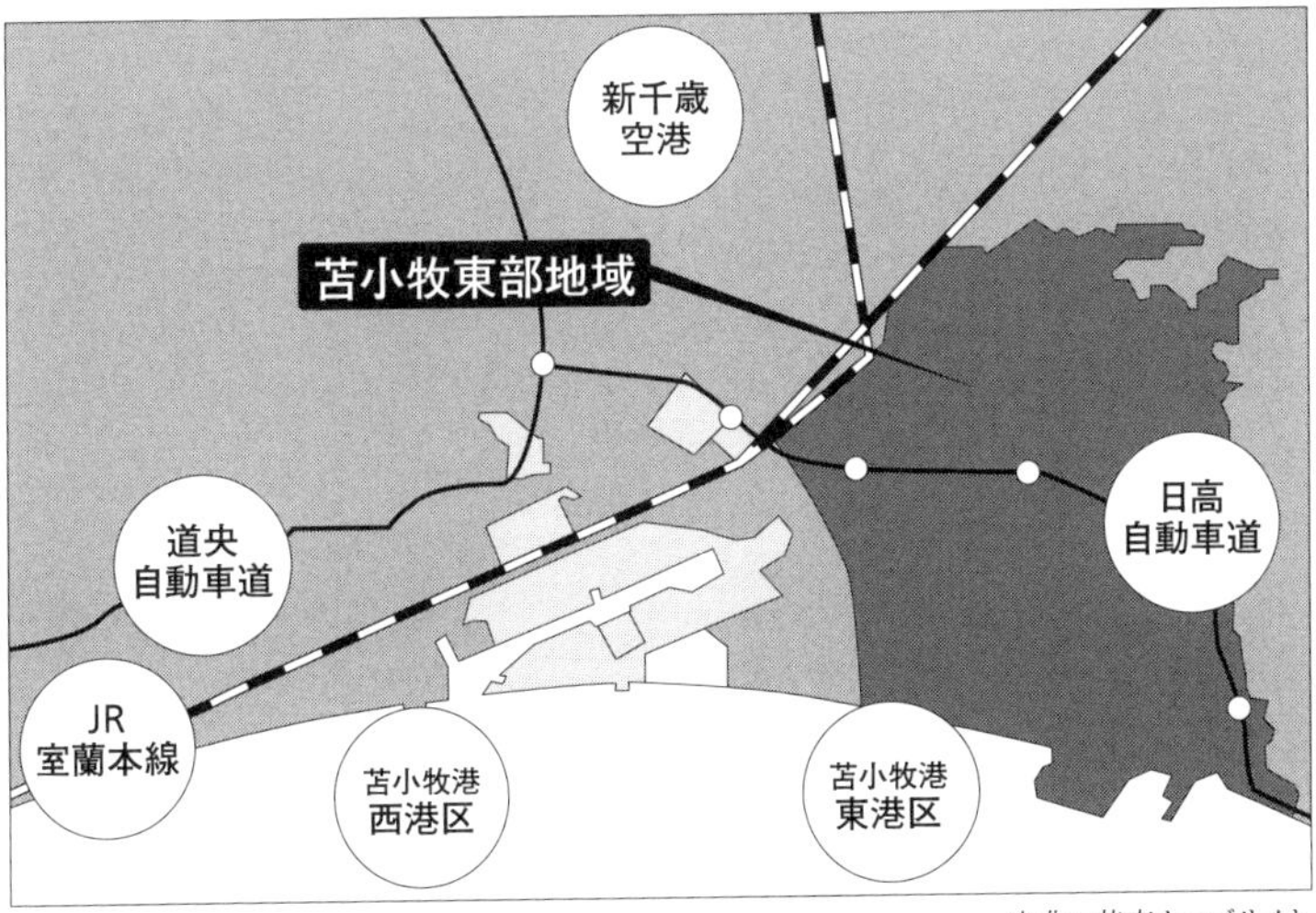

出典：苫東ウェブサイト

北海道のインダストリアルツーリズムにおいては、ハイエンドな観光客やビジネス客をターゲットにした最先端産業技術の視察を中心に、道央圏の札幌市や小樽市のほか、登別温泉、スキー・スノーボードリゾートのニセコ町や留寿都《るすつ》村《むら》など、苫東から車でおよそ2時間圏内にある魅力的な観光資源との広域的連携により、産業と観光の融合を図ることが重要である。

4-3 東北地域（秋田県）——アグリツーリズム

秋田県は、人口減少、少子高齢化が全国で最も進行している県の1つである。一方で、食料や木材、エネルギーといった豊富な資源、さらには「全国学力・学習状況調査」において、毎年全国トップクラスに位置していることが示すように、未来を担う人材（人的資源）を有している。秋田県の強みである「食」、「エネルギー」、「人材」といった豊富な資源を有機的に結びつけた施策展開を図ることが、今後の地域活性化においては大きな可能性を秘めていると考えられる。

図表4-8　幸福度ランキング（秋田）

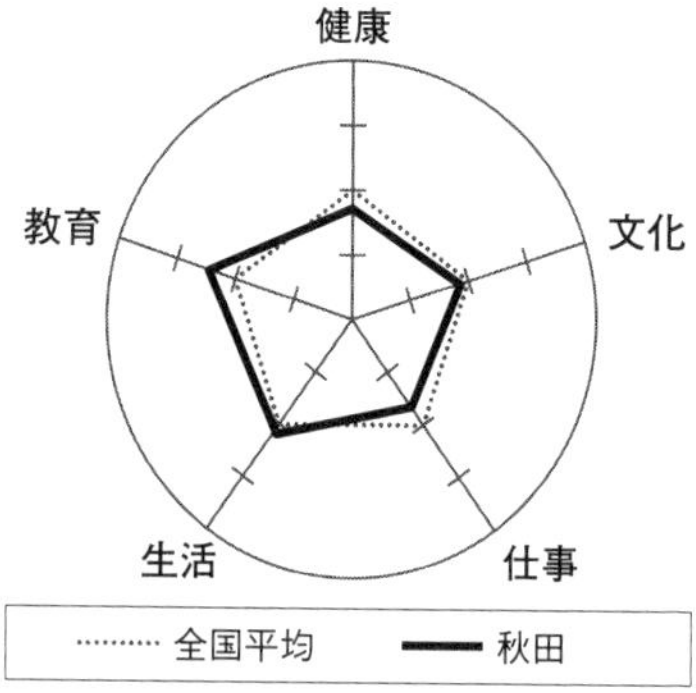

- ●1位　学力
- ●2位　食料自給率
- ●2位　大卒者進路未定者率

そこで秋田県における真の統合型リゾートに向けた1つのシナリオとして、高度に大規模化・ICT化された生産性の高い「21世紀型農業」を起点にした「アグリツーリズム」を構想する。

幸福度ランキングから見た秋田県の特徴

秋田県は、「食料自給率」が2位である。また、「学力」が1位、「大卒者進路未定者率」が2位など、教育分野やそれに関連する指標が上位に位置している

（図表４－８）。

(1) **人口減少、少子高齢化について**

秋田県は、幸福度ランキングにおいて人口減少率（２００５～２０１０年）が全国で最も高く、国立社会保障・人口問題研究所の中位推計によると、２０１４年に約１０４万人である人口は、２０４０年には70万人を切るところまで減少すると予測されている。さらに65歳以上の高齢者の割合は２０１４年で32・６％と全国でも先行的に高齢化が進んでいる県の１つとなっているが、２０４０年には43・８％に達すると予測されている。人口減少、高齢化がこのまま進行した場合、経済規模の縮小や労働力人口の減少により地域活力の低下が懸念される（図表４－９）。

(2) **観光について**

秋田県の延べ宿泊者数（従業者数10人以上の施設）は、２０１０年に３１３万人を記録したが、東日本大震災の影響により減少し、２０１３年は２８４万人となっている。

図表4-9　秋田県の人口と高齢化率の推移

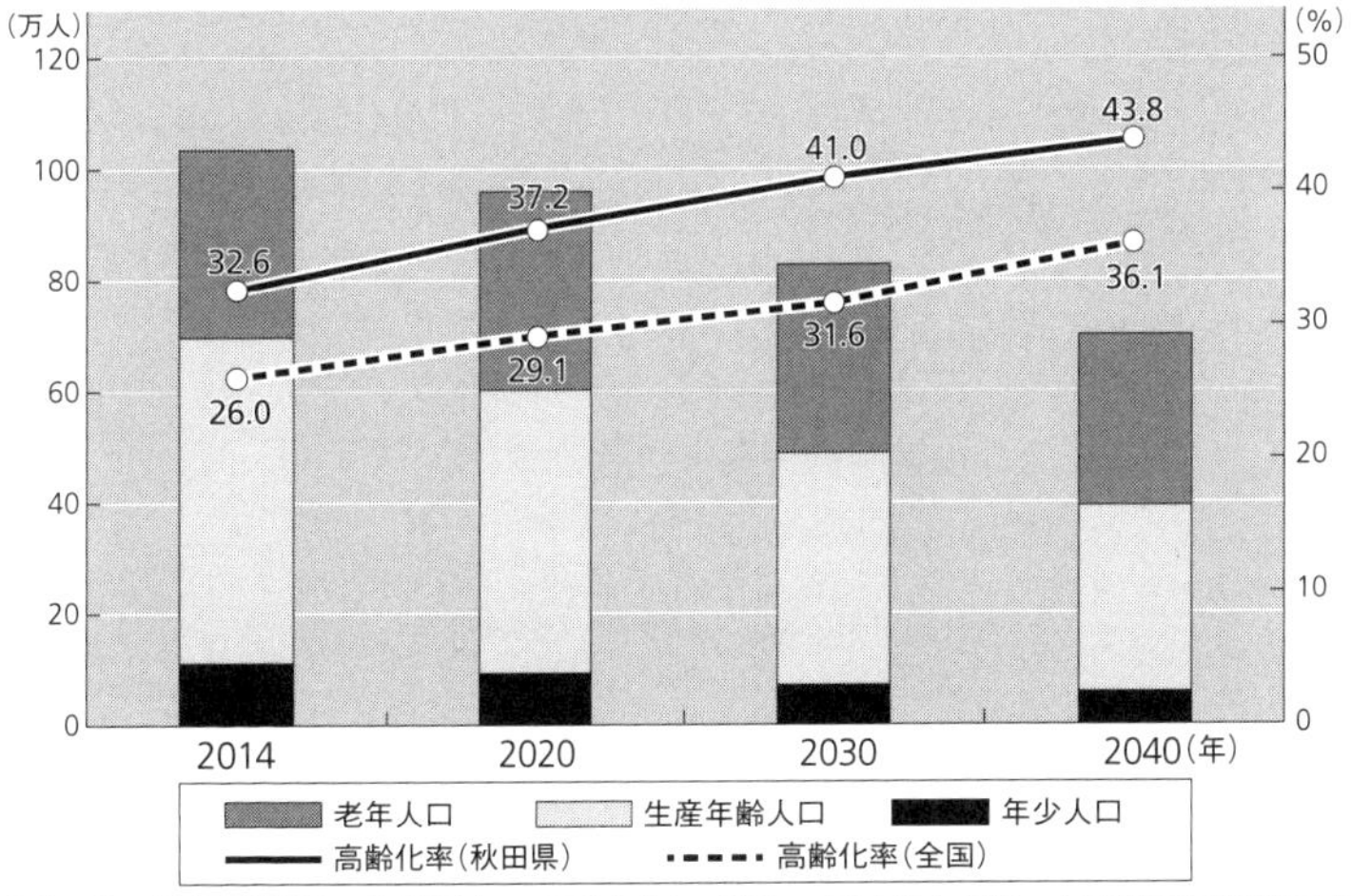

出典：秋田県「年齢別人口流動調査」、総務省「人口推計」、国立社会保障・人口問題研究所「日本の将来推計人口（平成24年1月推計）」を基に作成

また、外国人延べ宿泊者数（従業者数10人以上の施設）は、2010年に6万3570人であったが、2013年には3万1530人となっており、震災前の半分にも回復していない状況である。震災後、日本全体の訪日外国人数が右肩上がりで増加していることを考えると、秋田県の観光においては震災の影響からいまだ脱していないと言える。特に国際定期便（秋田空港―仁川空港）が就航している韓国からの来訪者が激減しており、2010年度が3万1320人であったのに対し、2013年度は8950人と7割以上も減少している（図表4－10）。

今後、秋田県の観光振興においては、外国人観光客の過半を占める東アジアを中心に、東日本大震災の影響を克服し、まずは震災前の状況に回復させるべく取り組みを推進することが必要である。

(3)「農業」と「人材育成」について

秋田県は、幸福度ランキングにおいて食料自給率が北海道に次ぐ2位に位置する全国有数の米どころである。日本農業のモデルとなる効率的で生産性の高い大

図表4-10　秋田県の外国人延べ宿泊者数の推移

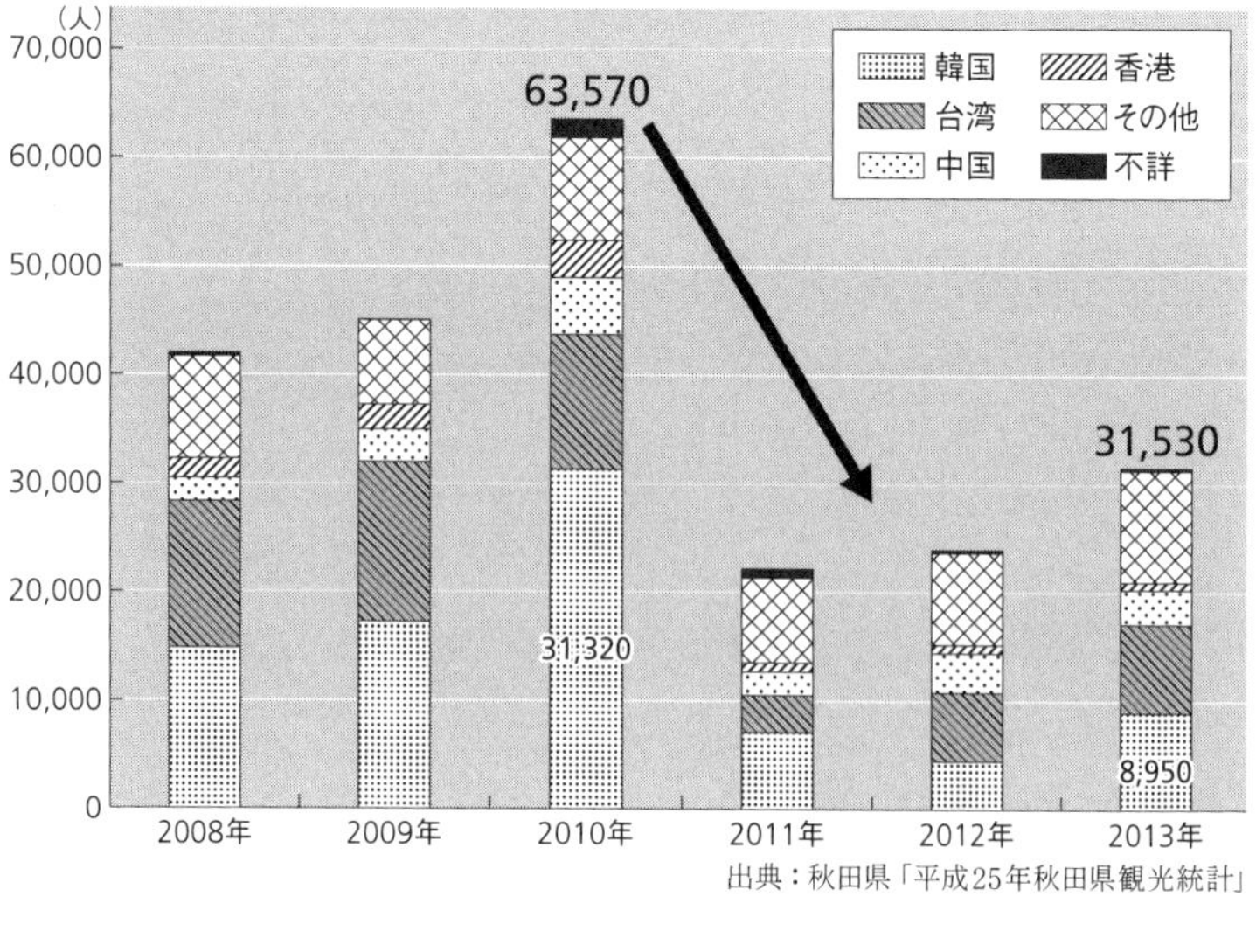

出典：秋田県「平成25年秋田県観光統計」

規模農業を目指した「八郎潟の干拓事業」を推進した歴史的な背景もあり、今後も農業分野における先進的地域としての地位を確固たるものとしていくことが重要である。そのためには高い生産性と高付加価値化を実現している「デンマーク型農業」や「オランダ型農業」を参考にしながら、高い経営能力を有する者や農業生産法人などへの農地集積を図るシステムを構築するとともに、スマートアグリなど農業分野におけるICTの活用を積極的に推進することで、効率的で生産性の高い農業経営への転換を進め、「稼げる農業」を創出していくことが必要である。

また、環境省の「平成21年度 再生可能エネルギー導入ポテンシャル調査」によると、秋田県は、風力発電において全国4番目、地熱発電（熱水資源150℃以上）において全国3番目の賦存量を有している。このようなエネルギー分野における地域の優位性を活かして、風力や地熱、さらには豊富な森林資源による木質バイオマスなどの再生可能エネルギーや、今後開発が進んでいくことが予想されるメタンハイドレートといった新たな資源を農業分野で積極的に活用していくことも、化石燃料に頼らない地球環境と共存した「21世紀型農業」を実現するための有用な方策であると考えられる。

このような「稼げる農業」を生み出すために最も重要なのが「人材」の育成・活用である。秋田県には、幸福度ランキングにおいて学力全国1位が示すように優秀な人材が豊富である。しかしながら、近年の人口動態を見ると18～23歳において大幅な転出超過が生じ、現状では多くの若者が大学進学や就職のために県外に流出しており、優秀な人材が県内で活躍できる雇用の場と人材育成の場を創出することがきわめて重要である。農業技術だけではなく、先進的なICTやエネルギー活用技術、経営能力なども含めて教育を行う高度な農業学校を設立、誘致することなどにより、将来を担う県内の優秀な人材が農業を志すとともに、県外の農業を志す若者が秋田県に流入してくる環境を整備することが有効な方策の1つとして考えられる。そして高度な教育を受けた人材に農地を集積し、そこでICT化、エネルギーの地産地消を実現した大規模農業を展開することによって、前述した「稼げる農業」

が実現可能になると期待される。

秋田県におけるアグリツーリズム

秋田県においては、高い食料自給率という強みを活かして地域活性化を図るためには、前述した「21世紀型農業」を実現することが有用であると考えられる。そして、秋田県における地域創生の1つの方策となりうる真の統合型リゾートとして、「21世紀型農業」にさらなる付加価値をつける「アグリツーリズム」を構想する。

地域の産業基盤となる「21世紀型農業」を起点に、農産物の6次産業化や、地産地消を活かしたレストランや宿泊施設といったサービス産業の充実を図り、そこで農業を中心とした滞在型の体験観光であるアグリツーリズムを展開することで、農業のさらなる高付加価値化が可能となる。農林水産省の調査によると、農村において、自然、文化、人々との交流を楽しむ滞在型余暇活動であるグリーンツーリズムの宿泊者数は年々増加している。このニーズを取り込むべく、資料編第2章で紹介した食と農業、新エネルギーで海外から多くの人々を引きつけているデンマーク・サムソ島の取り組みなどもヒントにしながら、高度にＩＣＴ化、エネルギー効率化された先進的な農業とそこで生み出される食を観光資源として、国内外の都市居住者を呼び込むことが必要である。このような取り組みを進めることにより、地域に新たな雇用が創出され、有能な若者が県内にとどまり活躍するという好循環を生み出すこととなる。さらにはＩ《アイ》ターンや二地域居住、インバウンドを誘発し、移動と交流を促進することで、秋田県の地域活性化、地域創生に大きく寄与するものと考えられる。

4-4　近畿地域（大阪府）——メディカルツーリズム

大阪府は、医療分野を柱の1つとする「関西イノベーション国際戦略総合特区」の構成員であり、創薬や医療機器などの開発が盛んに進められている。これまで日本医療の中心拠点であった歴史なども踏まえると、先端的な研究開発から高度な医療サービスの提供までを包含する「総合医療都市」の形成を目指すことが期待される。

そこで、大阪府にとっての真の統合型リゾートに向けた1つのシナリオとして、関西国際空港を有し、多種多様な観光資源を持つ強みなどを踏まえつつ、医療を核とした「メディカルツーリズム」を構想する。

幸福度ランキングから見た大阪府の特徴

大阪府は、医療・福祉領域が1位であり、医療などの基盤が整っていることが最大の特徴である。また、「姉妹都市提携数」が3位、「留学生数」が6位、「外国人宿泊者数」が7位であることからもわかるように、国際交流が盛んな都市である（図表4－11）。

医療分野のポテンシャルについて

大阪府にはかつて、西洋医学などを教えた「緒方洪《おがたこう》庵《あん》」の私塾である「適塾」があった。1838年（天保9年）に開設した適塾には、全国から1000人ほどが集い、多くの塾生が適塾で学んだのちに郷里に帰って開業医となり、地域医療に貢献した。

現在でも大阪府は医療分野において日本を牽引しており、適塾の流れを汲む大阪大学の再生医療や、国立循環器病研究センターの脳・心臓に関する医療に代表される高度専門医療は、世界的に見ても高い競争力を有している。また、高度な医療技術やリスク管理を要する生体移植の多くが大阪府内の医療機関で行われている。

関西に立地するPET－CTを所有する医療施設の半数が大阪府内に立地し、健診専門施設の6割超が大

図表4-11　幸福度ランキング（大阪）

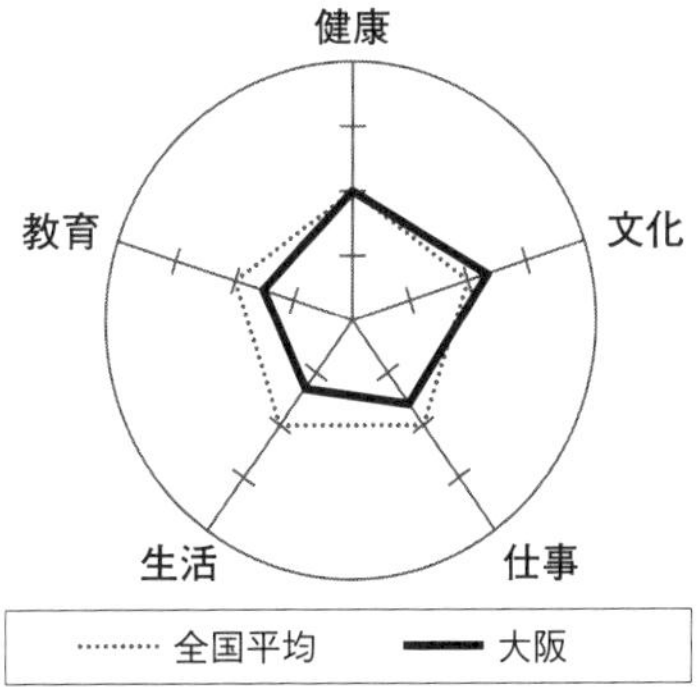

- ●1位　医療・福祉領域
- ●2位　ホームヘルパー数
- ●3位　姉妹都市提携数
- ●6位　留学生数
- ●7位　外国人宿泊者数

阪府内に集積している。また、大阪北部には「医療基盤研究所」など、ライフサイエンス分野の研究・技術開発機関や企業、1000人を超える研究者が集積する一大拠点である「彩都ライフサイエンスパーク」が立地している。

大阪府では高度医療の提供はもちろんのこと、研究開発や高度な健診サービスを含めた総合的な医療の基盤が整っており、インバウンドのゲートウェイである関西国際空港を有効に活用することによって、医療を核としたツーリズムを、大阪府を代表する観光のコンテンツにまで磨き上げることができる可能性を有している。

大阪府におけるメディカルツーリズム

メディカルツーリズムに関する世界的な需要の高まりを受けて、「国際空港を有する日本有数の医療都市」である大阪府は、医療をキーワードに世界中からツーリストを引きつける取り組みを一層加速させることが必要である。現在、国際医療交流の拠点として2012年に「りんくうタウン・泉佐野市域」地域活性化総合特区の認定を受けているところである。メディカルツーリストを一層呼び込むためには、アジアにおける先端医療開発の中核となる国際研究機関および医療人材育成機関の配置、医療に関する国際コンベンション

図表4-12　「りんくうタウン・泉佐野市域」地域活性化総合特区

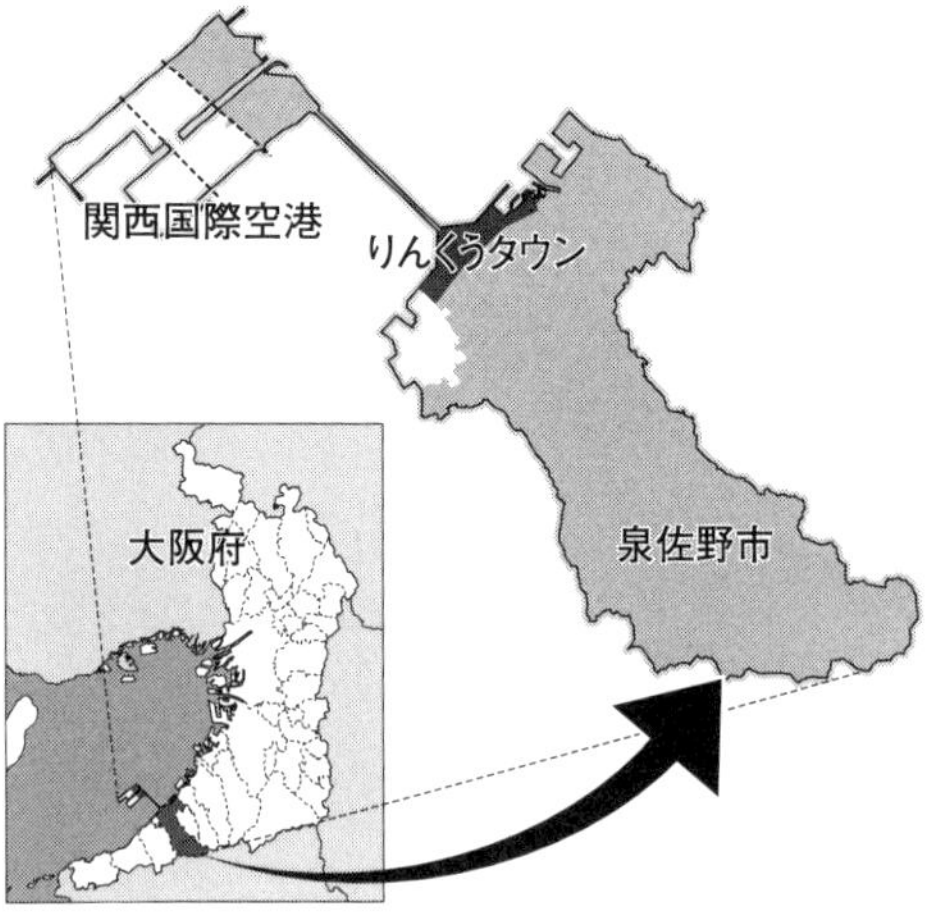

出典：首相官邸ウェブサイト

の開催など、「アジアの医療ハブ」を目指した本格的な取り組みが求められる（図表4－12）。

また、国民医療に支障をきたさないよう十分に配慮しつつ、特区などの枠組みを用いて、一定条件を満たした外国人医師による診療の許可や、外国人を主な治療対象とする医療施設の整備など、ツーリズムを加速させる方策を講ずることも検討する必要がある。

特区での取り組みを一層充実させるとともに、シンガポールの事例などを参考としつつ、医療と大阪府が有するエンターテインメント、文化、食、買い物などの各コンテンツを有機的に組み合わせることによって、世界を見渡しても類を見ない「医療を核としたツーリズム」の創出を目指して取り組みを重ねることが重要である。

4－5　四国地域（徳島県）
——地域づくりをめぐるツーリズム

日本全国で過疎化や高齢化が課題となるなか、徳島県では同じ悩みを抱える3つの地域が、外国人による秘境としての観光資源の発掘、高齢者による生業・ブランドづくり、都会の若者の移住・ＩＴによる起業など、特色ある地域づくりによって国内外で注目を集めている。これらの地域は、自らの特徴を的確に把握したうえで、それらを最大限に活かした地域づくりを進めており、その取り組み自体が観光資源として大きなポテンシャルを有するものと考えられる。

そこで、徳島県にとっての真の統合型リゾートに向けた1つのシナリオとして、従来型の観光資源をめぐるツーリズムとは異なる、地域の「暮らし」や「仕事」、「交流」を核とした「地域づくりをめぐるツーリズム」を構想する。

幸福度ランキングから見た徳島県の特徴

徳島県は、「産科・産婦人科医師数」が1位、「ホームヘルパー数」が5位であり、少子高齢化社会に向け、出産の環境や自宅での介護の不安を解消する基盤が全国と比較して整っている。また、「地縁団体数」が2位と地域のつながりが深く、「製造業労働生産性」が2位であることから、物事を協調的・効率的に進めていく県民性が推察される（図表４－13）。

特色ある地域づくりについて

①祖谷《いや》地域――外国人の視点や発信力によって世界とつながる地域

祖谷地域は大部分が山岳地であることもあり、これまで段々畑で主に畑作が営まれてきた。水田がわずかということもあり、平地での水田耕作以前の山での暮らしが色濃く残り、周囲との交流が少なく独自の伝統

図表4-13　幸福度ランキング（徳島）

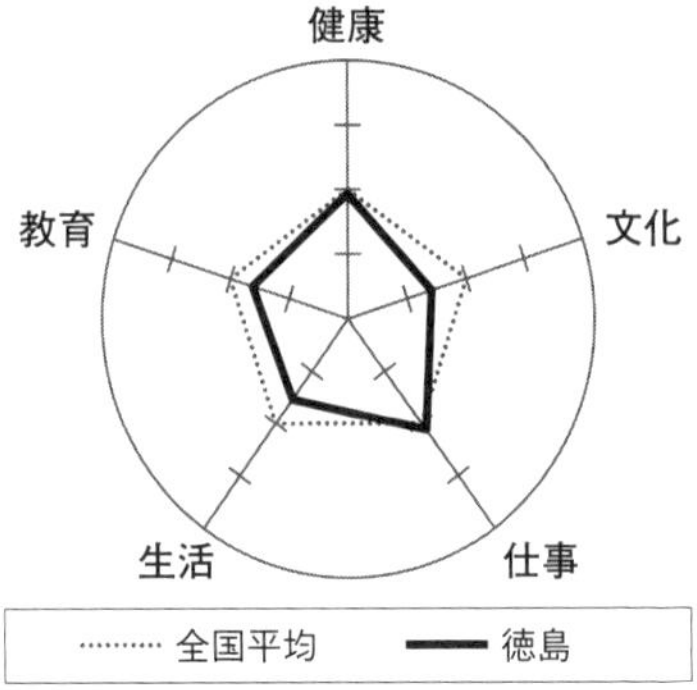

- 1位　産科・産婦人科医師数
- 2位　製造業労働生産性
- 2位　地縁団体数
- 5位　ホームヘルパー数

図表4-14　祖谷地域、上勝町、神山町

がこの地には残されてきた。平家の落人が移り住んだという伝説が残されるなど、「秘境」のイメージにふさわしい地域であり、祖谷温泉や祖谷渓、かずら橋などの観光資源を有している（図表4－14）。

この地域に新しい風を吹き込んだのが東洋文化研究者のアレックス・カー氏である。1971年に初めて祖谷を訪れた際にこの地域に魅了され、1973年には築300年あまりの茅葺《かやぶ》きの古民家を購入し、「篪《ち》庵《いおり》」と名づけた。篪庵を維持するため、そして篪庵のある「祖谷の美しさ」を維持するためには、ここに「人が住み続けなければならない」と考えたカー氏は、1980年代中ごろ以降、世界中から集まった数多くのボランティアと協力して篪庵を維持管理してきた。2012年8月には、茅の総葺き替えを含む大規模な改修工事を経て、かつての趣をとどめた茅葺き屋根の家の体裁を保ちつつも、現代的な設備と快適性を持った一棟貸切りの宿として再出発させた。

祖谷がもともと有している魅力に加えて、カー氏や海外ボランティアの篪庵での活動や情報発信などが相まって、祖谷地域は徳島県における「インバウンド観

図表4-15　大歩危《おおぼけ》祖谷温泉郷の外国人宿泊者数

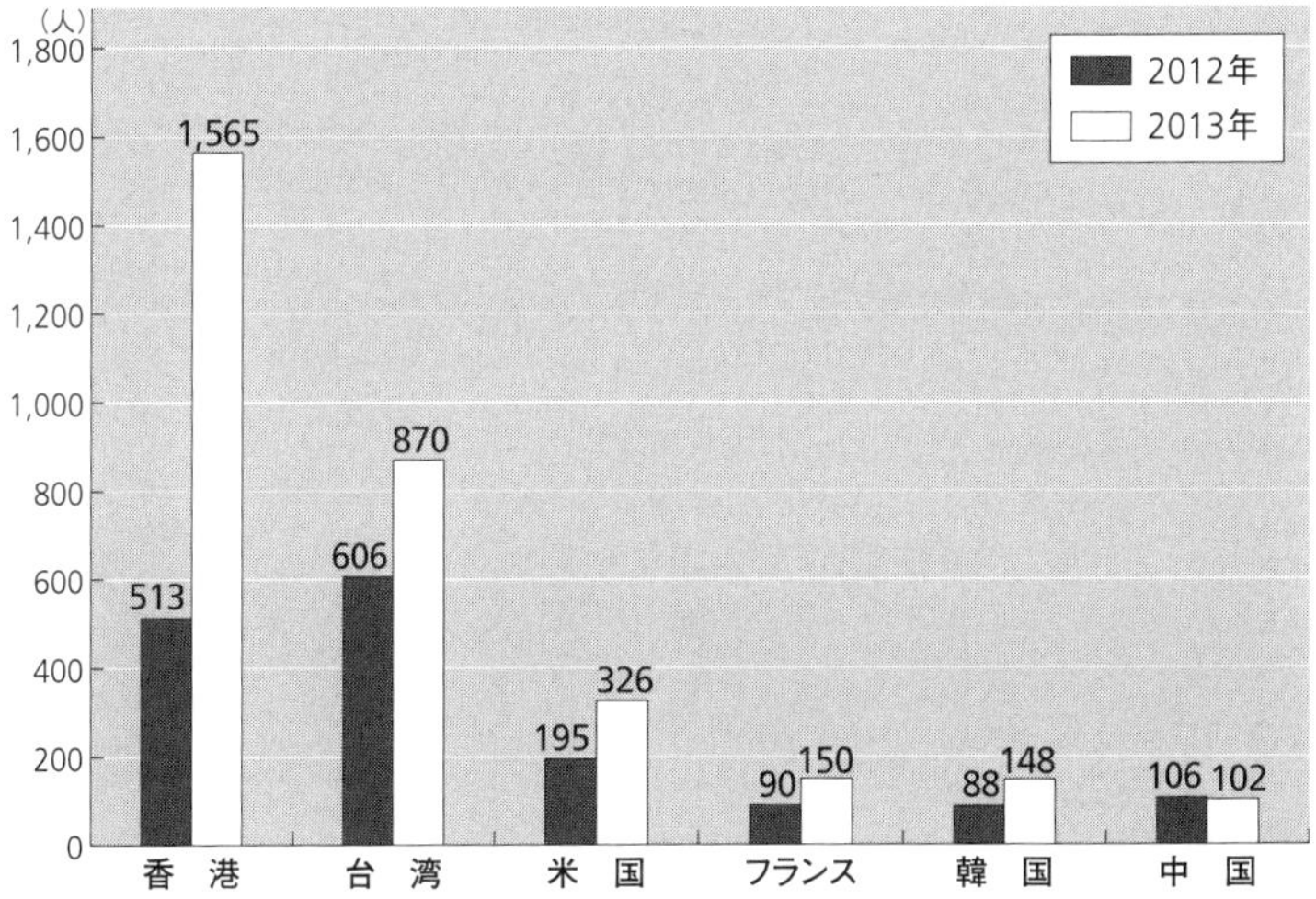

出典：大歩危・祖谷いってみる会

光の中心地」となりつつある。外国人宿泊者数は2008年の1749人から、2013年には約3倍の水準の4880人にまで拡大している（図表4‐15）。

②上勝町《かみかつちょう》――高齢者やICTによって覚醒した町

上勝町は、徳島駅から車で約1時間の位置にある人口1700人程度の小さな町である。この町の野山にある葉っぱや花が、都会の高級料理店で「つまもの」として使われている。それを情報ネットワークで結んだビジネス「彩《いろどり》事業」は2012年度の売上高が2億2900万円にのぼる。この事業の主な担い手は地域の「高齢の女性」たちである。生き生きと働くその姿が全国に発信され、彩事業の進展のみならず上勝町のブランド化につながっている。

高齢者が生き生きと生活する上勝町に魅かれ、Iターンで移住する人が現れてきた。最近、このような動きが移住者による起業につながり、この町では新たな展開が生まれつつある。また、彩事業に加えてごみ収集車を使わないごみゼロ事業などで注目を集めるこの町には、国内外からの視察が相次いでいる。

③神山町《かみやまちょう》――「よそ者」の力を巧みに取り込む町

神山町は、徳島県の東部に位置し、山間地域が83％を占める人口約6000人の町である。同町は、2004年に町全域に光ファイバー網を整備し、CATVとブロードバンドの回線を構築した。徳島県の「とくしまサテライトオフィスプロジェクト」による首都圏企業の誘致活動に積極的な町として知られており、多くのICT関連企業が同町内に「サテライトオフィス」を構えている。「場所を選ばない働き方をできる人たち」が働く企業を誘致することで、結果的に同町で生まれ育った若者が働ける場を創出している（図表4‐16）。

また、「神山塾」という半年間の職業訓練を行っているが、塾生は「県外者がほとんど」で、独身女性、20代後半から30代前半の若者、東京周辺の出身者が多く、デザインや編集などの技術を持ったクリエイターなどが参加している。2010年12月に塾が始まり、6期で77人が修了しており、約50％がそのまま移住者として神山町に残っている（図表4‐17）。

さらに、「国内外のアーティスト」を一定期間招聘

図表4-16　神山町にサテライトオフィスを立地する主な企業

開設時期	本社所在地	企業名	主な業務
2010年	東京都	Sansan(株)	名刺管理クラウドサービス
2011年	東京都	(株)ダンクソフト	ウェブデザイン、システムソリューション
2012年	東京都	(株)テレコメディア	コールセンター業務
2012年	神奈川県	(有)井上広告事務所	各種デザイン、フォトレタッチ
2012年	大阪府	キネトスコープ社	ウェブサイトの企画・制作
2012年	東京都	(株)ソノリテ	NPO向け業務支援
2013年	東京都	ドローイングアンドマニュアル(株)	映像や広告等の企画デザイン
2013年	東京都	(株)プラットイーズ	番組情報配信、アプリ開発

出典：神山町ウェブサイト

図表4-17　神山町への移住状況

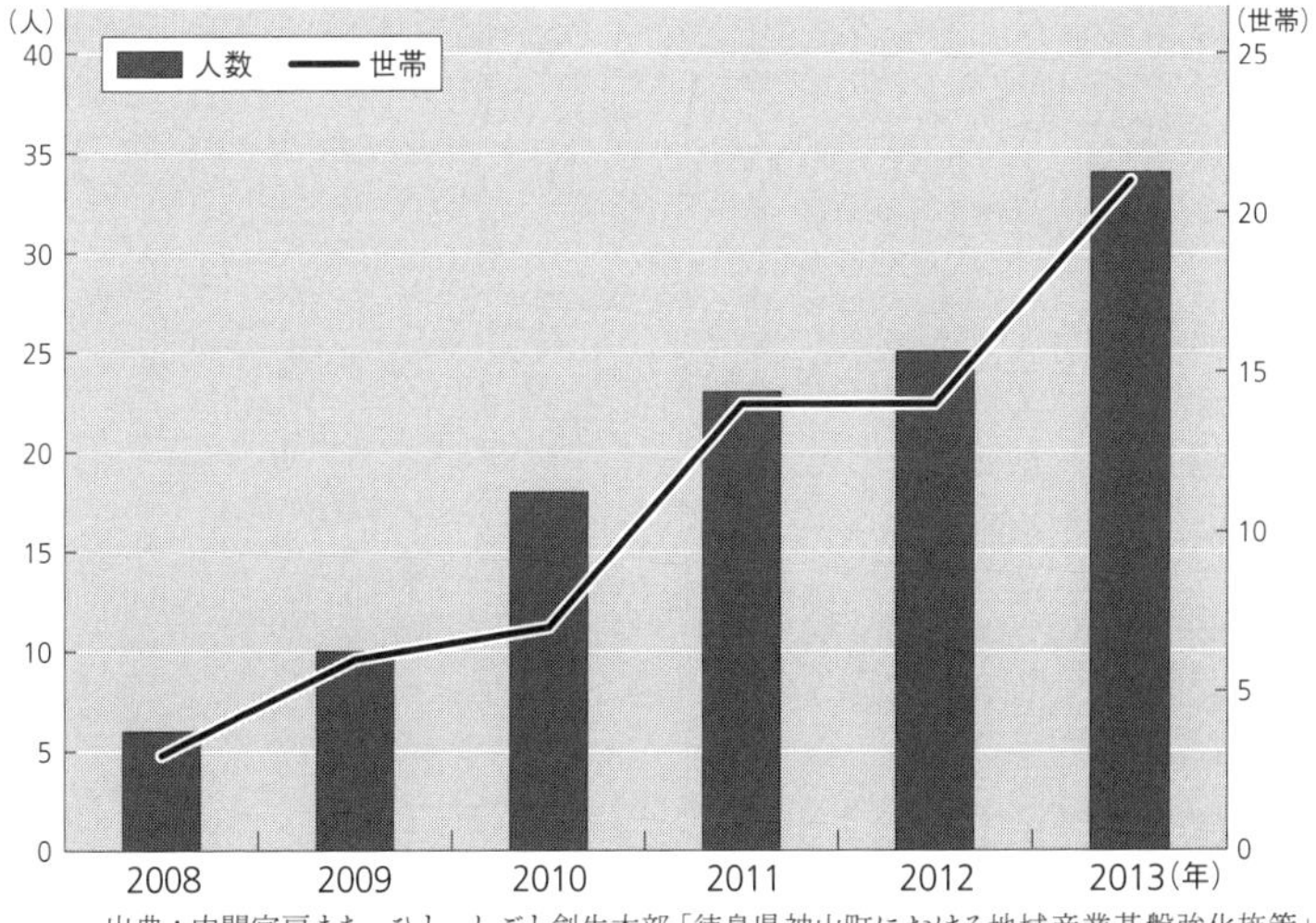

出典：内閣官房まち・ひと・しごと創生本部「徳島県神山町における地域産業基盤強化施策」

し、滞在中に地域の人たちとの交流を行いつつ、新たな発想やアイデアから作品を生み出していく取り組み（アーティスト・イン・レジデンス）を進めている。２０１４年で16年目を迎えるこの取り組みでは、これまでに19か国54人のアーティストが町のいたるところで作品を展示し、「住民とともに」伝統とアートが融合した空間を演出してきた。さらに毎年１００人を超える落選者たちの声を反映して、「アート・イン・神山」という宿舎とアトリエを無料提供するプログラムが生まれた。このように「人をコンテンツ」とした地域の魅力づくりも進められている。

徳島県における地域づくりをめぐるツーリズム

徳島県の祖谷地域、上勝町、神山町の共通点は、過疎化に直面するなかで、地域づくりの方向性を明確にし、課題解決に向けた継続的な取り組みを積み重ねることで成果を生み出し、魅力的な「暮らし」や「仕事」、「交流」によって「地域のブランド化」に成功している点にある。

観光先進国スイスのジュネーヴでは、国際機関・研究機関の集積や世界的なコンベンション・展示会の開催などによって、高度で先端的なハイエンドな情報や価値を提供し、研究者やビジネスパーソンなどを数多く引きつけている。

祖谷地域、上勝町、神山町の取り組みも同様の性質を有しており、身近にある地域資源の練磨、最新テクノロジーの活用、外国人を含む地域外の人材の活用などを通して、「暮らし」や「仕事」、「交流」に関する独創的で際立つハイエンドな情報や価値を提供することで、情報感度が高く目に見えない付加価値を求めるツーリストを誘い込んでいる。

今後は、四国遍路によって培われた「お接待」に見られる「おもてなしのＤＮＡ」を基盤としつつ、県民の多くがこれらのハイエンドな魅力を発信する拠点を効果的につなぎ合わせることによって「地域づくりをめぐるツーリズム」を確立し、徳島県としてさらなる多くのツーリストを呼び込むことが求められる。

4-6 沖縄地域——ヘルスツーリズム

沖縄県は多くのリゾート地を有し、観光が最も重要な産業となっており、独特の文化、魅力により人々を引きつけている。また、健康への意識が高い県民性を有しており、四方を海に囲まれた環境を活かし、国内外から健康志向の高い観光客を呼び寄せることが今後重要になる。沖縄県にとって、「健康」と「観光」は最重要施策であり、今後もこの施策の推進を継続、発展していく必要がある。

そこで沖縄県にとっての真の統合型リゾートに向けた1つのシナリオとして、豊かな自然を活かした「ヘルスツーリズム」を構想する。

幸福度ランキングから見た沖縄県の特徴

沖縄県は「健康寿命」と「生活習慣病受療者数」が6位、「スポーツの活動時間」が2位であり、個人の積極的な取り組みを通じて健康が保持されている。また、「外国人宿泊者数」は4位と上位に位置しており、観光に強みを有している（図表4－18）。

(1) 健康について

沖縄県は本土復帰後の20年間にわたって男女ともに長寿を誇り、1995年には世界長寿地域宣言がなされるほどであった。しかしながら、近年は食生活の欧米化や自家用車の普及などにより、全国一の長寿県の座を他県に明け渡しているが、長寿県復活に向けた取り組みを県を挙げて推進している。そのような状況が

図表4-18　幸福度ランキング（沖縄）

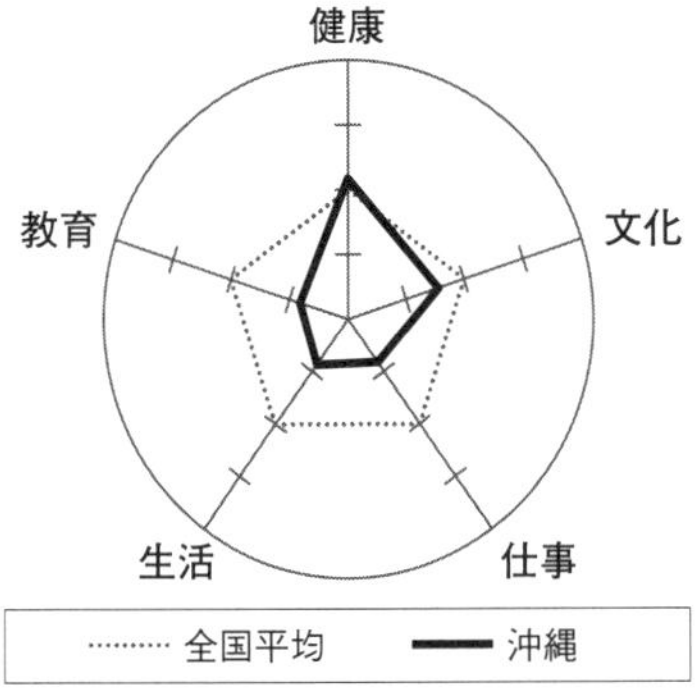

- ●2位　スポーツの活動時間
- ●4位　外国人宿泊者数
- ●6位　健康寿命
- ●6位　生活習慣病受療者数

図表4-19　沖縄県の平均寿命の推移

都道府県別順位

	1975	1980	1985	1990	1995	2000	2005	2010
男性	10位	1位	1位	5位	4位	26位	25位	30位
女性	1位	1位	1位	1位	1位	1位	1位	3位

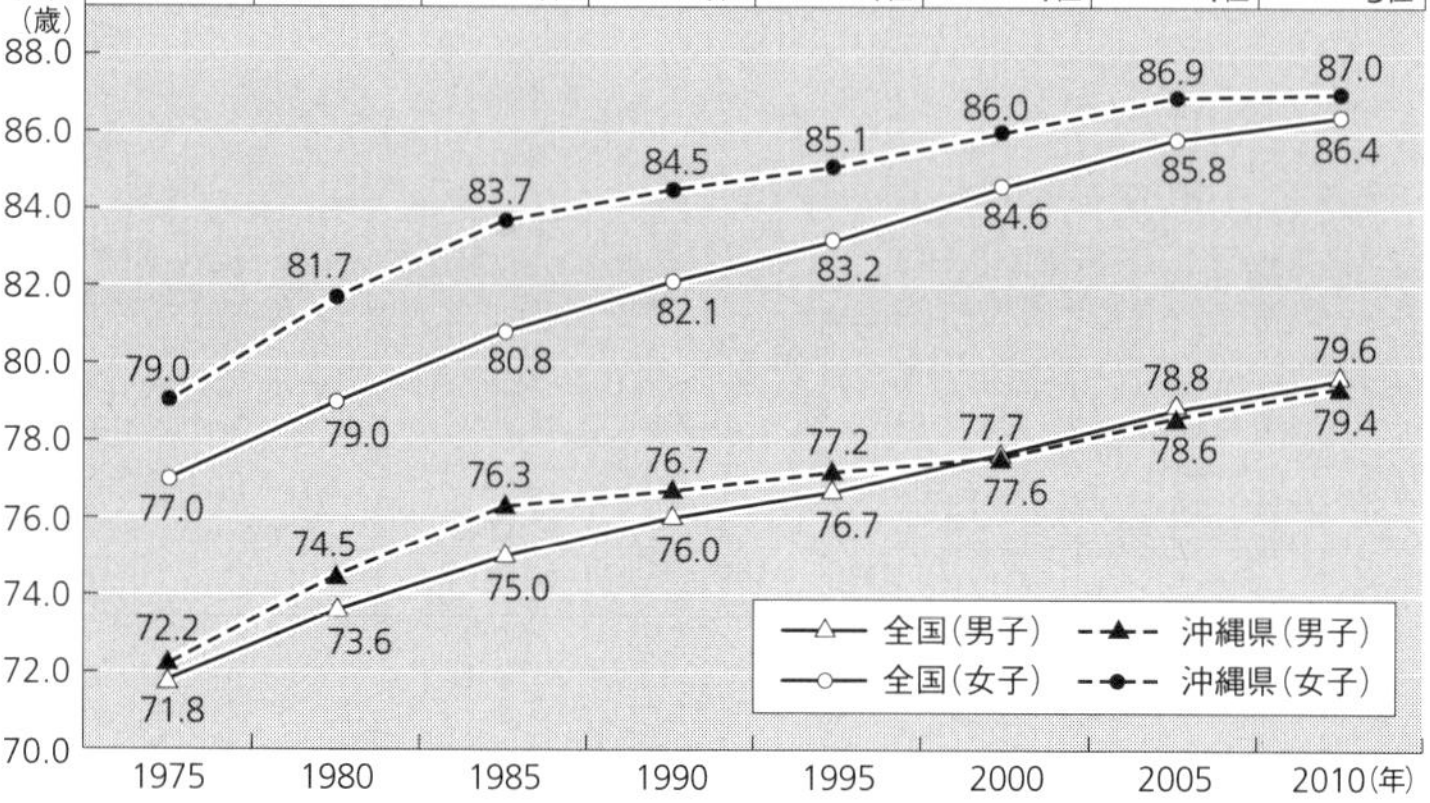

出典：厚生労働省「平成22年都道府県別生命表の概況」

ありつつも、沖縄県は「健康寿命」が6位、「平均寿命」が15位と上位に位置しているとともに、豊かな自然と亜熱帯海洋性気候の温暖な気候により、県民の日中の活動時間が長く、「スポーツの活動時間」は2位に位置している（図表4-19）。

沖縄の食生活は琉球王朝時代から中国の「医食同源」の思想に基づいており、豚肉料理「ラフテー」や、野菜を多く使った「ゴーヤーチャンプルー」など、沖縄の食文化自体が健康促進の大きな要因となっている。このほかにも沖縄の多くのリゾート地において、「タラソテラピー（海洋療法）」などが女性の関心を集めており、沖縄県は海洋資源を用いた美容や癒しを通して心身の健康を維持・増進させる高いポテンシャルを有していると考えられる。

(2) 観光について

沖縄県の2013年度観光客数は過去最高の約658万人を記録したが、そのうち外国人観光客は63万人程度となっており、観光客の多くは国内観光客によって占められていることから、インバウンド観光に関し

図4-20　沖縄県の観光客数の推移

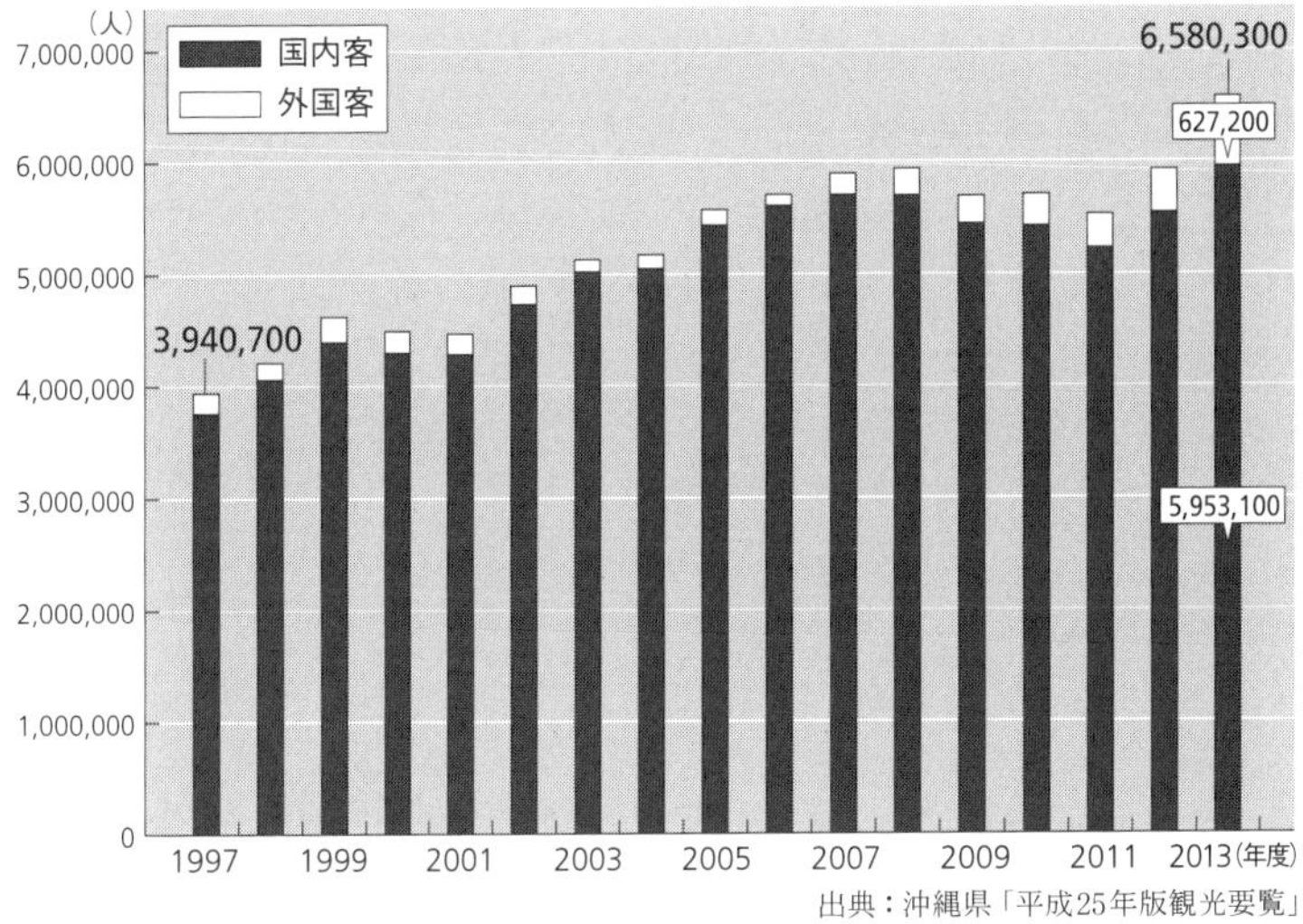

出典：沖縄県「平成25年版観光要覧」

図4-21　沖縄県の外国人観光客の内訳（2013年度）

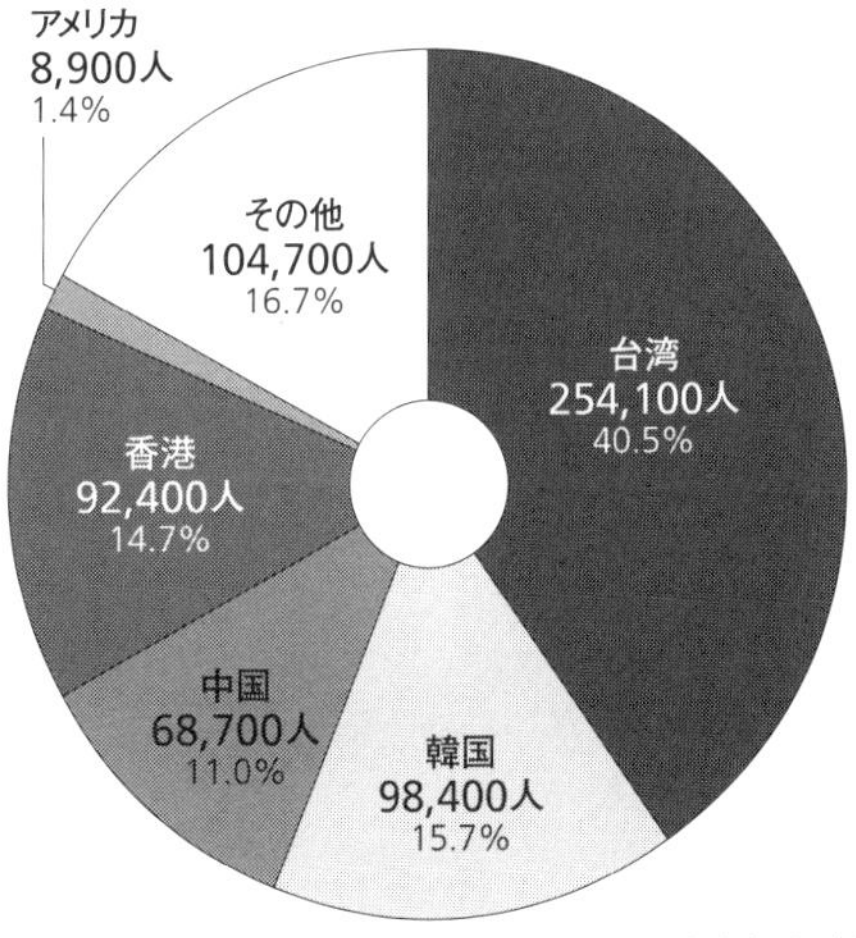

出典：沖縄県「平成25年版観光要覧」

ては依然として受け入れ余地があると考えられる（図表4－20）。外国人観光客の内訳を見ると、台湾、韓国、中国などの東アジアからの観光客が大部分を占めており、空路のみではなく、台湾からの定期クルーズ船などの海路を利用する観光客が多いことも沖縄県観光の特徴である（図4－21）。

また、沖縄県には多くの魅力的なリゾート地が存在しており、美しい海と温暖な亜熱帯気候といった自然や風土を活かした観光立県となっている。そのポテンシャルには依然として活用の余地があると考えられ、一層のインバウンド誘致を促進していくことが重要である。

資料編第3章で取り上げたシンガポールのセントーサ島は、既存のリゾート施設が共存しながら、プール、水族館、ビーチなどの水資源をフルに活用して観光振興に奏功している。そして既存リゾート施設間がモノレールやビーチトラムなどの交通手段で結ばれ、連携を重視した観光客誘致策を講じている。エンターテインメントについては特に飛行機で3時間圏内の各国ファミリー層向けに、MICEについてはインセンティブ旅行やミーティングに徹底してターゲットを絞っている。

このようにシンガポールと気候などが類似している沖縄県において、シンガポールの取り組みを参考に既存のリゾート施設間の連携を深め、アジア観光客にターゲットを絞ることで、依然として成長余地があると考えられる。

沖縄県におけるヘルスツーリズム

沖縄県には数多くのリゾート地が存在し、その多くはビーチやスパ、プールなどを備えた一大観光地となっている。そのなかにはエステやタラソテラピーなどを導入し、女性をターゲットに美容と癒しを目的としたツーリズムが存在している。タラソテラピーはギリシャ語のthalasso（海）、フランス語のtherapie（治療）の複合語で、日本では「海洋療法」と呼ばれ、フランス医学アカデミーでは「海洋気候の作用のなかで、海水、海藻、海泥を用いて行う治療」と定義されている。これは海を活用した自然療法であり、美しい自然の海洋環境がもたらす快適性や海洋生物などの資源を最大限活用して心身を癒すもので、沖縄のリゾート地において一層積極的に推進することが必要と考えられる。

また、沖縄県の自然環境を活かした質の高い医療を充実することにより、金融資産を有する高齢者や東アジアからの外国人観光客をターゲットにした医療と健康を目的としたツーリズムに発展する可能性を秘めていると言える。セカンドライフを目的とした高齢者向けの高級リゾート施設など、医療と観光を兼ね備えたツーリズムも需要が高いものと考えられる。

沖縄料理は「医食同源」の思想が根づいており、沖縄の食文化そのものが健康の維持・増進に寄与する。また、和食の無形文化遺産登録や食をテーマにした「2015年ミラノ国際博覧会（Expo Milano 2015）」の開催など、「日本食」を取り巻く好環境が整い、国際的な注目が集まっている今、新鮮で多様な食材とその持ち味を尊重し、栄養バランスにすぐれた健康的な「日本食」の魅力を活かした観光施策の推進が求められており、沖縄県ならではの健康をテーマとしたハイエンドな食による観光振興も重要な視点と考えられる。

そして、既存リゾート施設が相互に連携することで、この「ヘルスツーリズム」は、沖縄県特有の自然環境を活かした沖縄県にしかできない真の統合型リゾートとして最適であり、これらを活かして沖縄県が観光立県として大きく飛躍することが期待される。

主な参考文献

●「医療制度と医療ツーリズムに見るシンガポールの戦略」『Clair Report』No.398、2014年4月17日号（一般財団法人自治体国際化協会）
●一般財団法人自治体国際化協会「シンガポールの政策（2011年改訂版）教育政策編」
●独立行政法人日本貿易振興機構「シンガポールにおける教育産業制度調査」
●国土交通省「新たな『国土のグランドデザイン』有識者懇談会資料」
●「農産物輸出の現状と課題」『調査と情報　Issue Brief』第810号（国立国会図書館）
●ARC国別情勢研究会『ARCレポート デンマーク2013／14年版』
●株式会社北海道協同組合通信社『ニューカントリー』2012年7月号
●近藤かおり「デンマークのエネルギー政策について―風力発電の導入政策を中心に―」『レファレンス』2013年9月号（国立国会図書館）
●総務省『平成25年版　情報通信白書』
●公益財団法人自然エネルギー財団「コミュニティー・パワーの島：デンマーク・サムソ島」
●金間大介「オランダ・フードバレーの取り組みとワーヘニンゲン大学の役割」（科学技術・学術政策研究所）
●経済産業省「総合科学技術会議　科学技術イノベーション政策推進専門調査会　ICT共通基盤技術検討ワーキンググループ 資料」

●能登路雅子『ディズニーランドという聖地』1990年（岩波新書）
●「ディズニーの『裏側』」『週刊ダイヤモンド』2012年2月18日号（ダイヤモンド社）
●谷岡一郎『ラスヴェガス物語――「マフィアの街」から「究極のリゾート」へ』1999年（PHP新書）
●千葉県「カジノ・MICE機能を含む複合施設の導入検討調査報告書」
●IR＊ゲーミング学会 ウェブサイト
●小池隆由「マカオを支える『総量規制』と『クラスター』」『東洋経済オンライン』2014年7月16日（東洋経済新報社）
●「世界の先進的街づくり探訪―モナコ公国」『月刊レジャー産業資料』2014年7月号（綜合ユニコム）
●バーデン・ヴュルテンベルク州観光局「バーデン・ヴュルテンベルク州視察ガイド ドイツ南西部 2012／2013」
●「韓国で唯一韓国人が入場できるカジノ～江原ランドカジノとは～」『自治体国際化フォーラム』2013年6月（一般財団法人自治体国際化協会）
●クリスチャン・ステーディル、リーネ・タンゴー著／関根光宏、山田美明訳『世界で最もクリエイティブな国デンマークに学ぶ 発想力の鍛え方』2014年（クロスメディア・パブリッシング）

あとがき

１９９７年に10年間の米国東海岸での生活を終えて帰国して以来18年、振り返れば海外への渡航は２００回を超え、私の日常は「移動と交流」のなかで考えを巡らしているようなものである。そのなかで蓄積した実感は、「移動と交流」は人間を刺激し、それが進化と発展を促すというものである。その意味で、「観光」を「移動と交流」がもたらすプロジェクトとするならば、我々は新しい時代のパラダイム転換をもたらす基点として「観光」を体系的に考えるべき時代を迎えていると思う。「観光」というものに正面から向き合い、再考する機会として、この本をまとめる研究作業は重い意味を持った。外国人来訪者が２０１４年に１３４１万人を超えたことによって、「観光」を経済活性化の鍵としようとする問題意識が高まっている。これからの10年がこうした問題意識を実体化する正念場であろう。

この本でも検証を試みたごとく、日本の経済構造と直面する課題を直視すれば、サービス産業の高度化、そしてその中核として「観光」が重要となることは間違いない。ただし、産業として「観光」を戦略的に考えることは、日本では十分に展開されているとは言い難い。その意味で、「統合型リゾート」を真剣に構想すべきであり、性急に「カジノ導入」に飛びつく前に、地域のポテンシャルを熟慮して、体系的に「観光」を考え直すことが肝要である。この本が、そうした方向に向かう思考の整理のための参考になればと思う。

実は、この本の利用において重要なのは資料編である。この研究タスクフォースに参加した（一財）日本総合研究所の松岡斉、林美紀、竹山貴裕、曽我厚志、木平浩介、上泉俊雄、鶴見幸城、林遼太郎の努力を評価したい。また、何十回となく積み上げた打ち合わせと文章化に粘り強く並走してくれたNHK出版の大塚幸雄、水野哲哉の両氏と編集協力という形で参加してくれた三好正人氏には心から感謝したい。

２０１５年６月
九段の寺島文庫にて

寺島実郎

寺島実郎（てらしま・じつろう）

1947年北海道生まれ。早稲田大学大学院政治学研究科修士課程修了後、三井物産入社。米国三井物産ワシントン事務所所長、三井物産戦略研究所所長、三井物産常務執行役員、早稲田大学大学院アジア太平洋研究科教授等を経て、現在は（一財）日本総合研究所理事長、多摩大学学長。
経済産業省 資源エネルギー庁総合資源エネルギー調査会基本政策分科会委員、国土交通省 国土審議会計画部会委員、同省 社会資本整備審議会道路分科会国土幹線道路部会長、IR（統合型リゾート）推進協議会共同代表等兼任。
著書に『新経済主義宣言』（第15回石橋湛山賞受賞、新潮社）、『大中華圏——ネットワーク型世界観から中国の本質に迫る』（NHK出版）、『リベラル再生の基軸——脳力のレッスンⅣ』（岩波書店）、『若き日本の肖像——一九〇〇年、欧州への旅』（新潮社）、『全47都道府県幸福度ランキング2014年版』（東洋経済新報社）ほか多数。

一般財団法人 日本総合研究所

純民間的発意によって公共政策志向のシンクタンクとして1970年8月に設立され、中立性と創造性の重視、革新的で柔軟な研究組織の確立、国際的な活動の積極的展開の3つを基本理念に研究・調査を推進している。設立後40年余の間に、国内外の地域分析をはじめ経済、産業、技術、環境・エネルギー、医療・福祉などの各分野で1,000件を超える研究プロジェクトを実施している。今日では、日本の数少ない民間独立公益性シンクタンクとして国内外から大きな役割が期待されている。

装丁 トサカデザイン（戸倉巌、小酒保子）
組版 ㈱ノムラ
図表作成 原清人
校正 鶴田万里子
帯写真 佐藤憲一

新・観光立国論　モノづくり国家を超えて

2015（平成27）年6月25日　第1刷発行

著　者　寺島実郎、一般財団法人日本総合研究所

発行者　溝口明秀

発行所　NHK出版
〒150-8081　東京都渋谷区宇田川町41-1
電話　0570-002-242（編集）　0570-000-321（注文）
ホームページ　http://www.nhk-book.co.jp
振替 00110-1-49701

印　刷　三秀舎・大熊整美堂
製　本　ブックアート

Printed in Japan　ISBN978-4-14-081678-3　C0033